Diana Dawn Kavian

Erwarte das Unerwartete

Diana Dawn Kavian

Erwarte das Unerwartete

In 21 Tagen zur eigenen Intuition

Mit Übungs-CD

Bücher haben feste Preise.
1. Auflage 2014

Diana Dawn Kavian
Erwarte das Unerwartete

© Diana Dawn Kavian/Neue Erde GmbH 2014
Alle Rechte vorbehalten.

Titelseite:
Foto: mythja/fotolia.com (Wasser),
CS Stock/shutterstock.com (Glühen)
Gestaltung: Dragon Design, GB

Satz und Gestaltung:
Dragon Design, GB
Gesetzt aus der Officina Sans
Abbildung Seifenblase: Rainer Claus/fotolia.com

Tonstudio: www.aa-q.de http://www.aa-q.de
Tontechnik: Produced /Mastered by A&A Qualitainment GmbH
Musik: Daydreams und Letting go von Christopher Lloyd Clarke,
Royalty Free Meditation Music
Sprecherin: Diana Dawn Kavian

Gesamtherstellung
Buch: Appel & Klinger, Schneckenlohe
mp3-CD: GUMA Records, Saarbrücken

Printed in Germany

ISBN 978-3-89060-639-2

Neue Erde GmbH
Cecilienstr. 29 · 66111 Saarbrücken   Deutschland · Planet Erde
www.neue-erde.de

Wichtig ist,
dass du an diese Schätze in deinem Inneren glaubst
und sie für möglich hältst.

Inhalt

Die Landkarte

Jede Schatzsuche beginnt mit der Ahnung oder dem Glauben an etwas, das im Verborgenen ruht, kostbar und voller Schönheit. Aus dieser Ahnung entsteht der Wunsch, den Schatz zu bergen, und im Vertrauen auf eine erfolgreiche Suche beginnst du mit der Reise.

So, wie du die Schätze, die im Äußeren versteckt sind, finden kannst, findest du auch jene, die sich in deinem Inneren verbergen.

Die Intuition ist ein Geschenk der Evolution. Ursprünglich hatte sie eine wichtige Funktion im Überlebenskampf von Männern und Frauen. Da wir aber heute der Natur nicht mehr wie damals ausgesetzt sind, hat sich bei den meisten die Intuition zurückgebildet. Wir haben uns zu Wesen entwickelt, die vielfach Angst davor haben, sich Neuem, Unbekanntem zu öffnen. Vertrauen in das Leben und in uns selbst ist eine große Herausforderung geworden. Unser Verstand braucht Sicherheit und klare Regeln, aber unser Herz und unsere Seele brennen für neue Erfahrungen und für Wachstum.

Eines ist sicher: Das starre Festhalten am Alten und Eingefahrenen mag einfach scheinen, bringt aber letztlich Verwirrung und Leiden ins eigene Leben. Sich aufgeschlossen dem Neuen zu öffnen und alte Gewohnheiten, Verhaltensweisen und Glaubenssätze aufzugeben – das ist die Herausforderung, die, wenn wir uns ihr stellen, uns neue, spannende Wege weist. Und genau deswegen sind wir hier: um Erfahrungen zu machen, zu wachsen und bewusster zu werden.

Dem Neuen zu vertrauen, fällt dem Verstand nicht immer leicht. Denn der war stets bemüht, das Überleben zu sichern und reagiert in dieser Funktion auf alles Unbekannte mit Skepsis und Furcht oder gar mit Todesangst. Du hast schließlich mit den alten Verhaltensweisen bis jetzt überlebt – so hinderlich sie deinem inneren Wachstum auch gewesen sein mögen. Für den Verstand ist das Überleben allein schon ein Erfolg.

Nachdem der Verstand schon lange das Zepter in unserer Kultur übernommen hat, lassen wir uns heute immer mehr von den Medien und prominenten »Vorbildern« sagen, wie wir zu agieren und reagieren haben. Das Selberdenken hat vielfach seinen Reiz verloren und wird nur noch zum sportlichen Kräftemessen unter Intellektuellen betrieben.

Wir haben das Vertrauen in uns selbst verloren, aufgegeben oder abgegeben. Wir verlassen uns lieber auf das vermeintliche Know-how von Autoritäten, die scheinbar immer genau wissen, was zu tun ist und was wir brauchen. Dabei liegt es in unserer Natur – und vor allem unserem weiblichen Anteil – zu wissen beziehungsweise zu spüren, was eine Situation verlangt. Es ist einfach *in uns*!

Du hältst dieses Buch in deinen Händen, weil dein sehnsüchtiges Herz und eine leise innere Stimme dich auf eine wundervolle Reise führen möchten, damit du dich wieder mit deinem natürlichen Fluss des Lebens verbinden kannst.

Vor einem persönlichen Entwicklungssprung gehen wir meist durch eine Zeit des Chaos, der Ohnmacht und der Furcht, weil das Neue erst in unser Leben eintreten kann, wenn das Vergangene verabschiedet wurde und wir das Festhalten daran aufgegeben haben. In diesen Zeiten auf das Herz zu hören, sich ganz ins Vertrauen fallen zu lassen und sich dem Leben hinzugeben, erfordert Mut, Bewusstheit und Sanftheit mit sich selbst.

Die Intuition hat Zugang zu unseren schöpferischen und kreativen Kräften, zu einem Wissen, das in uns und um uns existiert.

Intuitives Denken ist das Gegenteil von schlussfolgerndem Denken. Intuition bedeutet, ohne Grübelei und Selbstzweifel, klar, spontan und reflexartig das zu tun, was gerade wichtig ist. Zu spüren, was man selber braucht oder was gerade im Umfeld erforderlich ist, nach diesem Gespür zu handeln und sich darauf zu verlassen – das ist Intuition. Also: richtiges Handeln zur richtigen Zeit.

Intuition ist eine Wahrnehmung, die über die körperlichen Sinne hinausreicht, die uns Wissen anbietet, das wir für alle Bereiche unseres Lebens nutzen können.

In unserer Kultur wird die Intuition als unfassbare Größe angesehen. Aber sie bleibt nur so lange ein Rätsel, bis wir praktische Methoden aufdecken, um uns ihrer zu bedienen und mit ihr zu arbeiten. In der Regel ignorieren wir unsere Intuition zugunsten der Logik. Allein der Logik zu folgen, ohne die Führung der Intuition zu sehen, kann aber fatale Folgen mit sich bringen – die Verbindung zur Natur geht verloren.

Das Rätsel der Intuition

Die Intuition wird oft als diffus und allzu dynamisch erlebt. Sie erscheint als weniger zuverlässig, weil sie gleichzeitig in viele verschiedene Richtungen gehen kann. Wenn die Intuition »unsachgemäß«, also ohne Vertrauen und Erfahrung angewandt wird, fällt es schwer, Prioritäten zu setzen. Wegen der vielen Informationen, die auf einmal verarbeitet werden wollen, kann sich eine intuitive Eingebung dann als chaotisch und strukturlos darstellen.

Tatsächlich verbirgt sich eine intensive und vulkanische Kraft in der Intuition. Sie kann mit einer Vielzahl von Informationen spielend fertig werden.

Menschen mit einem hohen Maß an Vertrauen in ihre Intuition, haben die Tendenz, das große Ganze, auch bekannt als *The Big Picture*, zu sehen. Sie investieren weniger Zeit in Einzelheiten, sondern sind in der Lage, eine Vielzahl von Dingen auf einmal zu bemerken und zu behandeln. Sie visualisieren und manifestieren schneller. Sie wirken auf ihre Umgebung als besonders mutig, begabt und gesegnet.

Auf der anderen Seite erfahren wir Logik als verlässlich, stabil und geerdet. Mit Logik kann die Aufmerksamkeit direkt auf einen Punkt oder ein Ziel gerichtet werden. Hier geht es von Punkt A nach Punkt B.

Erfahrungsgemäß ist unsere Logik produktiv und ausdauernd, und sie verspricht immer das gleiche bekannte Ergebnis. Sie hilft uns, eins nach dem anderen zu tun; alles zu seiner Zeit. Sie ist konzentrierte Energie, die es uns erlaubt, eintönige Aufgaben zielgerichtet für eine lange Zeit zu bewältigen und dabei wach zu bleiben.

Logik ist zielgerichtet und nimmt keine Rücksicht auf mögliche andere Themen, die sich gleichzeitig abspielen können. Sie ist starr und bleibt auf ihrer Linie, sie trägt Scheuklappen und sieht nicht die Blumen am Wegesrand.

So kann ein stets logischer Mensch geblendet, starr und uniform wirken. Er konzentriert sich nachdrücklich auf einen kleinen Punkt, ohne zu bemerken, was sonst noch gesehen werden möchte. Schließlich verlässt er sich auf das, was erwiesenermaßen immer funktioniert hat. Die Logik ist in der Lage, sich exakt auf eine Sache zu konzentrieren, aber es fehlt ihr der wahre Durchblick.

Die Intuition hingegen ist ganzheitlich und erfasst die Mehrdimensionalität einer Sache.

Eine Stimme zum Beispiel hat ein bestimmtes Volumen, eine bestimmte Lautstärke, Farbe, Stimmung und Dynamik sowie einen bestimmten Ton und Klang. Dies zusammengefasst betrachtet, gibt einen genauen Hinweis auf den Träger dieser Stimme.

Die Sprache der Intuition

Das Erforschen der Intuition ist wie das Erlernen einer neuen Sprache. Sie zu erlernen ist der Schlüssel zu der dazugehörigen Kultur, hilft dir also, die Kultur dahinter zu verstehen.

Intuition ist die Verbindung zwischen dem Leben, den Dingen und dem Raum, der alles umgibt. Denn alles ist miteinander verbunden. Die Menschen und die Ereignisse in unserem Leben spiegeln unser Innerstes wider und sind auch unsere Lehrer.

Symbole, das Vokabular der Intuition, vermitteln aussagekräftige Botschaften, wie die Zeichen und Wegweiser an der Autobahn.

Das kennst du sicher: Du hast den ganzen Tag schon einen Ohrwurm und ärgerst dich darüber. Anstatt dich zu ärgern, höre lieber auf den Text, er hat dir etwas zu sagen. Oder: Du bist unterwegs, und dein Blick bleibt an eine Sache hängen. Ist das ein Zufall? Nein, es ist eine Botschaft der Intuition. Welche Aussage hält diese Sache für dich bereit? Oder: Du arbeitest gerade an einem schwierigen Problem, und plötzlich denkst du an jemanden aus deinen Kindertagen. Welche Bedeutung könnte diese Person für dein Problem haben?

Derlei aufsteigende Bilder gewähren uns Zugang zu verborgenen Bewusstseinsschichten. Wenn du dies als Teil von dir und deiner menschlichen Natur akzeptierst, wirst du deiner Intuition künftig mehr und mehr vertrauen.

Die Aktivierung der Intuition erfordert also eine Verschiebung der Aufmerksamkeit. Während der Arbeit mit der Intuition machen wir uns die Einstellung zu eigen, dass jeder Augenblick ein Geschenk von Bedeutung ist.

Ein Künstler, der ein Objekt studiert, befasst sich auch mit dem Raum um das Objekt herum. Ein Künstler sieht das, was dem Laien verborgen ist.

Ein besonders intuitiver Mensch achtet nicht nur darauf, was gesagt wird, sondern auch, wie, wo und wann etwas gesagt wird. Lächelt das Gegenüber nur mit den Mundwinkeln oder auch mit den Augen?

Mit diesem Buch möchte ich dich, wie eine Freundin, an die Hand nehmen und dich mit deiner Intuition vertraut machen. Dazu gehören Übungen aber auch ein jeweils theoretischer Teil. Ich gebe dir vor jeder Übung Informationen zu dem jeweiligen Bereich. Es wäre nicht sinnvoll, wenn du dich nur mit den Übungen beschäftigen würdest, ohne dem Verstand vorher ausreichend Nahrung (Information) zu bieten. Der Verstand würde sagen: Ich verstehe das nicht, warum soll ich das tun? Was habe ich davon?

Wenn diese Fragen unbeantwortet bleiben, behindert der Verstand jede Handlung. Das sich Auseinandersetzen, Unterscheiden und Analysieren ist notwendig, um Licht in das Unbekannte oder scheinbar Irrationale zu bringen. Es handelt sich letztlich nicht um zwei verschiedene voneinander getrennte Denkweisen: Die Übergänge von Logik und Kreativität sind fließend und bedingen sich gegenseitig.

Die Arbeit mit diesem Buch hilft dir, *alle* deine Sinne einzusetzen und in Einklang zu bringen. Je besser du fühlen, denken, sehen, hören, riechen und schmecken kannst, desto ganzheitlicher wirst du Situationen erfassen.

Deine Intuition ist erweckt, wenn du alle notwendigen Informationen erkennen kannst, kluge Entscheidungen triffst, dir selbst ganz vertraust, dich deinen Visionen und Wünschen näherst und dadurch eine tiefere Beziehung zu dir und anderen Menschen aufbaust.

Dieses Buch soll dir helfen, die Verbundenheit mit allem stets zu halten und zu pflegen.

Die Fabel von den Fröschen

Eines Tages beschlossen einige Frösche, einen Wettlauf zu veranstalten. Um es besonders schwierig zu machen, legten sie fest, auf den höchsten Punkt eines großen Turms zu gelangen.

Am Tag des Wettlaufs kamen viele weitere Frösche, um zuzusehen.

Der Wettlauf begann.

Nun war es so, dass keiner der Frösche, die zusahen, wirklich glaubte, dass auch nur ein einziger der teilnehmenden Frösche tatsächlich das Ziel erreichen würde. Statt die Läufer anzufeuern, riefen sie also »Oh je, die Armen! Sie werden es nie schaffen!« Oder: »Das ist einfach unmöglich! Das schafft ihr nie!«

Und wirklich schien es, als sollte das Publikum recht behalten, denn nach und nach gaben immer mehr Frösche auf.

Das Publikum schrie weiter: »Oh je, die Armen! Sie werden es nie schaffen!«

Und wirklich gaben bald alle Frösche auf. Alle – bis auf einen, der unverdrossen den steilen Turm hinaufkletterte – und als einziger das Ziel erreichte.

Die Zuschauerfrösche waren völlig verdattert und wollten von ihm wissen, wie das möglich war. Aber er sagte nichts.

Da näherte sich ihm einer der anderen Teilnehmerfrösche, um zu fragen, wie er es geschafft hätte, den Wettlauf zu gewinnen. Und da erst merkten sie, dass dieser Frosch taub war!

Verfasser unbekannt

Deshalb, wenn du deinen Schatz finden willst, höre nicht auf die Zauderer, vertraue nur auf dich selbst und glaube einfach fest daran, zu gewinnen. Denn das wirst du, das verspreche ich dir!

Erfolg kommt nicht von ungefähr!

Das volle Programm

Hast du jemals daran gedacht, etwas Neues in dein Leben zu bringen, etwas Außergewöhnliches zu tun oder etwas Besonderes zu lernen?

Zum Beispiel in ein unbekanntes Land zu reisen, eine neue Sprache zu lernen oder die Ernährung umzustellen?

Vielleicht hast du das Neue ein paar Tage ausprobiert, aber dann hattest du keine Lust mehr, weiterzumachen und hast dich wieder mit dem Altbekannten begnügt. Oder du warst nach ein paar Tagen unzufrieden, weil du noch keine Resultate sehen konntest. Oder war die Reise nicht so wie du es dir vorgestellt hattest? Es war heiß, es war unbequem, das Essen war schlecht. – Vielleicht hat dich auch der hohe Aufwand deiner Unternehmung entmutigt, oder du wurdest durch andere Aktivitäten abgelenkt. Möglicherweise hast du auch einfach nur die Geduld verloren.

Niemand kann von dir erwarten, dass du nach einer Woche Sprachreise in Japan schon Japanisch kannst. Doch genau diesen Anspruch haben wir an unseren Intellekt und an unser Leben. Die Dinge müssen schnell passieren, wenn nicht sofort. Sie müssen bequem sein und leichtfallen, egal wie ungewöhnlich sie auch sein mögen. Wir erwarten, dass wir Gewohnheiten oder Geisteshaltungen, die wir viele Jahre pflegten, ändern können, wenn wir uns nur einige Tage darum bemühen. In möglichst kurzer Zeit wollen wir schlauer oder finanziell versorgt sein, in unserem Traumhaus leben und mit unseren gutaussehenden Seelenverwandten an der Seite fließend auf Japanisch plaudern. Und wehe, das gelingt uns nicht! Dann sagen wir: »Das war doch alles totaler Quatsch. Idiotisch! Ich suche mir ein neues Abenteuer, etwas Besseres!«

Wir leben in einer schnelllebigen Zeit und essen Fast Food. Wir empfinden Warten stets als Zeitverschwendung. Jeder Wunsch muss sofort erfüllt werden!

Kennst du das von dir? Dann lies weiter und mache dich bereit für eine Entdeckung, die dir zeigt, welch bunte Vielfalt, welch großartige Möglichkeiten in deinem Leben, deinem Geist und deinem Herzen liegen.

Das 21-Tage-Programm

Der Schönheitschirurg und Autor Dr. Maxwell Maltz (1889 - 1975) belegt in seinem Bestseller »Erfolg kommt nicht von ungefähr«, dass es 21 Tage dauert, bis eine neue Gewohnheit vollständig kultiviert ist.

Aus dieser Kenntnis heraus entwickelte er seinerzeit die sogenannte 21-Tage-Regel. Diese Regel ist heute im Bereich der Persönlichkeitsentwicklung und des mentalen Trainings ein gängiger erfolgversprechender Prozess geworden.

Die 21-Tage-Regel besagt, dass du, wenn du ernsthaft etwas in deinem Leben verändern möchtest, 21 Tage konsequent an dieser Sache dranbleiben musst, damit sich die gewünschte Änderung einstellt.

Maltz' Forschungen ergaben, dass das körperliche und geistige System 21 Tage braucht, um neue Gewohnheiten zu entwickeln beziehungsweise zu verankern. Das Gehirn benötigt genau diese Zeit, um neue neuronale Verbindungen vollständig auszubilden. Die Schaltkreise im Gehirn nehmen Gedächtnisspuren auf und produzieren neue neuronale Netzwerke, wenn sie 21 Tage lang in Folge mit neuer Information versorgt werden. Das bedeutet, dass unser körperliches System die neuen Daten nicht annimmt, wenn sie nicht mindestens 21 Tage lang in Folge wiederholt wurden.

Wenn jemand sich beispielsweise einem »Facelifting« unterziehen möchte, ist diese Entscheidung meist schon lange geplant. Die Person ist in der Regel seit Jahren mit ihrem Aussehen unzufrieden. Das heißt auch, dass sie seit Jahren ein negatives Selbstbild in sich trägt. Viele Klienten, die eine Schönheits-OP vornehmen lassen, behalten ihr negatives Selbstbild auch nach der Operation. Obwohl ihr Aussehen sich deutlich verbessert hat, finden sie immer wieder etwas an ihrem Körper, was ihrer Meinung nach verändert werden muss, und lassen weitere Operationen machen. Sie verhalten sich so, weil tief in ihnen verankert ist, das eigene Aussehen als mangelhaft zu empfinden.

Dr. Maltz' bahnbrechende Erkenntnis der 21-Tage-Regel nutzen unter anderem moderne Schönheitschirurgen noch heute, um das verzerrte Selbstbild ihrer Klienten vor einer Operation zu verbessern. Sie helfen den Klienten, sich besser anzunehmen, was nicht selten nach der 21-Tage-Frist sogar eine OP für die Klienten unnötig machen kann.

Als ich von dieser Regel hörte, war ich begeistert. Warum daraus nicht ein Programm erstellen, das mir Schritt für Schritt ein Tages- und Wochenprogramm offeriert? Ein Programm, das mir genau sagt, was ich jeden Tag zu tun habe, um an einen gewünschten Punkt zu kommen. Schluss mit dem Denken an das Ziel! Vorbei das Erraten, was als nächstes kommt! Wie bei einer To-Do-Liste einfach den Anweisungen folgen, genießen und ankommen!

Nach vielem Probieren und erfolgreichen Umsetzungen einiger Programme der Persönlichkeitsentwicklung liegt mit diesem Buch nun dieses Programm vor dir.

Es ist ein Programm, das dich auf unterhaltsame Weise auffordert, dich 21 Tage lang kontinuierlich bestimmten abwechselnden Aktivitäten zu widmen. Dieses Programm wird deine Intuition erheblich stärken und dir zeigen, wie du nebenbei ohne Anstrengung gute Gewohnheiten pflegen und neue Dinge ausprobieren kannst. Während des Prozesses lernst du außerdem, Ruhe zu finden, zu meditieren, kreativ zu sein, mit schlechten Gewohnheiten zu brechen und dein Leben zu schätzen, kurz: dich persönlich auf allen Ebenen zu entwickeln.

Zweifelst du häufig an dir? Schiebst du Dinge, die du erledigen willst, endlos vor dir her? Lässt du dich schnell ablenken? Gehst du nicht gut mit deinem Körper um oder verbringst du viele Stunden mit unsinnigen Tätigkeiten?

Mit diesem Programm kannst du einfach und effektiv deine störenden Gewohnheiten umarmen und verabschieden.

Schließlich: Der Erfolg beim Erreichen deiner Ziele und die Qualitäten deines Lebens sind in Wirklichkeit nur auf lang gehegte Gewohnheiten und Muster begründet.

Die Übungen dieses Programms mögen zum Teil ungewöhnlich wirken. Sie sind aber sehr kraftvoll und wesentlich für die Entwicklung und Stärkung deiner Intuition. Es ist wichtig, zu lernen, die Dinge auf einem anderen als dem bisherigen Weg wahrzunehmen. Also: Lehne dich einfach zurück und lasse dich auf das Abenteuer ein. Voraussetzung ist lediglich der feste Wille, täglich etwa 20 Minuten mit Spaß an dem Programm zu arbeiten. Wenn du einen Tag verpasst, mache einfach weiter, bis du 21 Tage geübt hast.

Deine Checkliste

Nimm dir für diese Reise täglich etwas Zeit, in der du ruhig werden kannst. Denke in dieser Zeit nicht weiter nach. Tue einfach das, was an diesem Tag laut Programm zu tun ist und versuche, dich insgesamt zu entspannen. Gib deinen intuitiven Botschaften viel Raum, damit die Geistesblitze dich treffen können, und bleibe aufmerksam ohne Anstrengung.

Je mehr Sinne du beim Erlernen der Übungen einsetzt, desto besser kann sich die Erfahrung tief in deinen Nervenbahnen und Zellen verwurzeln.

Nutze bei jeder täglichen Übung alle deine Fähigkeiten. Verwende dein Hören, dein Sehen, dein Riechen, dein Schmecken und deine Fantasie – alle Sinne, die dir helfen, die Fähigkeit der Intuition mit deinem Selbstbild zu verknüpfen. Mache die Reise so real wie nur möglich.

Schreibe am besten täglich deine Erfahrungen in ein Notizbuch. Das schriftliche Fixieren ist ein hervorragendes Instrument; es ist eine Form des Beobachtens und »Fotografierens« deiner Innenwelt. Schreibe dir deine Gefühle von der Seele. Das entlastet, hilft dir, deine Gedanken und dein Verhalten zu analysieren und Fortschritte besser im Blick zu haben. Die Selbsterkenntnis, die du durch die ehrliche, schriftliche Auseinandersetzung mit dir selbst gewinnst, ist von unschätzbarem Wert.

Wähle ein Notizbuch, das dir gut gefällt, das sich für dich gut anfühlt und hübsch ist. Mache diese Reise zu etwas Besonderem und zelebriere sie mit so viel Schönheit und Anmut wie möglich. Hierzu gehören auch dein besonderes Notizbuch und dein besonderer Stift. Eben Dinge, die du gerne siehst und anfasst.

- Schaffe dir während der 21 Tage einen Rahmen, der dich unterstützt.
- Umgib dich mit Dingen, die dich erfreuen: Musik, Kerzen, Düfte, Blumen...
- Lasse den Fernseher aus. Schlechte Nachrichten stehlen dir jetzt nur die Zeit.
- Sorge für ausreichend Ruhe und Schlaf und iss gesund.
- Verzichte auf Drogen und übermäßigem Konsum von Alkohol. Dabei geht es nicht um Moral sondern darum, klar und wach zu sein.
- Sorge täglich für frische Luft und genug Tageslicht. Das fördert das seelische Gleichgewicht zusätzlich.

- Entdecke und genieße die Natur in deiner Umgebung. Gehe im Wald spazieren oder beobachte einen Sonnenuntergang. Das einfache Betrachten eines Flusses oder Gewässers stellt schon eine Verbindung zur Natur her. Genieße die Sonne, das Mondlicht und die Sterne.
- Versuche, die verschiedenen Klänge in deinem Umfeld wahrzunehmen. Wenn du einen Garten hast, beobachte, wie alles wächst.
- Erlebe das Leben mit allen Sinnen.

Was du erwarten darfst

Wenn du das 21-Tage-Programm durchführst und zu deiner Intuition findest, werden sich viele Dinge in deinem Leben (zum Positiven) verändern.

Du wirst im Beruf und bei allen persönlichen Beziehungen erfolgreicher sein. Nach meinen Beobachtungen sind Menschen, die erfolgreich sind, auch sehr intuitive Menschen. Sie verbringen weniger Zeit mit Analysen, sondern verlassen sich bewusst oder unbewusst auf ihr Bauchgefühl und wissen so einfach und meist schneller, wenn etwas stimmig ist.

Du ziehst die Dinge schneller an, die du dir in deinem Leben wünschst.

Du lässt alte, begrenzende Gewohnheiten los.

Du lernst, deine eigenen Wünsche zu erkennen und zu benennen.

Du erkennst schnell und zuverlässig, was das Leben dir schenken will.

Du lernst die kleinen Dinge, die in deinem Leben vorhanden sind, zu schätzen.

Du öffnest deine Augen für deine eigene Schönheit, für die Schönheit der Natur und die Schönheit in deinem Umfeld.

Du genießt die Gegenwart anderer Menschen in deinem Leben.

Du entdeckst das Positive und die versteckten Chancen, die auch schwierige und unangenehme Menschen und Situationen für dich bringen können.

Du entwickelst einen neuen, herrlichen Sinn für Humor.

Du erzeugst vor jeder Tätigkeit eine positive Grundstimmung.

Du erkennst täglich eine gute Sache über dich selbst.

Die Übungen dauern nur etwa 20 Minuten am Tag. Schenke dir diese Zeit und widme dich mit Freude deiner Reise.

Die Impfung

Liebe Reisende,

bitte beachten Sie vor Ihrer Reise folgende landesspezifische Sicherheitshinweise:

Abenteuerreisen in die Grenzregion der Fantasie und vor allem in die tiefen Wälder der Intuition sind dringend anzuraten.

Risiko: erweiterter Horizont, erfreuliche Lebensveränderungen, höheres Bewusstsein, Klarheit im Denken und Fühlen, Lebendigkeit, persönliche Freiheit und insbesondere Lebensfreude.

Erreger: Vertrauen zum Leben, Grenzen überwinden, Selbsterforschung, Visualisierung, Notizbuch schreiben, Meditation.

Im Regelfall eines selbstorganisiert reisenden Touristen ohne Vorerfahrung ist für alle Notfälle die Mitnahme einer brauchbaren geistigen Einstellung zu empfehlen.

Je nach Reisestil und persönlichen Gegebenheiten möchte ich Ihnen die entsprechende Portion Kreativität, Ausdauer, Neugier und Mut ans Herz legen.

Die Wahl der Einstellung sowie eventuelle Abweichungen von den Empfehlungen müssen im Rahmen einer persönlichen Reflektion getroffen werden. Daher ist vor einer Reise in diesen Gebieten unbedingt eine ernsthafte Absicht zu empfehlen.

Impfungen

Für alle Reisenden zu empfehlen ist ein Impfschutz gegen:

Zynismus, Skepsis, Faulheit.

Für Risikogruppen zusätzlich eine Impfung gegen:

Ignoranz, Festhalten an Althergebrachtem, Sturheit, Rechthaberei , Angst.

Einreisevorschrift

Locker bleiben!

Bitte beachten

Die Empfehlungen gelten für entschlossene Reisende.

Im Interesse Ihrer individuellen seelischen Vorsorge sprechen Sie viel und oft mit Menschen, die in den Gefilden der Intuition leben!

Diese Informationen ersetzen auf keinen Fall die individuelle Beratung.

Unsere reisepsychologisch geschulte Beraterin unterstützt Sie bei weiterem Interesse gerne telefonisch, schriftlich und persönlich.

Ich wünsche Ihnen eine angenehme Reise.

Ihre Reiseleiterin

Diana Kavian

Wenn du ein klares Bild erschaffst, werden die Möglichkeiten, die Schritte, die dich zu deinem Ziel bringen, plötzlich überall auftauchen.

Wahrnehmungsblindheit

Es gibt eine Geschichte über den britischen Seefahrer und Entdecker James Cook (1728 - 1779), die deutlich macht, wie das Phänomen der selektiven Wahrnehmung sich auswirkt.

Im April 1770 geschah Folgendes:

Als Cooks majestätisches Schiff vor der Küste eines neuen Landes ankerte, gab es keinerlei Reaktion von den Eingeborenen, obwohl das Schiff in Sichtweite lag. Die Eingeborenen am Ufer gingen einfach weiter ihrer Beschäftigung nach.

Der Kapitän war sich sicher, dass die Eingeborenen das fremde Schiff sehen und irgendwie reagieren müssten. Aber sie taten es nicht. Kein Starren und kein Staunen. Keine überraschten Reaktionen, weder Angst oder gar Angriff. *Nichts!*

In sein Logbuch schrieb Cook: »Die Wilden spazieren mit ihrem Nachkommen am Strande. Sie wenden weder ihre Blicke zu dem Schiff, noch wirken sie besorgt. Sie sind völlig unbehelligt, obwohl unser Schiff einige Fuß von ihnen entfernt ist. Warum greifen sie uns nicht an? Was führen sie im Schilde?«

Cook und seine Mannschaft waren verblüfft über dieses merkwürdige Verhalten und entschlossen, Kontakt mit den Eingeborenen aufzunehmen.

Im Logbuch schrieb Cook weiter: »... Wir haben uns vorgenommen, ans Land zu gehen ... als wir uns in unseren kleinen Booten dem Land näherten, kletterten einige Eingeborene von den Felsen hinunter zum Strande, jeder von Ihnen bewaffnet mit einer Lanze, offensichtlich in der Absicht anzugreifen.«

Aus nicht bekannten Gründen haben diese Eingeborenen das große Schiff vor der Küste nicht bemerkt, als aber die kleineren Boote sich der Küste näherten, waren sie plötzlich mehr als aufmerksam.

Nach diesem ersten Kontakt mit den Einwohnern der Insel entdeckte man, dass diese primitive Bevölkerung einfach nicht in der Lage war, das große Schiff zu sehen. Diese Art Schiff war für sie etwas völlig Unbekanntes. Das Schiff repräsentierte das größte Artefakt, welches sie jemals an ihrer Küste gesehen oder, besser gesagt, »nicht gesehen« hatten. Ein komplexes und gigantisches Objekt, zu fremd für das Verständnis der Eingeborenen.

Das Schiff blieb ungesehen, weil die Eingeborenen keinerlei Vorstellung davon hatten, dass ein solches Objekt überhaupt existieren kann. Erst als die Mannschaft sich der Küste in den kleineren Booten (ähnlich denen der Eingeborenen) näherte, existierte für sie eine wahrnehmbare Bedrohung.

Die Botschaft dieser Geschichte ist einfach: Wir neigen dazu, zu sehen, was wir zu sehen erwarten, und wir werden blind für das, was außerhalb unserer Erfahrung und Fantasie existiert, oder ignorieren es.

Die moderne Psychologie hat verschiedene Begriffe für diese Art von Phänomen: kognitive Dissonanz, Wahrnehmungsblindheit, Gewohnheit und so weiter.

Was wäre wenn

Der Baustein des Gehirns sind die Nervenzellen. Unser Gehirn hat eine Vielzahl an Nervenzellen, die sich in Netzwerken organisieren. Die neuronalen Netzwerke kommunizieren miteinander durch Verschaltungen. Die Synapsen bewirken diese Verschaltungen.

Wenn du etwas Neues lernst und erkennst, verändern und erweitern sich deine neuronalen Netze durch Informationsaustausch zwischen den Nervenzellen. Es entstehen also neue Verbindungen und Möglichkeiten in deinem Gehirn.

Dein vorhandenes Wissen wird mit deinem neuen Wissen kombiniert. Die Neubildung neuronaler Netze ist ein ständig ablaufender Prozess, der durch geistige Aktivität kontinuierlich angestoßen und fortgeführt wird. Mit jeder neuen Erfahrung wächst also ein weiteres Areal im Gehirn.

Es gibt demnach Gehirnareale, die nur darauf warten, dass dort neue »Informations-Chips« installiert werden!

Was wäre, wenn das, was du als die Welt da draußen wahrnimmst und erlebst, in Wirklichkeit ein Resultat deiner neuronalen Netzwerke ist, die sich durch deine Bildung, Prägung und Erfahrung über Jahre ausgebildet haben?

Du hast bewusst oder unbewusst diese Nervenbahnen und Netzwerke in deinem Gehirn geschaffen. Deshalb erkennt und erlebt dein körperliches und geistiges System ein höchst individuelles Bild der scheinbaren Wirklichkeit. Eben dein Bild.

Es gibt viele Situationen in unserem Leben, in denen wir nicht erkennen können, was vor uns ist, weil wir die Nervenverbindungen, die uns erlauben würden, die Sache zu erkennen, einfach nicht gebildet haben. Wir haben für diese Sache einfach kein klares inneres Bild in unserem Verstand geschaffen. Unser System hat keine Wege, Bahnen oder Darstellungen gebildet. Deshalb erkennen wir beispielsweise eine Chance, die sich uns ergibt, nicht. Wir sehen einfach nicht, was im Grunde direkt vor unsere Nase ist.

Eine Bekannte von mir, ich nenne sie hier Anellin, machte letztes Jahr Urlaub auf den Kanaren. Auf einer Erkundung durch das Land zeigte ihr ein Mitreisender eine für die Kanaren typische Hunderasse, die sogenannte *Podenco*. Für Anellin war dieser Hund erstmal einfach nur ein armer Inselköter wie jeder andere der vielen Hunde, die sie auf ihren Reisen gesehen hatte. Anellin fand deshalb nichts Besonderes an diesem Hund. Der Hund tat ihr jedoch leid, und sie entschied sich, ihn mit nach Deutschland zu nehmen.

Zurück in der Heimat, fiel ihr bei den Spaziergängen mit ihrem neuen Kameraden auf, dass es tatsächlich sehr viele Podencos gibt. Sie fühlte sich regelrecht verfolgt, sagte sie mir später. Die Podencos tauchten in verschiedenen Formen und Größen auf. Sie erkannte außerdem, welche Hunde aus Spanien kamen, da viele spanische Hunderassen mit dem Podenco vermischt sind. Die großen Stehohren, bernsteinfarbene Augen, der schmale Körperbau, lange Beine und schmale lange Schnauze: Anellin erkannte jetzt auf Anhieb die typischen

Merkmale der Podencos. Vorher hatte sie diese Hunderasse weder gesehen noch bemerkt. Nun schienen sie überall zu sein.

Du weißt sicher schon, was in Anellins Gehirn passiert war: Es haben sich neue Verbindungen gebildet, die es ihr ermöglichen, diese Hundeart mit all ihren Besonderheiten zu erkennen und von den anderen Hunden zu unterscheiden.

Probiere es bei dir selber aus. Halte beispielsweise Ausschau nach rosafarbenen Autos. Du wirst erstaunt sein, wie viele du plötzlich siehst – als würden sie auf einmal aus dem Nichts auftauchen.

Ähnlich verhält es sich mit der Realität, die du erleben willst. Und es gilt auch für die Erfahrungen, die du machen willst, und für die Fähigkeiten, die du zum Beispiel auch mit Hilfe dieses Buches erlernen möchtest.

Den Nervenbahnen ist es dabei egal, ob etwas im Äußeren (der Welt der Erscheinungen) oder im Inneren (im Reich der Vorstellung) erlebt wird. In beiden Fällen verändern und erweitern sie sich und schaffen neue Möglichkeiten des Erlebens.

Du hast dir vorgenommen, deine Intuition vermehrt einzusetzen und zu stärken, also musst du in dir ein klares Bild davon gewinnen, damit du erkennst, wann du eine entsprechende Eingebung hast.

Wenn du ein klares Bild erschaffst, werden die Möglichkeiten, die Schritte, die dich deinem Ziel näherbringen, plötzlich überall auftauchen. Du kannst sie nicht mehr verpassen. Wie die Podencos bei Anellin und die rosa Autos, an die du gedacht hast.

Erstelle Bilder, in denen du das, was du dir wünschst, bereits siehst, fühlst und lebst.

Die Erschaffung des intuitiven Menschen

Wie aber erstellst du nun ein Bild oder ein Gefühl von etwas, das du noch nie zuvor erlebt hast? Wie bekommst du ein klares Bild in deinen Kopf und ein klares Gefühl in dein Herz, um so die neuen Nervenverbindungen zu aktivieren?

Wie erkennst du, dass Türen offen und neue Erfahrungen zur Verfügung stehen?

Hier kommt die erstaunliche und simple Fähigkeit der Vorstellungskraft zum Einsatz. Die Fantasie und der schöpferische Prozess des Visualisierens sind die Schlüssel. Lerne, so zu fühlen, als wärest du bereits am Ziel. Ganz gleich, was du erreichen möchtest, deine Vorstellungskraft ist von entscheidender Bedeutung.

Was auch immer du erleben willst, stelle dir genau vor, wie es aussehen soll, wie es sich anhören, riechen oder anfühlen muss, damit es für dich richtig ist.

Du hast die Fähigkeit, ein holographisches Bild zu schaffen, in dem du gewisse Erfahrungen bereits machst, gewisse Fähigkeiten bereits hast.

Was immer es ist, was du haben willst: Es ist die wiederholte Übung mit der Vorstellungskraft und die Visualisierung, die die neuen Bahnen, die Netzwerke und Nervenverbindungen in deinem Körper aufbaut. Und das ist es dann, was dir die Möglichkeit gibt, Dinge intuitiv zu erkennen, wenn sie auftauchen!

Ohne die Visualisierung wirst du Möglichkeiten, die sich dir zeigen, nicht erkennen. Du wirst eher im Widerstand sein, weil das, was sich dir zeigt, neu und fremd ist; dein Verstand kennt es ja noch nicht. Und du wirst dich eher in die entgegengesetzte Richtung bewegen, weil es unbekannt ist. Du wirst Informationen nicht annehmen, weil sie nicht in deine gewohnten Bahnen passen, oder du wirst zweifeln, ob Gefühle und Erlebnisse echt sind. Du wirst die Gelegenheiten nicht einmal registrieren.

Mit diesem Buch wirst du lernen, die von dir gewünschten Fähigkeiten zu erlangen und zu erweitern, damit du wichtige Informationen leichter empfangen kannst. Du lernst, deine fantastische Fähigkeit der Visualisierung einzusetzen, um zunächst eine virtuelle Realität zu erschaffen, die sich wie die Wirklichkeit selbst anfühlt und dann tatsächlich deine Wirklichkeit wird.

Sei bereit, mit deiner Welt zu spielen. Nutze alle Möglichkeiten deines körperlichen und seelischen Systems.

Gib dir die Erlaubnis, durch deine Fantasie in das einzutauchen, was du erleben möchtest. Es ist alles in dir vorhanden. Es ist dein System, dein Gehirn, deine Fantasie und deine Fähigkeit, die Dinge sichtbar zu machen.

Also, was willst du? Du kannst alles haben!

Die Übung zu Tag 1 findest du im Übungsteil dieses Buches (S. 150).

Das Equipment

Liebe Reisende,

jede Reise erfordert ein entsprechendes Equipment. Dieses ermöglicht nicht nur ein flexibles und unabhängiges Reisen, sondern garantiert auch einen angemessenen Aufenthalt.

Bei der Auswahl des Equipments gilt es für diese besondere Reise einiges zu beachten.

Das Haus für unterwegs

Ihr Körper ist während der gesamten Reisezeit Ihr »Haus für unterwegs«. Alle wichtigen Utensilien, die das individuelle Reisen überhaupt erst ermöglichen, sind hier drin sicher untergebracht.

Individuelles Packgewicht beziehungsweise persönliche Lebenserfahrung ist unerheblich, und ein Körper mit einer qualitativ hochwertigen geistigen Einstellung, stellt kein Hindernis dar. Besonders bei langen Wanderungen und Erkundungen an alle nur erdenklichen inneren Orte kann er durchaus hilfreich sein.

Für die Auswahl des Equipments müssen bestimmte Informationen berücksichtigt werden. Um diesbezüglich weiterhelfen zu können, werden folgend nun von Ihrer Reiseleiterin die entscheidenden Auswahlkriterien für das passende Equipment aufgelistet und erläutert.

Ihre Reiseleiterin Diana Kavian

Alles, was du brauchst ist bereits in dir vorhanden.

Das verborgene Auge

Jeder Körper hat im Grunde unendlich viele Augen. Wir sehen Dinge nicht nur mit unseren zwei Augen, sondern nehmen Dinge mit den unterschiedlichsten Organen wahr. Während manche Menschen mit ihrer Nase hören können, können andere mit den Händen, Ohren oder dem Bauch sehen. Unser Körper ist ein faszinierendes Instrument, das Geheimnisse birgt, die dem Verstand nicht zugänglich sind.

Besonders faszinierend ist für mich die Zirbeldrüse. Die Zirbeldrüse ist eine etwa erbsengroße Drüse kegelförmiger Struktur, die sich in der Mitte des Gehirns befindet. Ihre vollständige Funktion ist noch nicht ergründet. Man weiß, dass die Zirbeldrüse das Hormon Melatonin produziert, welches unter anderem den Biorhythmus des menschlichen Körpers steuert und ein Auslöser für die Fortpflanzung und die damit verbundenen Hormone ist.

Darüber hinaus hat die Zirbeldrüse in der westlichen medizinischen Gemeinschaft leider keine nennenswerte Geschichte. Dabei hat sie eine reichhaltige Geschichte in der Metaphysik, die aber in der westlichen Welt noch immer kaum anerkannt wird.

In vielen spirituellen Traditionen also spielt die Zirbeldrüse seit Jahrtausenden eine wichtige Rolle. Der Philosoph und Naturwissenschaftler René Descartes nannte sie den Sitz der Seele. Sie repräsentiert im herkömmlichen Sprachgebrauch das sogenannte Dritte Auge.

Dieses Dritte Auge liegt genau zwischen den Augenbrauen und ist der Haupteingang, der mit der Zirbeldrüse verbunden ist. Man kennt dies auch aus Abbildungen der Ägypter und vieler buddhistischer Völker. Die alten Chinesen nannte die Zirbeldrüse das Himmelsauge, und oft wird sie als das Fenster zu anderen Dimensionen gesehen.

Die Funktion der Zirbeldrüse ist ähnlich der eines Auges, und ihre Struktur gleicht diesem vollständig. Sie kann, wie unser Augenpaar, Licht wahrnehmen, selbst wenn wir blind sind (was bis heute nicht hinreichend erklärt werden kann).

Das Dritte Auge ermöglicht quasi das innere Sehen, das Sehen über das Sichtbare hinaus, das viele Namen hat: ausgeprägte Intuition, Menschenkenntnis, geistige Klarheit, starke Visualisierungsfähigkeit, Hellsehen, Gedankenübertragung und so weiter.

Es gibt viele spirituelle Schulen, die über das Dritte Auge sprechen und seine Besonderheiten studieren. Dabei wird klargestellt, dass – was auch immer für eine Bewusstseinsebene ein Mensch kultiviert hat – dies die Ebene sein wird, auf der er seine Welt sehen und wahrnehmen wird. Er kann die Wirklichkeit nicht jenseits dieser Ebene erkennen, und er wird auch nicht an irgendeine andere Dimension glauben, selbst wenn er diese per Zufall erlebt. Also bleibt ihm nichts anderes übrig, als zu glauben, dass das, was er auf seiner Ebene sieht und denkt, das einzig Richtige ist.

Das Dritte Auge lässt sich zweifellos nicht aus einer gewöhnlichen Sicht erklären. Das Wissen über die Zirbeldrüse war in den spirituellen Schulen immer das Geheimnis aller Geheimnisse und wurde gewöhnlichen Menschen (die, die sich nicht ernsthaft für ihr inneres Wachstum interessieren) vorenthalten.

Viele Menschen haben ein starres Konzept entwickelt und denken, dass nur die Dinge, die sie durch ihre Augen sehen, tatsächlich real und greifbar sind. Sie glauben an nichts, was sie nicht sehen oder fühlen können. Ihr Motto lautet: Sehen ist glauben. Das ist auch in Ordnung und für eine Zeit eine vernünftige Sichtweise. Aber wenn man die Dinge aus einem weiterentwickelten Geisteszustand betrachtet, ist diese Sichtweise einfach zu eng.

Alles Sichtbare besteht aus Materie, und natürlich haben unterschiedliche sichtbare Dinge unterschiedliche materielle Strukturen, so wie auch unterschiedliche Wesen die unterschiedlichsten Formen annehmen können.

Im Buddhismus ist alles in der Welt, ob sichtbar oder unsichtbar, eine Illusion und seiner Natur nach leer. Demnach ist nichts von dem, was man sieht, so real, wie man denkt.

Aber was heißt das? Immerhin kann man alles, was man sieht, auch anfassen, und es fühlt sich sehr real an.

Die Erklärung zur illusorischen Natur der Dinge kann wie folgt sein: Unsere Augen haben die Fähigkeit, materielle Dinge in unserer materiellen Dimension zu fixieren. So wie eine Kamera das Objekt fixiert. Das dient dazu, die Dinge in dem Zustand, in dem wir sie jetzt sehen, erscheinen zu lassen. Aber eigentlich ist das nicht der wahre Zustand der Dinge – auch nicht in unserer Dimension.

Frage: Wie sieht ein Tisch aus, wenn du ihn unter einem Mikroskop betrachtest?

Zuerst erscheint eine glatte oder auch eine raue Oberfläche. Wenn du noch näher herangehst, zeigt sich die Struktur wie eine Landschaft mit Tälern und Bergen. Bei noch näherem Heranzoomen verliert der Tisch seine Festigkeit. Er löst sich auf, er besteht plötzlich aus kleinen, tanzenden Molekülen, die sich wie Sandkörner nebeneinander winden und ständig in Bewegung bleiben. Wenn du immer weiter in den Tisch eindringst, wirst du bemerken, dass die Teilchen, aus denen der Tisch nun besteht, ständig auftauchen und wieder verschwinden. Letztendlich wirst du feststellen, dass dieser Tisch eigentlich gar nicht da sein dürfte. Seiner Natur nach ist er leer. Es gibt nichts »Tischiges« an diesem Tisch. Das gleiche kannst du mit jedem Gegenstand und

Lebewesen machen, egal in welcher Größe oder aus welchem Material. Es gibt keine nachweisbare Festigkeit der Dinge an sich.

Für mich bedeutet das, dass die Festigkeit der Dinge nur eine Illusion ist, die durch den Geist geschaffen wird. Ich sage das, weil alle Atome im Grunde leer sind. Es ist alles Energie. Und diese Energie wird durch deine Gedanken erschaffen. Deine Gedanken können als elektrische Signale gemessen werden, und diese elektrischen Signale fahren durch den Äther und beeinflussen die Atome. Das mag verrückt klingen, ist aber mittlerweile sogar wissenschaftlich nachgewiesen. (Hier ist eine Liste einiger Pioniere auf diesem Gebiet: Amit Goswami [Physiker], Masaru Emoto [Alternativmediziner], Dr. Candace Pert [Pharmakologin], Dr. Joseph Dispenza [Neurowissenschaftler])

Man sieht die Dinge also nicht, wie sie wirklich sind. Kein Ding ist statisch und fest. Dieses Buch in deinen Händen zappelt eigentlich herum, windet sich und bewegt sich dauernd, aber deine Augen können es nicht sehen. Diese Realität bleibt dir verborgen. Deine Augen geben dir also im Grunde ein falsches Bild von dem, was in Wirklichkeit mit den Dingen ist, und sie behindern letztlich die Möglichkeit, in tiefere Dimensionen vorzudringen.

Ich glaube, dass diejenigen, die nicht anerkennen, was sie nicht sehen können, ein eingeschränktes Verständnis für ihre Welt haben und sich in der Mittelmäßigkeit des Gewöhnlichen verlieren.

Die Augen funktionieren wie eine Kamera. Wenn wir eine Form von einer Person oder einem Objekt sehen, lässt das Gehirn das Bild wirklich entstehen. Das heißt, dass wir durch die Augen ein Bündel Energie erfassen und die Informationen, die wir aufnehmen, durch die Sehnerven an die Zirbeldrüse im hinteren Teil des Gehirns übertragen werden. Dann erst erscheint das Bild. Also, wenn wir Dinge sehen, ist es in unserem Gehirn im Zirbeldrüsenbereich, wo das Bild wirklich erscheint.

Bei der Entwicklung deiner Intuition geht es darum, deine Sehnerven zu umgehen und den Durchgang zwischen den Augenbrauen zu öffnen, der es deiner Zirbeldrüse ermöglicht, die Dinge außerhalb zu sehen.

Das Dritte Auge, auch Weisheitsauge genannt, produziert kein falsches Bild von Dingen, wie unser Augenpaar es tut. Das Dritte Auge kann in das Wesen einer Sache oder jeder Art von Materie sehen. So können Menschen mit einem offenen und geübten Dritten Auge unsere Dimension durchdringen und Szenen sehen, die anderen vorenthalten bleiben.

Das bekannte Gehirn

Der Neocortex ist der stammesgeschichtlich jüngste Teil der Großhirnrinde, den es nur bei Säugetieren gibt und der uns hilft, hochentwickelte Fähigkeiten zu erlangen. Das Gehirn ist in zwei Hirn-Hemisphären geteilt: die linke und die rechte Gehirnhälfte.

Gedanken, Intuition, Inspiration und Ideen im täglichen Leben umzusetzen, erfordert eine Aktivierung beider Gehirnhälften.

Die linke (logische) und rechte (intuitive) Gehirnhälfte ergänzen einander. Sind die beiden Gehirnhälften nicht ausgeglichen, hat jeder wie auch immer begabte Mensch Schwierigkeiten in vielen seiner Tätigkeiten. Wenn aber beide Hemisphären im Gleichgewicht und im Einklang sind, ist die optimale Leistung des Geistes und des Körpers gewährleistet.

Wer, wie die meisten von uns, in einem traditionellen öffentlichen Schulsystem aufwuchs, hat vermutlich die linke Seite des Gehirns mehr trainiert als die kreative und intuitive rechte Seite.

In unserer sich schnell ändernden Welt, ist logisches Denken allein nicht mehr genug. Die Berufe von Morgen fordern auch kreatives und intuitives Denken und Handeln. Erfolgreiche Menschen können und müssen lernen, wie man beide Seiten des Gehirns trainiert und nutzt. Ohne Intuition und Gefühl ist Kreativität nicht machbar.

In der Vergangenheit suchten die Menschen Stille und Erleuchtung in ihren spirituellen Tätigkeiten. Heute sind wir bereit, die Kraft des Geistes auch in unserem Privat- und Arbeitsleben für uns zu nutzen. Dies erfordert das Ausgleichen und die Integration der linken und der rechten Hirnsphäre – und das erfordert gezielte Übung.

Mit unseren Prägungen, Gewohnheiten, Erfahrungen und unbewussten Konditionierungen schließt unser Verstand viele Wahrnehmungen und Optionen aus. Emotionale Verletzungen, familiäre Prägungen, allgemeingültige Regeln, Lebenskrisen, Ängste und Zwänge lenken unsere Aufmerksamkeit von effektiven Erfahrungen und Lösungswegen ab. Wir verwenden hauptsächlich unsere linke Gehirnhälfte, bemerken aber nicht, wie unser Leben von linear ablaufenden, immer wiederkehrenden unbewussten Mustern geprägt ist. Es geht vielfach leider nicht darum, glücklich zu sein, sondern das Wohlbekannte zu erhalten – ganz gleich, wie schmerzhaft und hinderlich es sein mag.

Wenn wir aber beide Gehirnhälften miteinander in Einklang bringen, können wir über die Intuition die nötigen Lösungswege spontan erkennen und mit Vorstellungskraft neue eröffnen. Wir nehmen bewussten Anteil an dem, was wir wirklich wollen. Wir erfahren unsere Wirklichkeit über das Gefühl und die Intuition. Wir wählen aus der unendlichen Vielzahl der Möglichkeiten diejenige aus, die in diesem Moment passend ist.

Jede der beiden Seiten ist wichtig und lässt sich unabhängig von der anderen trainieren und stärken.

Die Eigenschaften im Überblick:

linke Hemisphäre	rechte Hemisphäre
kontrolliert rechte Körperseite	kontrolliert linke Körperseite
detailliert	ganzheitlich
analytisch	kreativ
mathematisch	sprachlich
logisch	intuitiv
vernünftig	instinktiv
beurteilend	spontan
kritisierend	offen
Zahlen	Bilder
Rechnen	Farben und Formen
Daten	Emotionen
Fakten	Stimmung
Lesen	Musik und Töne

Das wiederentdeckte Herz

Der Geist ist erleuchtet, wenn die Führung dem Herzen gegeben wird.
Ich möchte nun auf die Weisheit des Herzens zu sprechen kommen.

In der modernen Forschung gibt es die Annahme, dass die Energie des Herzens dreißigmal stärker ist als die Kraft des Gehirns. Was ist da dran und was kann uns diese Erkenntnis bringen?

Seit Jahrhunderten wird das Herz als Quelle der Liebe genannt. Das Herz wird in alten Traditionen und poetischen Schriften gerne auch als sprudelnde Quelle der Intelligenz erwähnt. Viele alte Kulturen behaupten, dass das Herz das primäre Organ für die Beeinflussung und das Lenken unserer Emotionen und unserer Entscheidungsfähigkeit ist.

In der traditionellen chinesischen Medizin, wird das Herz als die Verbindung zwischen Geist und Körper gesehen und bildet eine Brücke zwischen den beiden. Das Erreichen der Mitte, des Gleichgewichts, geschieht ausschließlich durch den Sitz des individuellen Bewusstseins: durch das Herz.

Trotzdem ist für viele Menschen, gerade in der westlichen Welt, das Herz nur ein Muskel, der für die Regulierung der Blutzirkulation zuständig ist. Die medizinische Wissenschaft behauptet schon lange, dass allein das Gehirn alle Organe des Körpers, einschließlich des Herzens, regiert.

Nun erkennen vermehrt die Neurowissenschaftler und andere Pioniere, wie der amerikanische Mediziner Doc Childre, dass das Herz in seiner Funktion viel komplexer ist, als wir es uns je vorgestellt haben. Statt Blut einfach zu pumpen, lenkt und richtet das Herz auch viele andere Systeme im Körper, so dass diese harmonisch miteinander funktionieren können.

Die Wissenschaftler haben herausgefunden, dass das Herz ein eigenes unabhängiges Nervensystem hat. Das »Gehirn« im Herzen ist ein komplexes System. Es gibt mindestens 40.000 Neuronen im Herzen. Das sind so viele wie in den verschiedenen Zentren des eigentlichen Gehirns.

Das Herz kommuniziert mit dem Gehirn und dem Rest des Körpers durch Übertragung von Nervenimpulsen, durch Hormone und Neurotransmitter. Darüber hinaus kommuniziert das Herz mit dem Gehirn und dem Körper auch energetisch durch elektromagnetische Wechselwirkungen.

Durch diese biologischen Kommunikationssysteme hat das Herz einen erheblichen Einfluss auf die Funktion unseres Gehirns und alle unsere Systeme. Diese neuen wissenschaftlichen Erkenntnisse zeigen, dass das Herz an unser Gehirn umfangreiche emotionale und intuitive Signale sendet. Basierend auf dem Verständnis, dass das Herz in ständiger Kommunikation mit dem Gehirn ist, sind die Wissenschaftler der Meinung, dass unser Herz tatsächlich die intelligente Kraft hinter den intuitiven Gedanken und Gefühlen ist. Dank der Entdeckung der Intelligenz des Herzen als primärer Quelle der Emotionen haben wir ein neues Paradigma für das Verständnis unserer Emotionen erreicht.

Je mehr wir auf das Herz hören und unserer Herzintelligenz vertrauen, desto ausgewogener sind unsere Emotionen. Und je ausgewogener unsere Emotionen sind, desto besser können wir Stress, Verwirrung, Krankheiten und Leiden vermeiden. Die wachsenden wissenschaftlichen Forschungen der Herzintelligenz (z.B. die von Doc Childre vom *HeartMath Institut*) lassen uns eine neue Einstellung zu diesem Thema finden: auf das Herz hören.

Das Herz erzeugt das stärkste und umfassendste elektromagnetische Feld des Körpers. Das magnetische Feld des Herzens ist ungefähr 500 Mal stärker als das magnetische Feld des Gehirns und kann mehrere Meter vom Körper entfernt noch gespürt werden. Dieses Feld nimmt aus der Umgebung Informationen auf, decodiert sie und leitet sie an das Gehirn weiter.

Das bedeutet in der weiteren Konsequenz, dass alle Menschen im Grunde energetisch miteinander verbunden sind. Wir können letztlich in jedem gegebenen Moment auf alle Information im Raum zugreifen. Wenn wir Zugriff auf die Informationen im Herzen haben, schließen wir uns der grenzenlosen Versorgung und Weisheit des Ganzen an und lassen praktisch Wunder in unserem Leben geschehen.

Wenn wir uns abtrennen und den angeborenen Verstand des Herzens, der auf Liebe gegründet ist, verschließen, übernimmt der auf das Ego gegründete Intellekt die Kontrolle und funktioniert unabhängig vom Herzen. Wir kehren zu einer Überlebensmentalität zurück, die auf Angst, Habgier, Macht und Kontrolle beruht. Wir sind vom großen Ganzen getrennt, fühlen Beschränkung und Schwere und glauben, nur durch harten Kampf überleben zu können.

In unserem Herzen finden wir unsere Kraft, unseren Glauben, unseren Mut und unser Mitgefühl. Wenn wir sowohl unseren Verstand als auch die Stimme unseres Herzens nutzen, können wir wahre Meisterwerke vollbringen und sind in der Lage, Entscheidungen zu treffen, die nicht nur logisch sind, sondern sich auch richtig gut anfühlen.

Wenn jeder von uns auf die stille Revolution des Herzens zu hören beginnt, werden wir schon bald wunderbare Veränderungen in unserem Leben und in der Welt erleben. Unsere innere Macht, die körperliche, geistige und emotionale Energie, die wir haben, wird sich unmittelbar in unseren Lebensumständen widerspiegeln.

Fördere deine tiefsten Herzgefühle

Es gibt viele positive Herzgefühle wie Liebe, Mitgefühl, Aufgeschlossenheit, Mut, Humor, Großzügigkeit und Dankbarkeit. Das Erfahren dieser Gefühle vergrößert die Synchronisation mit dem rhythmischen Muster des Herzens. Jedes dieser Herzgefühle hat eine starke positive Wirkung auf unsere Einstellung zum Leben. Es ist schließlich nicht gleichgültig, wie wir uns fühlen, und es ist nicht egal, wie wir was in diesem Leben tun.

Du fragst dich vielleicht: Wie soll ich positive Herzgefühle kultivieren, wenn die Welt so schlecht ist, wenn Menschen jeden Tag lügen und töten, wenn Kinder verhungern und die Erde zerstört wird?

Es ist wichtig, dass du die positiven Dinge in deinem Leben siehst und erkennst. Lasse dich nicht von den schlechten Dingen herunterziehen. Das wird weder dir noch deinem Umfeld helfen. Bleibe bei dir und deiner guten Energie, so wirst du leicht und immer beständiger die Intelligenz des Herzens erfahren. Sei entspannt, dann kannst du – ausgerichtet und wirkungsvoll – die Dinge wirklich ändern.

Herzintelligenz versorgt uns mit einem intuitiven Bewusstsein, das außerhalb des geradlinigen logischen Denkens arbeitet. Folglich wird unsere Perspektive immer flexibler, kreativer und umfassender werden.

Die Übung sowie zusätzliche Tips und Hinweise zum heutigen Tag 2 findest du im Übungsteil (S. 151).

Ganz wichtig!

Das Gewahrsein

Liebe Reisende,

auch wenn Sie eine Reise fernab von Konventionen und Mittelmäßigkeit planen, sollten Sie an einige wichtige Dinge denken und diese bei der Planung berücksichtigen.

Wie können Sie im Fall der Fälle etwas in Erfahrung bringen, wenn Sie nicht die Sprache der Intuition sprechen, aber Fragen haben?

Wie können Sie sich bei hoher Belastung das Abenteuer erleichtern?

Hier habe ich einige wichtige Hinweise für Sie zusammengestellt!

Ihre Reiseleiterin

Es gibt weder gutes noch schlechtes Meditieren; nur Bewusstsein oder den Mangel an Bewusstsein für das, was in unserem Leben vor sich geht.

Die Kunst des Gewahrseins

Was ist die beste Methode für das Entwickeln beziehungsweise die Freilegung der Intuition? Es gibt keine bessere Methode, an die ich denken kann, als die Meditation.

Meditation ist eine in vielen spirituellen Traditionen verwendete Technik. Und sie ist mehr als das. Sie ist ein praktisches Werkzeug, das dir hilft, sowohl still zu werden und Energie aufzutanken als auch Gewahrsein (ein Bewusstseinszustand, in dem das, was ist, wahrgenommen wird) zu üben. Meditation hilft dir, Liebe und Freude in dir selbst zu erfahren, und sie beruhigt und entspannt den immer tätigen Verstand. Durch Meditation kommt die Intuition ganz natürlich zu dir, ohne dass du danach suchen müsstest.

Wichtig und unterstützend für die Meditation ist es, eine wohlwollende Haltung und eine positive Einstellung im Hinblick auf das Leben und die Menschen im allgemeinen zu kultivieren. Mache dich locker und lasse alles

Unwichtige gehen. Sorgen, Ängste und Erwartungen sind wie Süchte und werden deine Fähigkeit behindern, Chancen und Gelegenheiten zu erkennen. Intuition ist keine Eigenschaft, die kontrolliert werden kann. Sie geht Hand in Hand mit einem »Ja« zum Leben, mit Spontaneität und mit einer gut entwickelten Verbindung zu allem.

Intuition ist eine Brücke zwischen uns und dem großen Ganzen. Für das, was ich in diesem Buch »das Ganze« nenne, gibt es andere Bezeichnungen wie Chi, Prana, Lebenskraft, göttliche oder kosmische Energie und so weiter. Nenne es wie du willst, das spielt keine Rolle.

Jeder lebende Körper strahlt seine Wärme und Kraft aus. Diese Energie breitet sich unaufhörlich aus, um uns neue Möglichkeiten zu zeigen. Das verbindet uns mit allem und jedem. Diese Quelle, dieses Ganze ist die Lebenskraft selbst, die alles Leben ermöglicht, die uns gesund, lebendig und schwungvoll macht und begeistert, wenn ihr Fluss erhalten bleibt.

Das bedeutet, dass, wenn diese Verbindung zum Ganzen frei um uns und durch uns fließt, wir dann bereit sind, das volle Leben zu genießen und Herausforderungen anzunehmen. Denke daran: Wir sind längst mit allem, was wir wissen wollen, verbunden.

Dem wir widerstehen, bleibt bestehen.

Warum es Blockaden gegenüber dem Ganzen gibt, hat einige Gründe, die wir im Verlaufe dieses Buches noch genauer klären werden. Der Hauptgrund aber, weshalb wir uns von der Quelle des Ganzen und damit vom Leben selbst getrennt fühlen, ist unser Widerstand.

Widerstand ist eine schaffende, kreative Kraft, die den Schmerz, den sie eigentlich vermeiden will, noch verstärkt. Das beschränkt sich nicht nur auf den physischen Körper. Es zeigt sich auch in dem Schmerz und Drama deines Lebens. Wenn du eine bestimmte Sache in deinem Leben nicht erleben willst, wenn du bestimmte Gefühle vermeiden möchtest und dich innerlich gegen sie wehrst, werden sich diese Gefühle vermehren. Du bleibst in ihnen stecken, und sie verhärten sich. Du gerätst in einen Strudel, du verkrampfst und gerätst in einen Teufelskreislauf, so dass du dich immer wieder mit den gleichen unangenehmen Gefühlen beschäftigen musst – wie ein Drogensüchtiger, der immer wieder zum Stoff greift, obwohl er es im Grunde nicht will, weil er weiß, dass es ihm nicht gut tut.

Hier sind einige Eigenschaften, die im täglichen Leben Widerstand aufbauen und uns vom Ganzen trennen:

Hass: eine negative Einstellung zum Leben, zu sich selbst, zu anderen Menschen und ihren Idealen. Hass entsteht durch seelische Verletzung, der man glaubt, ausgeliefert zu sein. Hass ist wie ein schwelendes Feuer und vergiftet alle, die damit in Berührung kommen.

Geiz: ein Streben, das nur dem Selbsterhalt dient. Es zeigt sich in einem absoluten Unwillen zu teilen. Geiz macht ein Zusammenleben mit anderen unerträglich.

Ignoranz: etwas absichtlich nicht wissen wollen, möglicherweise aus Angst vor der Verantwortung.

Diese Beispiele sind nur einige und zufällig gewählte Eigenschaften, die uns die Verbindung zum Ganzen, zu unserer Lebenskraft rauben. Dir fallen bestimmt weitere derartige Eigenschaften ein, die dazu führen können, dass wir unentwegt empört über andere und deren Lebensweise sind, und die uns dazu bringen, dem Leben, dem Lernen, dem Altern, der Veränderung im allgemeinen und letztlich uns selbst zu widerstreben.

Sich dessen bewusst zu werden und zu erkennen, wie du dich dem täglichen Leben widersetzt, erlaubt es dir, mehr im Augenblick zu leben, es erlaubt dir, im Hier und Jetzt tatsächlich du selbst zu sein.

Deine Verbindung zum Gewahrsein

In der persönlichen Entwicklung ist Gewahrsein sinnvoll, um ein Bewusstsein davon zu haben, wer du bist und welche Wirkung du auf andere hast. Du kannst dir das wie einen winzigen Zwerg auf deiner Schulter vorstellen, der über das, was du denkst, siehst und tust, wacht und dir seine Beobachtungen ins Ohr flüstert. Im Gewahrsein erfährst du auch, wo und wann genau du dich vom Ganzen abgespalten hast. Im Gewahrsein gehst du der Spur nach, die dich nach Hause zurückführt – zum Grund dessen, was du bist.

Während du dich dem Gewahrsein öffnest, begreifst du, dass du vom Ganzen nicht getrennt bist. Du beginnst zu erkennen, dass jeder Atemzug, den du tust, und jeder Moment, den du erfährst, sich schließlich nach dem Fluss des Lebens ausrichtet. Dein Geist wird klar, und du erlebst die Zustände in deinem Leben nicht mehr als Hindernisse, sondern als Chancen.

Es gibt überhaupt keinen Grund, sich seiner Existenz, seiner eigenen Lebendigkeit und die der anderen in dieser Welt zu widersetzen. Dein Leben ist mit allem sichtbaren und unsichtbaren Leben verbunden. Wenn etwas lebt, hat es Lebenskraft, und die Qualität des Ganzen ist Lebendigkeit. Ohne das kannst du nicht atmen, berührt sein, lachen.

Den Widerstand aufgeben

Du lebst, dein Herz schlägt, du bewegst dich und du fühlst. Wenn du diese alles verändernde, alles bewegende Lebensenergie wirklich wahrnimmst, wirst du keinen Widerstand mehr brauchen. Es ist Teil des Menschseins und völlig normal, manchmal auch unangenehme Dinge zu spüren. Es geht nicht darum, unser Unbehagen oder unsere Wohlgefühle zu bewerten, sie gut oder schlecht zu nennen. Es ist die Natur des Lebendigen feurig, wild, unruhig, wütend, traurig zu sein. Ebenso ist es die Natur des Seins, mitfühlend, sanft, liebevoll und glücklich zu sein. Nichts davon ist gut oder schlecht. Es sind einfach unterschiedliche Qualitäten des Seins. Wenn wir jede dieser Qualitäten im jeweiligen Augenblick annehmen, leisten wir keinen Widerstand, und das Leben kann in seiner wunderbaren Energie fließen.

Der Widerstand gegen das Leben, gegen den Wandel und gegen den Fluss, dem jedes Leben unterworfen ist, verursacht Leiden. Das Festhalten und Klammern an eine Sichtweise verursacht Leiden.

Probiere es selber einmal aus. Wie fühlt sich der Widerstand an? Wie widersetzt du dich dem Leben?

Beobachte einfach einmal, wenn Unbehagen oder ein anderes unangenehmes Gefühl sich in dir regt. Beginne es zu fühlen, es anzunehmen und zu umarmen, denn es ist auch ein Teil von dir. Das wird vielleicht dein Unbehagen nicht lösen, aber es löst den Widerstand, und es verbindet dich mit dem Leben, mit dem Ganzen.

Das Meditieren, das Stillsitzen, hilft dir hier und bietet dir immer wieder die Gelegenheit, die Qualität deiner Lebendigkeit zu erleben.

Du kennst sicher den Satz: »Stell dir vor es ist Krieg, und keiner geht hin.« Genau darum geht es hier: Das Beenden des Widerstandes ist es, was in der Meditation geübt wird. Du lernst das, was mit dir innerlich geschieht, zu erkennen und zu beobachten, ohne dich einzumischen. Du bist still wie ein Fels inmitten der Brandung.

Die Brandung ist da und hilft dir, deine Verbindung mit allen Dingen zu erkennen. Das macht dir bewusst, dass wir nicht getrennt sind. Die Energie, die uns am Leben hält, ist die Energie, die die Brandung erschafft, und du bist ein Teil davon. Verbinde dich damit und widersetze dich nicht. Ich verspreche dir, das ist der richtige Weg.

Die Meditation

Wenn du mit Meditation beginnst, wird dein Geist sehr beschäftigt wirken, und du bekommst vielleicht sogar das Gefühl, dass die Meditation deinen Geist zusätzlich aufwirbelt und verwirrt. Tatsächlich aber passiert etwas ganz anderes. Du wirst dir zum ersten Mal bewusst, wie beschäftigt und verwirrt dein Geist eigentlich ist. Durch weitere Meditation wird er sich beruhigen.

Du wirst auch eine große Versuchung spüren, den verschiedenen Gedanken und Gefühlen zu folgen. Dein Geist ist wie ein verwöhntes Kind, das nicht weiß, mit welchen Geschenken es zuerst spielen soll. Du wirst bemerken, wie bloße Gedanken sich in Sorgen um deine Kinder, deine Arbeit, dein Leben verwandeln. Und du bist geneigt, aufzustehen und die Meditation abzubrechen.

Tu das nicht! Das ist nur Denken, sonst nichts! Bleib ruhig bei deinen flatternden, feurigen Gedanken und Gefühlen. Es ist nur ein Feuer. Wenn die Hitze zischend und heftig ist und dich zu verbrennen droht, widersetze dich nicht. Das ist doch etwas sehr Kraftvolles. Das bist du. Wenn sich das Feuer langsam beruhigt und still, angenehm und warm wird, beobachte einfach weiter. Lasse auch das zu.

Wie es weitergeht

Das Benennen der Gedanken und Gefühle ist die grundlegende Technik, wenn du Gewahrsein praktizierst. Benenne, was offensichtlich ist, das, was du denkst, etwa »Mutter, Fußball, Reise, Einkauf«. Das Benennen der Gedanken lässt sie einfacher wieder verschwinden, nimmt ihnen die Schwere. Wenn dennoch ein Gedanke immer wieder auftaucht, spüre nach, welche Gefühle dahinterstehen. Wenn du gerade in Scheidung lebst, ist das Wort »Trennung« wahrscheinlich zu oberflächlich. Das Gefühl dahinter kann zum Beispiel Verzweiflung, Sehnsucht, Elend oder Verachtung sein. Spüre es. Dies gibt ein vollständigeres Bild. Manchmal wirst du keine passenden Worte finden. Es reicht dann, sich einfach auf das Gefühl dahinter einzulassen.

Während du den Strom der Gedanken beobachtest, wirst du im Laufe der Zeit mit den großen Mengen an Gedanken und Gefühlen vertraut werden, und du wirst bemerken, wie sie sich ändern, wenn du nicht eingreifst. Du wirst in der Lage sein, jeden vorübergehenden Gedanken, jede Empfindung, jedes Gefühl zu sehen, so wie es ist, ohne von ihm überwältigt zu sein. Du wirst Zusammenhänge erkennen, die sonst verborgen bleiben: Wie ein Gedanke zu einem Gefühl führt, das zu einer Reaktion im Körper wird und oft in einer konkreten Handlung mündet.

Widersetze dich nicht. Lasse das volle Leben zu.

Die Übung sowie zusätzliche Tips und Hinweise zum heutigen Tag 3 findest du im Übungsteil (S. 153).

Basics

Liebe Reisende,

Sie haben nun die Reise angetreten, die Ihre Intuition stärken und Sie mit den Geschenken des Lebens verbinden soll. Um die weiteren Tage sinnvoll und reibungslos zu gestalten, wird eine detaillierte Planung manchem Malheur und Missverständnis entgegenwirken.

Natürlich lässt sich nicht ausschließen, dass man auf einer Reise einmal etwas vergisst.

Das ungute Gefühl aber, dass einen befällt, wenn man unterwegs ist und nicht mehr weiß, was man eigentlich erleben will oder was man eigentlich sucht, kann vermieden werden.

Eine ordentliche Reiseplanung vermeidet unnötige Verwirrung und hilft Ihnen, sicher anzukommen. Dieses Kapitel will Sie dabei unterstützen, eine maßgeschneiderte detaillierte Checkliste zu erstellen, und hilft Ihnen mit vielen sinnvollen Zusatzinformationen.

Ihre Reiseleiterin Diana Kavian

Wissen ist begrenzt; deine Vorstellungskraft hingegen ist unbegrenzt.

Die Basics

»Jedem Anfang wohnt ein Zauber inne«, schrieb einst der Dichter Hermann Hesse (1877 -1962). Und genau diesem Zauber sollst du dich heute hingeben.

Dein Leben liegt stets jungfräulich vor deinen Füßen, bereit, sich schöpferisch gestalten zu lassen. Wenn dich jemand nach deinen tiefsten Herzenswünschen fragt, was antwortest du? Kennst du sie?

Gedanken und Gefühle sind, wie alles, was uns umgibt, schöpferische Energie.

Ein Haus wird zuerst erdacht und gefühlt, bevor es entsteht. Es wird zuerst innerlich erlebt. Der Architekt geht innerlich (in seiner Vorstellung) durch die

Flure, er fühlt die Wände und spaziert auf dem Fußboden, bevor er den Traum seines Gebäudes realisiert.

Wenn ich etwas verwirklichen möchte, ist es unabdingbar, mich mit den Gefühlen zu identifizieren.

Die »Grüne Tara« beispielsweise ist ein Aspekt im Buddhismus, der Intuition, Großzügigkeit, Erfolg, tiefe Einsicht und kluges Handeln verkörpert. Anders als in vielen buddhistischen Meditationen, visualisiert *sich* der Meditierende als die Grüne Tara *selbst*, mit allen Attributen und Eigenschaften. Mit einem zusätzlichen Werkzeug, dem Mantra, ruft der Meditierende diese Energie auf. Dadurch wird der Meditierende von den Qualitäten der Grünen Tara durchdrungen und macht sie für sich erfahrbar.

Je mehr sich der Meditierende bewusst mit diesen Qualitäten verbindet, um so mehr wird er davon überzeugt, dass er tatsächlich die Wahl hat, so zu sein, wie er es sich wünscht. Die Resultate in seinem Leben bleiben nicht aus.

Wir Menschen haben uns, bewusst oder unbewusst, entschieden, so zu sein, wie wir uns im Alltag erleben. Wir haben diese unglaubliche Macht der Vorstellungskraft, die wie ein Schöpfer die Wirklichkeit formt, genutzt, um unseren jetzigen geistigen Zustand zu erreichen.

In diesem Kapitel werde ich dir einige Techniken der Visualisierung aufzeigen, die ich im Laufe meines Lebens gelernt habe. Visualisierung ist nicht schwer. Um sie erfolgreich anzuwenden, muss man lediglich gewissen Gesetzmäßigkeiten folgen.

Wenn du diese Methode erprobst und umsetzt, bin ich überzeugt, dass du einige bemerkenswerte Verbesserungen in deinem Leben sehen wirst. Du wirst dich nicht nur körperlich und geistig wohler fühlen, du wirst auch einen schnelleren Zugang zu deiner Intuition haben.

Die Kunst des Sehens

Heute hast du die seltene Möglichkeit, bewusst deine Wünsche wie Perlen in deiner innersten Schatzkiste zu entdecken, in deinem Herzen zu spüren und deine tiefsten Sehnsüchte aufzudecken. Du wirst die Kraft der bewussten Ausrichtung und Absicht öffnen und das Potential deiner bewussten Schöpferkraft in Besitz nehmen.

Schreibe deine Visualisierungen am besten immer auf. Das ist sehr wichtig, damit sie sichtbar werden. Und es gibt dir eine Struktur, auf die du stets zurückzugreifen kannst. Ohne diese Struktur werden während der Übungen die Gedanken irrational durch deinen Kopf rasen, dich verwirren und Widerstand schüren.

Während du visualisierst, kannst du deine Augen ruhig öffnen, deine Notizen nochmals lesen und leicht zurück in den visualisierten Zustand finden. Der Prozess der Visualisierung ist eine Methode, um Energie anzuziehen, zu konzentrieren und zu manifestieren – so, wie man die Linse eines Vergrößerungsglases benutzt, um die Strahlen der Sonne zu konzentrieren und ein Feuer zu entzünden.

Was auch immer du suchst, wartet auf dich

Jeder kennt Momente in seinem Leben, wo er keine Chancen mehr sieht. In diesen Momenten verzweifeln wir und denken, wir hätten keine Möglichkeiten mehr, eine Situation zu verändern. Aber das stimmt nicht. Nur weil wir die Chancen nicht sehen, heißt das nicht, dass sie nicht existieren.

Wir sehen deshalb keine Möglichkeiten, haben keine entsprechende intuitive Eingebung, weil wir im Grunde nicht wissen, was wir wollen. Wenn du nichts Bestimmtes willst, bekommst du auch nichts Bestimmtes.

Wir müssen zuerst unsere Ziele festlegen, bevor unser intuitiver Geist sich an ihnen ausrichten kann. Es ist nicht nur hilfreich zu wissen, was man will, dieses Wissen erleichtert die große Reise des Lebens um einiges. Um die Wirkweise deiner Intuition und die Gesetze der Anziehung in deinem Leben zu verstehen und für dich zu nutzen, ist es also wichtig, Klarheit über deine gewünschte Lebensrichtung zu haben. Ohne Klarheit navigierst du mit verbundenen Augen. Je größer dein Wissen über deine Herzenswünsche ist, desto deutlicher werden von allen Informationen, denen du ausgesetzt bist, nur die zu dir durchdringen, die du brauchst.

Das ist das Geheimnis aller erfolgreichen Menschen. Sie wissen, was sie wollen, und vertrauen ihren Eingebungen. Es gibt unendlich viele Informationen und Möglichkeiten da draußen. Du willst aber eigentlich nur wissen, was davon für dich von Wert ist. Nehmen wir zum Beispiel an, du möchtest ein

Produkt, das du hergestellt hast, verkaufen. Nun machst du dir Gedanken über die Verpackung. Während du die Straße entlangschlenderst, hörst du, wie zwei Frauen sich über die Verpackung ihrer Einkäufe unterhalten und miteinander darüber reden, was sie daran gut finden. Oder dir fällt in einem Kiosk »zufällig« eine Zeitschrift in die Hände, die sich mit dem Thema Verpackung beschäftigt. Diese Dinge passieren immer dann und genau zum richtigen Augenblick, wenn wir auf unsere Wünsche und Träume ausgerichtet sind. Es hat nichts mit Zufall zu tun! Wir legen unsere ungeteilte Aufmerksamkeit nur auf Dinge, die wir von ganzem Herzen wollen, auf die Dinge, die wir gern in unserem Leben hätten. Und genau diese werden dann in deinem Alltag für dich sichtbar. So, als wären sie schon immer da. Jetzt brauchst du nur noch zuzugreifen.

Also was ist für dich von Wert? Wie willst du dich fühlen?

Die Wünsche notieren

Du hast in deinem Notizbuch schon eine grobe Skizze deiner Vorstellungen entworfen.

Wenn es dir schwergefallen ist und du dieser groben Skizze noch nicht richtig vertraust, überlege dir noch einmal, was du vom Leben konkret erwartest und wie du dich fühlen möchtest. Wie möchtest du sein, welche Eigenschaften, die du an anderen bewunderst, möchtest du haben? Schreibe es stichwortartig auf.

Folgende Einteilung wird dich dabei unterstützen zu erkennen, wohin du gehen möchtest, und deiner Intuition helfen, klare unmissverständliche Eingebungen zu liefern.

Überlege dir Oberbegriffe, zu denen du Wünsche hast, und halte dir in deinem Notizbuch für jeden dieser Oberbegriffe eine oder zwei Seiten frei.

Also eine oder zwei Seiten beispielsweise für:

Gesundheit, dann Arbeit, dann Finanzen...

Schreibe dann dein Endziel zu jedem Punkt auf die Seite. Kurz und knapp. Das gibt deiner Einbildungskraft einen Stups in die richtige Richtung.

Das könnte wie folgt aussehen:

Oberbegriff:	Endziel:
Gesundheit	Mäßigkeit
Beziehung	Ich habe Vertrauen.
Persönliches Wachstum	Ich helfe anderen.
Arbeit	Ich habe mein eigenes Geschäft.
Finanzen	Mit meinem monatlichen Verdienst kann ich mir folgendes leisten: ...
Wohnen	Ich lebe in einer Stadt/ Wohnung, die mir folgendes sicherstellt: ... Ich lebe mit Menschen, die folgende Eigenschaften haben: ...

Nachdem du deine Ziele niedergeschrieben hast, füge mindestens fünf und gerne auch mehr Emotionen hinzu, die du fühlst, wenn du diese Ziele erreicht hast. Nimm dir jeden Punkt auf der Liste vor, und notiere hierzu einige Stichpunkte. Wichtig ist, dass du dies in der Gegenwartsform tust. Sei möglichst ausführlich, das macht die anschließende Visualisierung wirkungsvoller.

Das wiederum kann folgendermaßen aussehen:

Oberbegriff: Beziehung   **Endziel:** Ich habe Vertrauen.
Gefühle:

Ich bin stolz auf mich selbst, den Sprung ins Vertrauen gewagt zu haben.

Es fühlt sich wundervoll an, so bedingungslos und ohne Angst zu lieben.

Ich fühle mich höchst überzeugt und bestimmt, für meinen Partner/meine Familie da zu sein.

Ich bin entspannt, glücklich und dankbar. Ich fühle mich reich beschenkt.

Wellen der Freude durchströmen meinen Körper und alle meine Atome springen vor Entzückung.

Ich habe eine eindrucksvolle Ausstrahlung, die liebevolle Menschen anzieht.

Ich bin angekommen und fühle mich gut aufgehoben.

Ich fühle mich schön und richtig wohl in meiner Haut.

Im Vertrauen zu leben, gibt mir den Mut, alle anderen Hindernisse zu überwinden.

Das Schreiben in der Gegenwartsform erhöht die Wirksamkeit deiner Visualisierung um ein Vielfaches und bringt deine Nervenbahnen dazu, zu funkeln. Das Hervorrufen deiner Emotionen und Gefühle ist das Geheimnis deiner Arbeit.

Wenn du Schwierigkeiten hast, stelle dir vor, eines deiner Vorbilder zu sein, das bereits alle Ziele erreicht hat. Wie fühlt sich das an? Was bewegt diese Person im Inneren? Fühle es nach. Wie ist es, diese Person zu sein?

Während du deine Emotionen niederschreibst, wirst du dich schon recht gut fühlen, und du wirst vielleicht ein aufgeregtes Zucken in deinem Bauch spüren. Habe keine Angst, das ist ein gutes Zeichen. Du bist auf dem richtigen Weg.

Vorbereitung auf die Visualisierung

Eines vorweg: Wenn du später während der Visualisierungsarbeit ein wenig kämpfen musst, öffne einfach die Augen, lies deine Liste der Gefühle wieder und versuche, sie wirklich zu fühlen. Dann tauche wieder in die Visualisierungsarbeit zurück.

Für ein bestmögliches Ergebnis deiner Visualisierung rate ich dir, in der Übung verschiedene Perspektiven anzuwenden. Sieh die Erfahrung durch deine eigenen Augen, und sieh sie dir an, als würde sie auf einer Kinoleinwand ablaufen.

Experimentiere und finde heraus, welche Methode für dich am besten ist. Die verschiedenen Perspektiven geben dir einen anderen Blick auf dein Handeln. Spiele damit.

Das Nutzen der Emotionen und der vielfachen Perspektiven ist, wie gesagt, ein Geheimtip für das Visualisieren. Dein Visualisierungserfolg hängt maßgeblich davon ab!

Du hast jetzt die wichtigsten Grundlagen der Übung für den heutigen Tag vorbereitet und erfahren. Denke daran: Um mit der Visualisierung erfolgreich zu sein, musst du dieselben Gefühle erzeugen, die du haben würdest, wenn du dein Ziel bereits erreicht hättest. Das Sehen der Bilder in deinem Geist ist nicht genug. Zeige deinem Geist und deinem Herzen, auf welche Gefühle sie achten müssen.

Wenn du visualisierst, musst du lernen, lebhafte, helle Bilder im Geiste zu schaffen. Es ist nicht nötig, daran zu glauben, dass du dich demnächst so oder so verhalten wirst. Dein Selbstbild wird sich ganz natürlich verändern, und du wirst dich schneller auf deine Ziele zubewegen, als du es jemals für möglich gehalten hättest!

Tip: Wenn du mehr mit Visualisierung arbeiten möchtest, empfehle ich dir, aus Zeitschriften, Katalogen und Magazinen Bilder, die deine Ziele und Wünsche abbilden, auszuschneiden und zu einer Kollage zusammenzustellen. Hänge das Bild dann dort auf, wo du es täglich sehen kannst. Das wird deinen intuitiven Geist daran erinnern, auf welche Gelegenheiten er achten soll.

Die Übung sowie zusätzliche Tips und Hinweise zum heutigen Tag 4 findest du im Übungsteil (S. 155).

Gib acht!

Liebe Reisende,

heute heißt es Abschied nehmen! Abschied von Ihrem bisherigen Leben. Dabei werden Sie sich zunächst vielleicht unbehaglich fühlen, denn Sie lassen ein Leben zurück, das bisher alles war, was Sie sich vorstellen konnten. Es entsteht eine Lücke, und Sie möchten sie schnell füllen. Wenn Sie weitergehen und durchhalten, werden Sie auf lange Sicht mehr gewinnen als Sie je angenommen haben. Am Ende des Prozesses kommen Sie dann sicher zu dem Schluss: »Das hätte ich schon viel früher machen sollen!«

Wenn bei Ihnen eine Art Abschiedsschmerz oder der Drang, beim Alten zu bleiben, auftauchen, glauben Sie mir: Das vergeht, denn Sie werden an unbekannten Orten wunderbare neue Erfahrungen machen. Das Neue wird Ihr Leben ungemein bereichern und ihm neue Würze geben. Nutzen Sie die Chance, viele neue Eindrücke zu sammeln, setzen Sie diese spannende Reise fort und freuen Sie sich auf das, was noch kommt.

Ihre Reiseleiterin Diana Kavian

Jenes ist nach innen, dieses nach außen gerichtet. Nur durch Symbole erkennen wir das Ganze, das, was wirklich ist.

∞ Achtgeben!

Wie reagierst du, wenn du als Autofahrer eine rote Ampel vor dir siehst?

Was denkst du, wenn vor deiner Haustür ein Rosenstrauß mit einem großen Herzballon liegt?

Was empfindest du, wenn du eine junge Frau siehst, die ein Hakenkreuz auf ihren Arm tätowiert hat?

Wie fühlst du dich, wenn ein Kollege dir den Mittelfinger zeigt oder aber dein Chef dir Daumen hoch signalisiert?

Woran erinnert dich das Logo mit dem angebissenen Apfel?

Wir Menschen sind komplexe Wesen in einem komplexen Universum. Alles, was uns im Tiefsten berührt, lässt sich kaum in Worte fassen. Um uns ganzheitlich auszudrücken, bedienen wir uns deshalb verschiedenster Symbole und Bilder.

Unser Alltag ist von Symbolen durchdrungen. Diese Zeichen sind seit jeher wesentliche Mittel zur Übermittlung von Botschaften. Sie haben die Menschheit schon immer beeinflusst, bewegt, motiviert und ihr Orientierung gegeben. Die Bedeutung der Symbole und ihr Gehalt an Informationen hängen natürlich immer vom kulturellen Zusammenhang ab. So können die gleichen Symbole in verschiedenen Kulturen unterschiedliche Bedeutungen haben. Dennoch haben Sinnbilder eines gemein: Sie sind eine Universalsprache, sie enthalten immer einen irrationalen, multidimensionalen Aspekt, der sich der logischen Erklärung entzieht und dennoch unmittelbar intuitiv verstanden wird. Was uns unsinnig erscheint, wird von einem Sinnbild offenbart. Symbole sind die besten Darstellungen, um auf vieldeutige Sachverhalte hinzuweisen. Symbole wirken auf das Denken und Fühlen, auf die Fantasie und auf unsere Triebe. Sämtliche Ideologien, die Religionen, die Politik und auch die Werbung bedienen sich dieser Macht.

Erich Fromm war der Meinung, dass die Symbolsprache die einzige Sprache sei, die wir erlernen sollten, weil Symbole uns zum Erleben der Ganzheit führen. Und letztendlich gibt es im Grunde auch nur das symbolische Erleben. Durch Sinnzeichen erkennen wir das Ganze, das, was wirklich ist. Beim Denken und Fühlen spielt die Anzahl unserer neuronalen Verbindungen eine große Rolle. Unsere Vorstellung von der Welt ist maßgeblich mit diesen Verbindungen verknüpft. Wir haben also »nur« eine symbolhafte Vorstellung von dem, was das Sein ist.

Die Lemniskate

Heute arbeiten wir mit einem Symbol. Dieses Symbol heißt »Lemniskate«. Wenn dir der Begriff nichts sagt – das Symbol kennst du sicher: Es ist die liegende Acht, die berühmte schleifenförmige geometrische Kurve.

In der westlichen Zivilisation symbolisiert die Lemniskate die Idee der Unendlichkeit. Der mathematische Begriff Lemniskate bezieht sich auf die Form des Symbols selbst und nicht auf die arabische Ziffer 8. Die Lemniskate stellt Gegensätze oder die Dualität dar, die, wenn entwirrt, ein Ganzes ergeben.

Weitere Bedeutungen des Symbols sind: Ewigkeit, unendliche Weisheit, höheres Bewusstsein, ewige Liebe und das Auf und Ab, dessen natürlicher Rhythmus Schwingung erzeugt.

Die Verwendung der Lemniskate und ihrer verwandten Symbole kann bis zur antiken Metaphysik zurückverfolgt werden. Das Symbol wurde etwa in Platons Werk »Timaios« beschrieben, das sich unter anderem mit kosmologischen und mathematischen Fragen beschäftigt.

Das Symbol der Unendlichkeit taucht heute in verschiedensten Zweigen der Wissenschaft auf: in der Mathematik, Physik, Botanik, der Meteorologie, Informatik, alternativen Medizin und vielem mehr. In der Fotografie bezieht sich die Lemniskate auf den »Fokus auf Unendlich«, womit weit entfernte Objekte sichtbar gemacht werden. Im Politischen wird die Lemniskate verwendet, um das Ewige und Beständige in einer Gruppe zu symbolisieren, in der Quantentheorie, um die theoretische Möglichkeit von Zeitreisen zu beweisen. In der Natur ist die Form der Lemniskate jene, die die Sonne in ihrem Jahreslauf in den Himmel zeichnet.

Die therapeutische Arbeit mit der fließenden Bewegung der liegenden Acht ermöglicht ein müheloses Überqueren der Mittellinie im Gehirn. Das ist der Teil im Gehirn, der beide Hirnhälften miteinander verbindet. Die liegende Acht gleicht also die Hemisphären aus und ermöglicht so das ganzheitliche Lernen. Überall, wo eine bessere Integration gebraucht wird, werden Übungen mit diesem kraftvollen Symbol durchgeführt.

In der alternativen Medizin oder überhaupt bei alternativen Heilmethoden stellt die Lemniskate ein mächtiges Symbol dar, das hilft, die Verbindung zwischen dem Menschen und dem Ganzen ins Fließen zu bringen. Das Wissen um die Wirkung der liegenden Acht, dem Symbol der Unendlichkeit, ist Teil der Tai Chi- und Qi Gong-Übungen.

Auch im Rhythmus des Atems beispielsweise gibt es eine Art von Unendlichkeit. Die Luft strömt durch unsere Lungen ein, kreist durch unseren Körper und wendet sich, um dann herauszuströmen, wendet sich dann wieder, um hineinzuströmen. Die liegende Acht (∞) ist ein wunderbares Zeichen dafür.

Die Lemniskate ist auch ein einfaches, aber äußerst wirksames Mittel zur inneren Ausrichtung und Konzentration. Ihre Anwendung in der Meditation kann negative und verwirrende Stimmungen beseitigen.

Die liegende Acht ist also ein sehr kraftvolles Symbol dessen herrliche Wirkung du im Folgenden sicher spüren wirst. Viel Spaß beim Dich-darauf-Einlassen!

Die liegende Acht visualisieren

Ziel der Übung

Steigerung der Kreativität und des klaren Denkens, Erkennen der Lebensthemen, Erkennen der eigenen Begrenzungen, innere Ruhe, Verbesserung der Hand-Auge-Koordination, Verbesserung der Ausrichtung, Erhöhung der Aufmerksamkeitsspanne, Ausgleich der Emotionen, Verbindung der rechten und linken Hemisphäre des Gehirns, Verbesserung der Visualisierungsfähigkeit, Stärkung des Selbstwertgefühls, Verbesserung des Erinnerungsvermögens.

Vorbereitung

Schreibe in dein Notizbuch fünf Stichpunkte von Dingen, die du gerne loslassen möchtest. Denke an die Aspekte in deinem Leben, an denen du festhältst, obwohl sie dir nicht mehr dienlich sind und letztlich deinen Wünschen im Wege stehen. Wovon möchtest du dich verabschieden?

Danach finde bitte für jeden Stichpunkt ein Symbol und schreibe dieses in Klammern dahinter. Das Symbol sollte so detailliert wie möglich sein. Während der Übung kann sich das Symbol verändern, oder es taucht aus deinem Inneren ein anderes Symbol auf. Auch das ist in Ordnung. Denn immer mehr lichtet sich dann der Nebel um dein Ziel, und es zeigt sich, wo du stehen willst.

Deine Aufzeichnung könnte wie folgt aussehen:

Ich möchte gerne…

- meine Sucht verabschieden (ein bodenloser, goldener Kelch).
- gewalttätige Beziehungen verabschieden (ein fein verzierter Dolch).
- meine Einsamkeit verabschieden (ein Eimer voller Tränen).
- meine Unsicherheit verabschieden (ein kleines Eichhörnchen im Käfig).
- mein ständiges Jammern verabschieden (ein Wesen mit einem extrem dünnen Hals und dickem Bauch).

Das Verfahren bietet viele Möglichkeiten. Wähle für das, wovon du dich verabschieden möchtest, lediglich ein Symbol, das dein Unterbewusstsein gut versteht. Achte genau darauf, welches Symbol aus deinem Innersten aufsteigt. So findest du den Zugang zu deiner schöpferischen Kraft, die deine Entwicklung fördert und das Loslassen vereinfacht. Sei ehrlich zu dir, dann holst du das Beste aus dieser Übung. Also, spiele damit, probiere es aus und lasse es auf dich wirken.

Wähle eines dieser Themen und das zugehörige Symbol aus, am besten jenes, das dir am wichtigsten erscheint. Dieses Symbol wirst du immer wieder in den Übungen der folgenden Tage visualisieren, präge es dir daher gut ein — es kann allerdings sein, dass es sich im Laufe der Tage verändert.

Tips für Teil II der Übung, die du im Übungsteil findest

In Übung II wird die Acht im Geist visualisiert. Wenn du damit am Anfang Schwierigkeiten hast, zeichne einfach, wie in Übung I beschrieben (siehe Übungsteil) die imaginäre Acht weiter mit den Händen in die Luft. Die Handlung mit den Händen aktiviert weitere Teile des Gehirns. Nach einer Weile werden diese Teile des Gehirns durch das bloße Visualisieren angesprochen, da die neuronalen Verbindungen hergestellt sind.

Die Übung sowie zusätzliche Tips und Hinweise zum heutigen Tag 5 findest du im Übungsteil (S. 159).

Abflug

Liebe Reisende,

herzlich Willkommen im Reich der Intuition. Sie sind hier, weil Sie den Wunsch haben, Ihr intuitives Potential zu leben und sich von Ihrem Herzen führen zu lassen. Nicht viele Menschen haben Zugang zu diesem Ort gesucht, und einige haben die Türen rasch wieder geschlossen, um allein dem Verstand die Führung im Leben zu überlassen. Aber Ihr Herz sehnt sich nach dem Abenteuer, das zur Ganzheit führt.

In den nächsten Tagen bekommt Ihr tieferes Wesen Ihre ganze Aufmerksamkeit. Sie bringen frische Luft in die versteckten Räume und verwandeln Dunkelheit in helle Freude und tiefe Erkenntnis. Sie verwurzeln sich im Neuen, verbinden sich mit der Natur, um von ihr zu lernen. Sie machen an sich selbst fantastische Beobachtungen und besuchen unbekannte Dimensionen. Sie werden unvergesslichen Geschichten lauschen. Sie werden sich lieben lernen, sich vermählen und gebären. Sie werden echtes Mitgefühl spüren und alles, was in Ihnen steckt, ans Tageslicht bringen. Sie gehen tief in die Erde und fliegen weit hinaus, um mit Göttern und anderen Geschöpfen zu verweilen und bisher Unbekanntes zu erfahren. Sie werden sich dem Leben aufschließen, persönliche Dinge ins rechte Licht rücken, weinen und lachen. Sie werden lernen, viel zu geben, und werden am Ende Ihre Schätze dankbar nach Hause bringen.

Ich wünsche Ihnen vom Herzen einen angenehmen Aufenthalt im Land der Intuition.

Ihre Reiseleiterin Diana Kavian

Wenn wir uns im Einklang mit unserer wahren Natur befinden, kann uns nichts etwas anhaben. Das Leben ist mit uns eins und sorgt bestens für uns.

Das Sandkorn, das es nicht besser wusste

Vor langer Zeit erwachte in der Wüste des Orients eines Tages ein Sandkorn aus seinem tiefen Schlaf. Es schaute sich um und bemerkte, dass es anders zu sein schien als die anderen Sandkörner. Es fühlte sich besser, schlauer, zu Höherem berufen und blickte hochnäsig und arrogant auf die anderen Sandkörner herab. Die dagegen schienen recht zufrieden mit sich, warteten tagein und tagaus auf Sonnenschein, freuten sich auf den Regen , wenn der in der Wüste mal vorbeischaute, und hatten auch nichts dagegen, wenn der Wind sich nicht blicken ließ, sich wochenlang nicht vom Platz bewegen zu können.

Das Sandkorn dachte nur: Ein Teil dieser Wüste wollte es nicht sein. Und eines Morgens, das kleine Sandkorn wusste auch nicht, woher, kam ein Mensch vorbei. Das Sandkorn witterte seine Chance aus der elenden, ewigen Wüste hinauszukommen und ein neues Leben bei den Menschen anzufangen. Keines der anderen Sandkörner beachtete es und keines sah es, als es sich fest an den Seidenmantel des Menschen heftete und sich davontragen ließ.

Der Weg in die Menschenwelt war sehr beschwerlich. Das Sandkorn war froh, als der Mensch in seinem Seidenmantel endlich zu Hause ankam und sich in seinem sandfreien weichen Himmelbett zur Ruhe legte. Oh, war das ein schöner Schlaf.

Das Sandkorn war frohen Mutes, als es im weichen Federbett wieder erwachte. Nun konnte sein Leben jenseits der Wüste beginnen. Doch plötzlich, ohne Vorwarnung, beäugte eine Frau das Sandkorn, stieß einen kleinen spitzen Schrei aus – und wischte es mit einer schnellen, heftigen Handbewegung vom Bett. Die Frau befahl ihrer Dienerschar, das Haus gründlich zu reinigen, und drohte mit Peitschenhieben, falls sie auch nur noch ein Sandkorn finden würde. So fand sich das Sandkorn schließlich auf der Straße wieder. Hier trampelten Pferde, Ziegen und Menschen rücksichtslos auf ihm herum, schoben es mit ihren Füßen mal hierhin und mal dorthin. Es war ihnen völlig egal. Und schließlich, als sich das Sandkorn gerade von dem Getrampel erholen wollte, kam eine heftige Windböe daher, trug es in Handumdrehen hoch und ließ es in eine Suppe fallen. Ein bärtiger Mann schlürfte mit einem Löffel gerade die Suppe, und so fand sich das Sandkorn im Mund des Mannes wieder, wo es zwischen dessen Zähne geriet. »Pfui«, schrie der Mann und spuckte das Sandkorn samt Suppe auf den Boden. Wütend stand er auf und wies den Suppenküchenbesitzer an, sofort den Boden zu reinigen. Der holte auch gleich einen Besen und machte sich an die Arbeit. Schwupps – und schon flog das Sandkorn in hohem Bogen hinaus und direkt in das Auge eines kleinen Jungen, der gerade auf der Straße spielte. Oh weh, musste sich das Kind mit dem Sandkorn quälen. »Aua, aua«, schrie es und lief heulend nach Hause. Aus alle Ecken kam seine Familie zur Rettung herbeigerannt. Sie hielten ihn fest, versuchten ihn zu beruhigen und schickten rasch nach dem Arzt. Doch noch ehe der kam, hatte das Kind mit seinen Tränen das kleine Sandkorn bereits herausgespült. Erschöpft und fast ohnmächtig von so viel Leid und Weh schlief das Sandkorn auf dem nackten Boden ein, als ein Seidenmantel es plötzlich vom Boden hob und still und unbemerkt in die Wüste zurücktrug.

Ob es ein Traum war oder nicht, das vermag das Sandkorn nicht zu sagen. Aber eines ist seither anders: Das Sandkorn liebt jetzt seine Heimat. Von diesem Tage an wartet es tagein und tagaus auf Sonnenschein, freut sich auf den Regen, wenn der in der Wüste einmal vorbeischaut, und hat auch nichts dagegen, wenn der Wind sich nicht blicken lässt, sich wochenlang nicht vom Platz bewegen zu können.

»Zurück zur Natur«

Du bist ein Teil der Natur, wie das Sandkorn ein Teil der Wüste ist. Und genauso, wie das Sandkorn alle Qualitäten der gesamten Wüste enthält, hast du alle Qualitäten der gesamten Menschheit in dir. Um dir diese Qualitäten bewusstzumachen und dich mit deinen natürlichen intuitiven Fähigkeiten leicht und mühelos in Verbindung zu setzen, ist die Devise dieses Kapitels: Zurück zur Natur.

Heute adoptierst du einen Baum! Ja, du hast richtig gelesen. Du wirst einen Baum adoptieren.

»Warum?« magst du fragen. Nun, es macht einfach viel Spaß, und es ist ganz einfach. Einen Baum zu adoptieren, ist eine großartige Möglichkeit, die Natur zu einem Teil deiner Familie zu machen und von ihr zu lernen.

Wie du deinen Baum adoptierst, steht in der Übung zum heutigen Tag 6. Die Übung sowie zusätzliche Tips und Hinweise findest du im Übungsteil (S. 162).

Herunterkommen

Glaube mir, ich habe es erfahren, du wirst ein Mehreres in den Wäldern finden als in den Büchern; Bäume und Steine werden dich lehren, was kein Lehrmeister dir zu hören gibt.

Bernhard von Clairvaux

Sich erden

Hast du schon einmal über jemanden gesagt, er sei geerdet? Hast du bei dem Versuch, jemanden zu beruhigen, schon einmal gesagt, er solle herunterkommen, weil er den Boden unter den Füßen verloren hat?

Was heißt das für dich? Was bedeutet für dich, geerdet sein?

Schreibe dazu fünf Stichwörter in dein Notizbuch.

Der Begriff »geerdet sein« kann für verschiedene Menschen ganz unterschiedliche Bedeutungen haben. Für mich ist jemand geerdet, wenn er in seinem Leben genug Kraft aufbringt, um gut für sich und sein Umfeld zu sorgen. Das Wort hat für mich etwas Nährendes, Beschützendes und Mütterliches. Wie ist es bei dir?

Der Akt des sich Erdens ist aber nicht nur ein Begriff oder ein abstraktes Konzept. Er ist etwas, was man für sich tun kann, um das körperliche und seelische Gleichgewicht zu fördern.

Tatsache ist: Wir sind bioelektrische Lebewesen auf einem elektrischen Planeten. Sich tatsächlich körperlich mit der Erde zu verbinden, ist eine der wirkungsvollsten Möglichkeiten, unsere Energie zu entladen und die elektrische Stabilität unseres Körpers aufrechtzuerhalten.

Unsere moderne Lebensweise macht uns anfällig für Stress und chronische Krankheiten, weil wir unser Gewahrsein für die tatsächliche körperliche Verbindung zum Boden, zur Erde verloren haben. Gummisohlen, synthetische Bodenbeläge und Asphalt sind ein Teil dieser Trennung geworden.

Erdung ist ein energetischer Austausch vom physischen Körper zur physischen Erde. Erdung geschieht natürlicherweise, wenn wir beispielsweise barfuß über den Strand laufen, Spaziergänge im Wald machen wie auch bei jeder anderen unmittelbaren körperlichen Berührung mit der Natur. Erdung gehört zu den größten Unterstützungssystemen, die wir haben, da sie uns in jeder Sekunde die Möglichkeit zur körperlichen und emotionalen Stabilität und Klarheit des Geistes gibt.

Erdung ist auch eine Visualisierungstechnik, bei der Wurzeln oder ein Lichtstrahl von den Fußsohlen oder vom Steißbein aus bis zum Mittelpunkt der Erde verlaufen, um sich dort im Erdkern zu verankern: 6000 Kilometer in das Innere der Erde, dort wo sie heiß und flüssig ist, dort wo das Magnetfeld der Erde erzeugt wird.

Sich erden ist keine umständliche Methode. Es ist ziemlich einfach, erfordert aber das tiefe Verstehen, dass du mit der Erde in Resonanz bist. Das Wissen darum wird dir ein Gefühl von Stabilität und Zentriertheit selbst mitten im Chaos geben. Es wird alle deine Sinne wecken. Es wird dich nach und nach in eine größere, bewusste Beziehung zur Erde bringen und dir erlauben, den äußeren Lärm auszuschalten. Du wirst intuitive Eingebungen klarer wahrnehmen können!

Wann immer du dich verwirrt, wütend, nicht bei dir, abgehoben, unausgeglichen oder angreifbar fühlst, bist du in der Regel nicht geerdet.

Die Baum-Meditation

Diese ist eine der wichtigsten und grundlegendsten Techniken, die ich kenne. Sie ermöglicht ein sehr ursprüngliches Gefühl des Geerdet-Seins und bringt vor allem eine interessante Verschiebung der Perspektive.

Die Baum-Meditation hilft, die Verbindung mit dem eigenen Körper wie auch Geist und Seele wiederherzustellen. Es ist eine wunderbare Methode, die Natur zu spüren, auch wenn man in der Großstadt lebt und nicht regelmäßig in den Wald oder ans Meer gehen kann.

Die Absicht der Meditation ist es, eine Verbindung zur Erde zu kultivieren und diese Verbindung in allem, was du tust, für dich zu nutzen. Die geführte Meditation selbst ist eine Visualisierung, aber du kannst sie auch draußen, etwa mit dem Rücken an deinem Baum sitzend, ausführen.

Das Bild des Baumes als eine Reflektion des menschlichen Wesens ist ein erfüllendes und berührendes Symbol. Im Baum finden wir eine vereinfachte

Version von uns selbst. Deshalb ist der Baum eine sehr passende Metapher für das Selbst. Von ihm können wir auch lernen, wie wir Informationen von außen aufnehmen und sie für unser inneres Wachstum verarbeiten. Bäume reichen in den Himmel zum Licht und wachsen in den dunklen Erdoden hinab, um an Nährstoffe zu gelangen. Sie haben also sowohl eine in die Ausdehnung gehende als auch eine geerdete Sicht. Wie ein Baum zu sein, heißt, einen offenen Geist zu haben, der sich ausdehnt, um Wissen und klares Bewusstsein von der Umgebung zu erhalten, und außerdem bedeutet es, geerdet zu sein.

Aus der Interaktion mit deinem Baum erhältst du die nötige Unterstützung für diese und alle weiteren Übungen.

Die Übung sowie zusätzliche Tips und Hinweise zum heutigen Tag 7 findest du im Übungsteil (S. 164).

Schau an!

Wahrheiten, die aus der Selbstbeobachtung stammen, sind nicht eine Sache des Scharfsinns, sondern des Mutes.

Die Geschichte vom Hammer

Ein Mann will ein Bild aufhängen. Den Nagel hat er, nicht aber den Hammer. Der Nachbar hat einen. Also beschließt unser Mann, hinüberzugehen und ihn auszuborgen. Doch da kommt ihm ein Zweifel und er denkt: »Was, wenn der Nachbar mir den Hammer nicht leihen will? Gestern schon grüßte er mich nur so flüchtig. Vielleicht war er in Eile. Aber vielleicht war die Eile nur vorgeschützt, und er hat etwas gegen mich. Und was? Ich habe ihm nichts angetan; der bildet sich da etwas ein. Wenn jemand von mir ein Werkzeug borgen wollte, ich gäbe es ihm sofort. Und warum *er* nicht? Wie kann man einem Mitmenschen einen so einfachen Gefallen abschlagen? Leute wie dieser Kerl vergiften einem das Leben. Und dann bildet er sich noch ein, ich sei auf ihn angewiesen. Bloß weil er einen Hammer hat. Jetzt reicht's mir wirklich.« – Und so stürmt er hinüber, läutet, der Nachbar öffnet, doch bevor er »Guten Tag« sagen kann, schreit ihn unser Mann an: »Behalten Sie doch Ihren Hammer, Sie Rüpel!«

Frei nach Paul Watzlawick, »Anleitung zum Unglücklichsein«

Selbstbeobachtung

Wie viele Menschen kennst du, die sich sorgfältig im Spiegel anschauen, bevor sie in die Öffentlichkeit gehen? Tust du das auch? Es ist ganz selbstverständlich und eine völlig normale Sache, dass wir für unsere Umwelt attraktiv sein wollen. Niemand möchte schlecht aussehen.

Wie viele Menschen aber kennst du, die nach innen schauen und ihre Gedanken, ihre Gefühle und ihr Handeln überprüfen, bevor sie sich in die Öffentlichkeit begeben?

Beobachte dich selbst? Wie fühlst du, wie redest du, was sind deine Gedanken und Reaktionen dabei?

Bist du dir darüber im klaren, wie dein innerer Dialog sich anhört? Welche Stimme herrscht in dir, und wie bestimmt dich diese Stimme Tag für Tag?

Kennst du die wahren Beweggründe deines Handelns? Weißt du, warum du gerade die eine bestimmte Sache bevorzugst statt einer anderen?

Hattest du, während du das Bisherige gelesen hast, Gedanken, die dich erfreut haben? Oder bist du eher beunruhigt?

Was war der Auslöser dafür, dass du dich so fühlst?

In welchen anderen Situationen fühlst du dich auch so?

Wenn wir tatsächlich darauf achten würden, wie wir uns fühlen, wie wir denken und uns verhalten, hätten wir einen großen Einfluss auf unsere Umgebung. Wir könnten einen positiven Beitrag leisten, indem wir erkennen, was genau in uns vorgeht, und uns somit immer seltener in Situationen wiederfinden, in denen wir unbewusst uns und andere verletzten und im Widerstand gegen das Geschehen sind. Wir hätten mehr Kontrolle über unsere Reaktion auf die Dinge und könnten uns bewusst entscheiden, wie wir auf eine Situation reagieren möchten.

Bei der Selbstbeobachtung gilt es, in sich selbst hineinzuhorchen, um die eigenen Emotionen, Konditionierungen, Träume und viele andere subjektive Bewusstseinszustände zu erkennen und benennen zu lernen.

Bei der Selbstbeobachtung versucht man, sich möglichst oft zu fragen, was man gerade denkt. Anfangs wird die häufigste Antwort: »Nichts« sein. Lasse diese nicht gelten, denn auch ein Nichts verbirgt eine ganze Welt in sich. Wirklich nichts denkst du nur ganz selten, ebenso wie du im Grunde immer etwas fühlst. Genau zu bemerken, was du denkst und fühlst, bedeutet, dass du den Prozess der Selbstbeobachtung übst.

Selbstbeobachtung ist an sich denkbar einfach, und sie ist unabdingbar, um zu erkennen, welche Gefühle von einem selbst und welche durch andere kommen. Auch hilft sie dabei, die eigenen Gefühle und die Gefühle anderer besser benennen zu lernen – eine Schwierigkeit, mit der auch erfahrene intuitive Menschen immer wieder einmal zu kämpfen haben.

Während der Selbstbeobachtung versuchst du, dem inneren Dialog, der ständig in dir stattfindet, zu folgen und ihn zu beachten.

Wie genau sprichst du zu dir? Sind die Bemerkungen hilfreich oder nicht?

Du lernst allmählich, deine kritische Stimme zu erkennen.

Wenn du dich selbst beobachtest und deine kritische Stimme wahrnimmst, werden deine ersten Erfahrungen sehr wahrscheinlich sein, dass eine andere Stimme dich kritisiert, dich niedermacht und Dinge sagt wie: »Verdammt noch einmal, du hast es wieder getan. Du hast dich schon wieder selber schlecht gemacht«.

Du wirst dich zunächst *nach* der Tat erwischen. Du bemerkst die Stimme, *nachdem* sie für einige Zeit gesprochen hat und du schon mitten in einer ungünstigen Reaktion bist.

In diesem Moment hast du dich und andere schon für irgend etwas kritisiert oder bist im Vorwurf. Du hast dir selber gesagt, wie übertrieben, wie lästig oder schrecklich du bist oder wie schrecklich dieses oder jenes ist.

Wenn du ab jetzt bemerkst, dass diese Stimme spricht und Dinge sagt wie: »Nun, verdammt noch mal schon wieder...«, freue dich darüber, denn es bedeutet, dass du einen wichtigen Schritt in deiner Selbstbeobachtung gemacht hast.

In der Vergangenheit hast du diesen negativen inneren Dialog vielleicht gehört, aber ihn nicht wissentlich bemerkt. Du hast dich ihm gewissermaßen ausgeliefert und entsprechend negativ reagiert, so wie der Mann in der Geschichte mit dem Hammer.

Dein Fortschritt ist nun, dass du präsent genug bist, zu beobachten, was geschehen ist. Der nächste Schritt wird sein, dich sozusagen *in flagranti* zu erwischen und entsprechend zu reagieren.

Beobachte dich also weiter. Die innere Stimme sagt beispielweise: »Jetzt tust du es schon wieder.« Und was machst du? Du fährst einfach mit dem fort, was du gerade tust. Du bist nun in der Lage, dich selbst in dem Tun zu beobachten.

Aber du bist noch nicht in der Lage, dein Tun, das häufig automatisch abläuft, zu unterbrechen. Du kennst das sicher auch: Man streitet sich, verliert die Kontrolle und sagt Dinge, die das Gegenüber und letztlich auch einen selbst verletzen. Es passiert automatisch. Man kann sich selbst dabei beobachten, ist jedoch nicht in der Lage, Einfluss nehmen. Wie in einem Film läuft alles vor einem ab.

Wenn du das kennst, bist du bereits wieder ein großes Stück weiter.

Der nächste Fortschritt ist erreicht, wenn du deine innere Stimme Dinge sagen hörst wie: »Also, du bist kurz davor, es wieder zu tun.« Zwar fährst du wahrscheinlich mit den Gedanken und der Tat fort und kritisierst dich danach für diesen erneuten Fehltritt. Aber: Du wirst dir dessen gleichzeitig immer mehr bewusst. Du beobachtest dich immer bewusster, während diese Gedanken und Taten aufkommen.

Wenn du dich weiter selbst beobachtest, wirst du Dinge hören wie: »Oha, pass jetzt gut auf! Du bist kurz davor, es wieder zu tun.« Jetzt ist es wichtig, dass du innehältst. Fange erst gar nicht mit dem negativen inneren Dialog an, sondern wähle mit bewusster Absicht einen positiven und nutzbringenden inneren Dialog. Sage zum Beispiel: »Na gut! Was wäre das Beste in diesem Moment?« Und du bist heraus aus dem negativen, schroffen Selbstgespräch und der entsprechenden negativen Reaktion. Du gestaltest nun dein Denken und Fühlen sowie die darauf folgenden Reaktionen angemessen auf die tatsächlichen Ereignisse in deinem Leben.

Wenn du den inneren Dialog hörst und eine positive und angemessene Haltung wählst, macht dich das flexibel, belastbar und intuitiver. Du bist mit dem Ganzen verbunden.

Die Übung sowie zusätzliche Tips und Hinweise zum heutigen Tag 8 findest du im Übungsteil (S. 167).

Selbstliebe

Je mehr Selbstliebe du ausstrahlst, um so mehr wohlgestimmte Menschen und positive Situationen ziehst du in deinem Leben an.

Selbstliebe und Intuition

Die Selbstliebe ist ein wichtiger Schritt auf dem Weg zur Intuition. Sich selbst zu lieben, heißt, der inneren Stimme zu vertrauen, dem Weg des Herzens zu folgen, authentisch den eigenen persönlichen Ausdruck zu leben. Selbstliebe ist eng mit Selbstvertrauen und emotionaler Stabilität verbunden. Es ist unbestreitbar, dass eine gute Portion Selbstliebe dich attraktiver, erfolgreicher, großzügiger und toleranter macht.

Selbstliebe versetzt dich in die Lage, intuitiv zu prüfen, was für dich richtig und stimmig ist. Du wirst frei von Manipulationen und Meinungen deines Umfelds und kannst selbstbestimmt nein sagen. Opferhaltung und Gejammer werden dir fremd.

Je mehr Selbstliebe du ausstrahlst, um so mehr wohlgestimmte Menschen und positive Situationen ziehst du in deinem Leben an. Du fühlst dich wohl in deiner Haut, kannst deine Schwächen und Fehler zugeben und annehmen und dich liebevoll im Spiegel betrachten.

Selbstliebe hat nichts mit übersteigerter Eitelkeit oder der Neigung zu tun, nur auf den eigenen Vorteil bedacht zu sein. Das sind eher künstliche Fassaden, die aus mangelndem Selbstvertrauen entspringen.

Wenn du dich, deinen Körper und deine Fähigkeiten nicht liebst und schätzt, wenn du die Persönlichkeit anderer, deren Körper und Errungenschaften höher bewertest als deine eigenen, wird es dir nicht gelingen, wirklich du selbst zu sein und eine eigene Meinung zu entwickeln. Deine Wahrheit und die leise Stimme deiner Intuition wird dich nicht erreichen können. Die anderen werden dies ausnutzen, um dir zu sagen, wie du zu sein hast, und du wirst willenlos folgen. Übrig bleibt eine unbestimmte Sehnsucht, eine Wut und Schmerz.

Wir verwenden – meist unbewusst – viel Zeit und enorm viel Energie darauf, angenommen, geliebt und anerkannt zu werden. Ebensoviel Zeit verbringen wir damit, unsere Stimmung von der Stimmung anderer abhängig zu machen. Oft liegen die Gründe in unserer Kindheit. Wir versuchen, uns jetzt das zu holen, was wir damals nicht in der Form bekommen haben, wie wir es gebraucht hätten: bedingungslose Liebe. Aber diese bedingungslose Liebe können wir nur erfahren, wenn wir eines haben: die Selbstliebe.

Echte Liebe fängt bei einem erwachsenen Menschen immer bei sich selbst an. Es ist wichtig, als Erwachsener in die eigene Verantwortung zu gehen, alte Verletzungen hinter sich zu lassen, verzeihen zu lernen, sich bewusst weiter zu verwirklichen, um endlich bei sich selbst anzukommen und die eigenen wahren Schätze wahrhaft zu genießen.

Selbstliebe kannst du lernen. Es ist, wie fast alles, eine Frage der Übung. Trau dich, und du wirst staunen, was alles geschieht...

Die Übung zum heutigen Tag 9 findest du im Übungsteil (S. 171).

Das Zuhause für unterwegs

Erkennen, dass gerade dieser Körper, den du hast, der in diesem Moment hier sitzt, mit all seinen Schmerzen und Freuden, das ist, was du brauchst, um menschlich, präsent und voller Leben zu sein.

Das Zuhause für Unterwegs

Liebst du die Haut, in der du steckst?

Wenn ja, was genau liebst du daran?

Wenn nicht, was stört dich?

Schreibe deine ehrlichen Antworten in dein Notizbuch, bevor du weiterliest.

Kannst du dir etwas Schöneres vorstellen, als völlig entspannt im eigenen Körper zu sein? Viele von uns haben diesen Zustand von Frieden, Sicherheit und Freude leider noch nicht erreicht, um die gesunde Balance zwischen dem eigenen Körper und dem, was wir wirklich sind, zu erleben. Die meisten Menschen in unserer Gesellschaft sind darauf konditioniert, lediglich vom Hals aufwärts zu leben. Der Kopf scheint das Wichtigste, der Körper existiert nicht wirklich. Wir nehmen die vielen faszinierenden Funktionen des Körpers als gegeben hin und vergessen, wie mächtig, verletzlich und wichtig unser Körper für alle unsere Erfahrungen ist.

Deinen Körper zu lieben, hat mit den Gefühlen, Erwartungen und Annahmen zu tun, die du über deinen Körper hast und im Grunde nichts mit deinem Äußeren.

Dennoch: So viele Menschen verbringen täglich etliche Zeit damit, sich über ihr Äußeres Gedanken zu machen, haben Sorgen über die Größe ihres Hinterns. Was könnten diese Leute während dieser wertvollen Zeit nicht alles tun? Vielleicht sind sie dazu bestimmt, etwas Bedeutsames zu vollbringen, aber das werden sie wohl nie erfahren, weil sie zu beschäftigt sind mit ihrem Po!

Ein Körper zu sein und einen Körper zu haben: Dazwischen müssen wir ein Gleichgewicht herstellen.

Wenn du den Kontakt zu deinem Körper verloren hast, wirst du dich schwer erden können, wenn du dich nicht erden kannst, wirst du in ständigem Widerstand gegen deinen Körper leben.

Anstatt eine Balance zwischen dem Selbst und dem Körper herzustellen, haben wir entweder eine übertriebene Faszination für unseren Körper entwickelt, oder wir verachten und misstrauen ihm. Aufgrund dieser Extreme ist die Verbindung zu unserem Körper, zu uns selbst und damit zum Ganzen unterbrochen. Wir mögen unseren Körper nicht, haben Angst vor unseren Emotionen, wir versäumen es, auf unsere innere Weisheit zu hören, und lassen den Verstand die Angelegenheit des Körpers regeln.

Wir fühlen uns manchmal in unserem Körper eingesperrt und begrenzt und machen ihn für unsere emotionalen und physischen Schmerzen verantwortlich. Oder wir fühlen uns abnorm: zu dick, zu dünn, zu ethnisch, zu anders. Wir blicken abwertend auf unseren Körper und beschuldigen ihn des Verrats, wenn er krank wird. Und es bedarf leider oft erst einer Krise, wie einer schweren Krankheit oder eines Unfalls, damit wir erkennen, dass unser Körper doch nicht so schlecht war, wie wir uns eingeredet haben.

Wir erleben den Körper als fehlerhaft und unberechenbar, anstatt ihn als verletzlich und nützlich zu erkennen. Gerne beugen wir uns hinsichtlich unseres Körpers den Doktrinen anderer, lassen uns von Modezeitschriften ein bestimmtes Bild aufzwingen, malträtieren ihn entsprechend durch Diäten, unmäßigen Sport oder kosmetische Eingriffe.

Wer in der Vergangenheit körperliche Gewalt erfahren hat, koppelt sich häufig von seinem Körper ab, weil der für ihn kein sicherer Platz mehr zu sein scheint. Dieser Mensch weigert sich, tief zu atmen, weil er sich nicht traut, in und mit diesem Körper zu leben. Er verabscheut unbewusst die Erfahrung, menschlich zu sein.

Eine neue, ausgeglichene Beziehung zwischen dem Selbst und dem Körper zu entwickeln ist, unter den oben genannten Umständen, ein Konzept, das zweifelsohne schwer zu verstehen und noch schwerer zu integrieren ist. Der Grad der Schwierigkeit hängt nicht davon ab, wie dein Körper aussieht, sondern davon, ob du bereit bist, dein Menschsein mit allen Konsequenzen wirklich anzunehmen.

Es braucht Zeit und Ausdauer, diese Liebe zur eigenen Körperlichkeit und somit zum individuellen Menschsein aufzubauen. Es ist wie das Herstellen einer selbstgemachten Kerze. Du tauchst den Docht in ein Gefäß mit Wachs, ziehst ihn heraus, und wartest, bis die erste Schicht trocken ist. Dann wiederholst du diesen Vorgang so oft, bis die Kerze fertig ist. Wie das allmähliche Beschichten des Dochtes, kannst du eine positive, lebensbejahende Beziehung zu deinem Körper und deinem Menschsein entstehen lassen. Deinen Körper zu lieben, mag zunächst schwer erscheinen, aber es ist jede Anstrengung wert.

Höre auf deinen Körper

Alle Gefühle und Empfindungen sind Wege deines Körpers, sich dir mitzuteilen. Schmerzen, Spannungen, Müdigkeit, Freude, Ärger, Glück – das alles sind wertvolle Nachrichten an dich. Versuche, sie zu verstehen, und lasse deinen Widerstand sein.

Begrüße jedes auch noch so unbehagliche Gefühl in deinem Körper. Sage: »Hallo!« zu ihm. Betrachte deinen Körper mit Interesse, mit Neugier.

Dein Körper ist ein Spiegelbild deiner Überzeugungen und Gedanken. Glaube daran!

Was sagt dir dein Körper, wenn deine Schultern, dein Rücken oder dein Hals weh tun und angespannt sind?

Was bedeutet es, wenn du übergewichtig bist? Welches tiefe Bedürfnis steckt dahinter?

Was versucht dein Körper dir zu sagen, wenn dein Magen ständig rebelliert oder wenn du gar einen Herzinfarkt erleidest?

Suche dir zur Beantwortung dieser Fragen am besten professionelle Unterstützung. Mache Körperarbeit (Bioenergetik) und ähnliche wertvolle Therapien. Finde so heraus, was die Botschaften deines Körpers sind.

Der Schlüssel zum Verstehen deines Körpers ist, deine Spannung, deine Beengung, deine Schmerzen oder deine Emotionen sprechen zu lassen. Es geht hier nicht um das Analysieren deiner Lebenssituation aus dem Verstand heraus, es geht vielmehr um unmittelbares gefühlsmäßiges Erkennen.

Beobachte einmal in der Öffentlichkeit, wie andere Menschen stehen und sich bewegen. Du wirst feststellen, dass sehr viele Menschen steif gehen oder starr stehen, ohne eine Spur von Lebendigkeit und Energie. Beobachte, wie sie sich durch die Gegend schleppen, sich durch das Leben mühen. Erkennst du dich wieder? Oder bist du vergnügt und schwingst deine Arme und Hüften mit einem Überschwang, der all die Freude, die in dir steckt, offensichtlich macht?

Der intuitive Körper

Dein Körper ist nicht nur ein gigantischer Speicher für alle deine Erfahrungen und deine tief verwurzelten emotionalen Schmerzen, er ist auch ein intuitiver Rezeptor oder Empfänger. Um diesen Vorteil zu erleben, sollte dein Wesen vollständig in deinem Körper verankert sein. Die Entwicklung der Intuition bedeutet zunächst, deine Schmerzen und ihre Botschaft zu verstehen. Dies ist ein wichtiger Schritt für die Entwicklung der Intuition. Wenn du deine inneren Zustände und die dahinter liegenden Bedürfnisse entschlüsselst, kannst du deinen Körper richtig gebrauchen. So nutzt du deinen Körper als Fenster zu deinem wahren Selbst. Du wirst Warnzeichen, die dein Körper sendet, früher und stärker wahrnehmen und alle Informationen erhalten, um Krankheiten zu vermeiden. Damit das gelingt, musst du deiner Intuition vertrauen und verstehen, dass dein Körper dich bei allem unterstützt.

Der nächste Schritt, um Unterstützung von deinem Körper zu erhalten, ist das tiefe Erkennen, dass du nicht nur aus Fleisch und Blut bestehst, sondern auch aus subtiler Energie. Wenn du lernst, diese Energie in dir zu spüren, wird es dir dauerhaft gelingen, gesunde Beziehungen zu pflegen und schädliche Situationen zu vermeiden.

Atme

Wenn du bewusst und tief atmest, sagst du ja zum Leben, ja zur eigenen körperlichen Erfahrung als Mensch. Tiefes Atmen hilft dem Körper, Wut, Angst, Müdigkeit, Reizbarkeit, Verspannungen und Stress zu reduzieren.

Statt missbilligend auf deinen Körper zu reagieren, achte darauf, welche Aktionen und Schritte dich näher an ein positives Körpergefühl und damit zu einem Leben führen, das du dir von Herzen wünschst.

Ich möchte dich ermuntern, deine Körperlichkeit zu genießen, denn im Bewusstsein der Sinnlichkeit des Körpers öffnet sich deine Intuition.

Die entsprechende Übung sowie zusätzliche Tips und Hinweise für den heutigen Tag 10 findest du im Übungsteil (S. 176).

Aus zwei mach eins

Die Studenten Ludwig und Ricardo sitzen in der Pause in einem Park und unterhalten sich. Ludwig ist linkshirnig: analytisch und verstandesorientiert. Ricardo ist rechtshirnig: kreativ und impulsiv.

L.: Siehst du die Frau dort drüben?

R.: Wow! Sie ist ja unglaublich schön. Diese Hüften!

L.: Ich glaube nicht, dass es angebracht ist, eine Frau in der Öffentlichkeit auf diese Weise anzusehen, Ricardo.

R.: Hast du schon mal so eine Schönheit gesehen. Ich möchte sie heiraten! Wie sie sich bewegt und dabei die Arme schwingt!

L.: Ja. Sie sieht recht vernünftig aus. Ich mag die Auswahl ihrer Kleidung. Geschickt kombiniert. Ordentlich und adrett.

R.: Ich kann sie mir auch in einem Sack vorstellen: Wie sie mit offenem Haar in einer Berglandschaft auf einen Regenbogen zuläuft. Siehst du nicht, wie schön diese Frau ist?

L.: In einem Sack? Nein, keine normale Frau rennt in einem Sack herum. Sei nicht albern!

R.: Stelle dir einen geschmeidigen, glänzenden Sack vor und wie sie darin anmutig über die Wiese springt.

L.: Erstens, mein lieber Freund, sind Säcke nicht zum Anziehen da und zweitens sind sie unbequem und kratzen auf der Haut.

R.: Kannst du das riechen?

L.: Den Sack?

R.: Nein, ihr Parfum! Sie riecht wunderbar, so süß, wie ein Vanilleeis mit einem Bouquet aus Frühlingsblumen gemischt.

L.: Eis macht dick! Mmmh, ob es heute regnet? Die Vorhersage sagte: mit 80-prozentiger Wahrscheinlichkeit.

R.: Wo gehen denn die Düfte hin, wenn es regnet?

L.: Die Duftmoleküle werden wahrscheinlich weggewaschen. Wir fragen gleich den Professor. Beeilung wir haben noch fünf Minuten und 23 Sekunden, bevor der Unterricht weitergeht.

Polarität

Jeder Mensch hat eine rechte und eine linke Hemisphäre des Gehirns, die wir als männlich beziehungsweise weiblich kategorisieren können: Rechts ist weiblich und links männlich. Die linke oder männlich dominierte Seite ist verantwortlich für die rechte Seite des Körpers, und die rechte Gehirnhälfte oder weiblich dominierte Seite ist verantwortlich für die linke Seite des Körpers.

Das bekannte chinesische taoistische Symbol von Yin und Yang hat eine ähnliche Zweiteilung. Im alten China glaubte man, dass es zwei sich ergänzende Kräfte im Universum gibt. Yang, das alles positive und männliche darstellt, und Yin, das die negativen und weiblichen Attribute charakterisiert.

Wenn hier von Positiv und Negativ die Rede ist, könnte der Eindruck entstehen, dass es sich um das dualistische Denken von Gut und Böse handelt, ein Prinzip, das das westliche Denken prägt.

Dies ist mit der Vorstellung von Yin und Yang aber nicht gemeint. Keine der beiden Seiten ist besser oder schlechter als die andere. Beide sind notwendige Kräfte, und ein Gleichgewicht beider Seiten ist ein erstrebenswerter Zustand. Das Prinzip ist einfach: Yin und Yang müssen sich im Gleichgewicht befinden.

Das Prinzip von Yin und Yang wird auch heute noch beispielsweise in der Traditionellen Chinesischen Medizin (TCM) und im Feng Shui zur Harmonisierung von Räumen angewandt.

Das Prinzip gilt außerdem als Mittel für die Beseitigung von Hindernissen, die dem Glück im Wege stehen.

Das Konzept von Yin und Yang besagt weiter, dass zu viel von einem der beiden ungünstig und schädlich ist. Das Gleichgewicht ist wichtig.

Wie in der Abbildung oben zu sehen, ist das Symbol von Yin und Yang ein Kreis, der aus zwei »Hühnerkeulen« besteht. Schwarz ist die Yin-Seite, weiß die Seite des Yang. Um das Gleichgewicht darzustellen, trägt das Yang einen Samen von Yin in sich und umgekehrt das Yin einen von Yang.

Das Konzept ist uralt. Es gibt bereits Schriften der Maya-Zivilisation, die sich mit der Erhaltung des Gleichgewichts zwischen den beiden gegensätzlichen Energien beschäftigten.

Es ist interessant, dass ein solch altes Wissen, das seit jeher genutzt wurde, um körperliche, geistige und seelische Leiden zu diagnostizieren, heute in unserer doch so fortschrittlichen Zivilisation noch immer fremd und geheimnisvoll anmutet.

Auf uns Menschen übertragen, bedeutet das Yin-Yang-Konzept: Wir tragen sowohl männliche als auch weibliche Energien in uns. Auch scheinbar geschlechtslose Wesen können männliche und weibliche Energien aufweisen. Zwittrigkeit ist in der Natur nichts Ungewöhnliches. Viele Schnecken, Würmer und Fische produzieren Spermien und legen auch Eier. Sie können nach der Paarung ihr Geschlecht beliebig wechseln, um sich dann erneut zu paaren. Das Weibchen wird zum Männchen und andersrum. Einige Wesen sind sogar in der Lage, ihre Eier abzulegen, um sie dann selbst zu besamen.

Wie das Symbol von Yin und Yang deutlich zeigt, gibt es eine dunkle und eine lichtvolle Seite des Männlichen und Weiblichen. Die dunkle Seite des Männlichen zeigt sich als Härte, Konkurrenzdenken und Gewaltbereitschaft. Die helle Seite des Männlichen zeigt sich unter anderem als beschützend und zielorientiert. Sie ist in der Regel mit Rationalität, Logik und linearem Denken verbunden.

Die dunkle Seite des Weiblichen zeigt sich als Verletzlichkeit und Bedürftigkeit. Die helle Seite des Weiblichen ist mit den Gefühlen verbunden. Sie zeigt sich beispielsweise als offen, weich, aufgeschlossen, fürsorglich und nährend. Die Qualität für Mitgefühl und Liebe ist hier beheimatet.

Mir ist während meiner Arbeit aufgefallen, dass viele Klienten ein Ungleichgewicht in ihrer männlichen und weiblichen Kraft haben. Dieses Ungleichgewicht behindert die Fähigkeit, gesunde, stabile und liebevolle Beziehungen zu schaffen sowie intuitiv und erfolgreich zur gleichen Zeit zu sein. Auch die Gesundheit und Lebenskraft bleiben bei einem Ungleichgewicht auf der Strecke.

Männer und Frauen, die ihre feminine Seite nicht integriert haben, neigen dazu, hart oder kalt zu sein. Ihnen fehlt Wärme und Verständnis für andere. Eine Person, die stark auf der rationalen Seite agiert, muss lernen, mit den eigenen Gefühlen in Kontakt zu kommen, um die weibliche Seite ins Gleichgewicht zu bringen. Für diese Person ist Achtsamkeit der Gefühle eine wertvolle Praxis.

Männer und Frauen, die ihre maskuline Seite noch nicht integriert haben, werden oft als emotional, schwach oder passiv erlebt. Sie neigen dazu, sich zurückzuhalten, so dass sie schnell übersehen werden. Wer zu sehr durch die emotionale Brille in die Welt schaut, wird die Erfahrung machen, dass das Denken beeinträchtigt wird. Logisches Denken, das Eintauchen in einen Denkprozess und die Fähigkeit zu analysieren sind nicht möglich, wenn die Emotionen alles beherrschen.

Jeder von uns hat emotionale Seiten und Seiten, die die geistige Leistungsfähigkeit möglich machen. Sehr wenige Menschen entwickeln beide Seiten gleichmäßig. Gefühlsduselei ist ebenso eine Gefahr wie das ständige Denken, ohne in Kontakt mit seinen Gefühlen zu sein. Menschen, die stark im Ungleichgewicht sind (ob männlich oder weiblich) bringen dieses Ungleichgewicht in ihr persönliches und berufliches Umfeld. Dies führt nicht selten zu missverständlichen und verwirrenden Situationen und Umständen.

Wir brauchen einander

Es ist also äußerst wichtig, ein ausgewogenes Verhältnis von männlichen und weiblichen Energien in sich zu schaffen. Männliche und weibliche Energien müssen in uns in Balance stehen, im Gleichgewicht sein. Die gute Nachricht: Unabhängig von der Ursache, kann ein Ungleichgewicht aufgehoben und ein harmonisches Gleichgewicht hergestellt werden.

Wir sind in dem Glauben erzogen worden, dass ein Krieg zwischen den Geschlechtern existiert. Männer haben das Sagen, Frauen dürfen auf keinen Fall klüger als ihre männlichen Kollegen sein. Beide Seiten spielen mit, und die Frauen haben ihre eigenen Waffen entwickelt, von denen sich die Männer gerne schlagen lassen: Dumm und sexy sind die Frauen, naiv, hilflos, ungebildet. Zeigt sich die Frau klug und kompetent, bekommen es die Männer oftmals mit der Angst zu tun. Auf der anderen Seite bedienen die Männer durch Macho-Gehabe, sicheres Auftreten und coole Sprüche das Klischee vom starken Mann. Beide Seiten spielen ihr Spiel, aber leider nicht mit- sondern gegeneinander.

Nun ist es wahrlich an der Zeit, derlei Spiele und Kämpfe einzustellen. Wir brauchen beides, Männlich und Weiblich. Und wir müssen damit aufhören, uns gegenseitig zu verunglimpfen. Diese alberne Geschichten und Mythen, die wir weitergeben, über Männer, die keine Gefühle haben, oder Frauen, die nicht logisch denken können, über Männer, die nicht für sich selbst sorgen, und Frauen, die keine guten Führungskräfte darstellen können. Jeder von uns hat darüber eine Geschichte zu erzählen, aber niemand gewinnt wirklich dabei, solche Mythen als Wahrheiten darzustellen. Die Verwirrung über das Männliche und Weibliche fördert ungesunde Konkurrenz, sinnlose Vergleiche und ein geringes Selbstwertgefühl beider Geschlechter. Ein Bewusstseinswandel ist erforderlich.

Ich kenne viele erfolgreiche Frauen mit einem hohen Anteil an männlicher Energie. Ich bezweifle, dass diese Frauen so erfolgreich in unserer männlich dominierten Welt wären, wenn diese starke männliche Energie nicht wäre. Manchmal wirken diese Frauen auf Menschen befremdlich, vor allem, wenn sie körperlich das dezidiert Weibliche zeigen: Sie tragen Rock oder Kleid, haben lange Haare, runde, weiche Züge und hervorstehende Brüste. Diese Frauen kann man äußerlich nicht mit einem Mann verwechseln. Sie drücken lediglich in ihrem Handeln ihre männliche Kraft aus.

Ich erwähne diese Frauen um Folgendes klarzustellen: Was wir im Äußeren, in der physischen Realität sehen, ist oft anders, als das, was in der inneren Wirklichkeit, im Bereich der Energie, vorhanden ist. Männlichkeit ist nicht allein durch männliche Erscheinung, Weiblichkeit nicht nur durch feminine Äußerlichkeit bestimmt.

Es ist eine Frage der Geisteshaltung, die die menschliche Erfahrung von Getrenntsein verstärkt; ein Getrenntsein von der Ganzheit, voneinander und von natürlichen Prinzipien.

Es ist wichtig, die Integration des Männlichen und Weiblichen in unserem eigenen Bewusstsein herzustellen. Wir müssen beginnen, uns sicher zu fühlen, wenn wir über unsere Gefühle sprechen, Fürsorge und Zuneigung zeigen oder wenn wir in unserer vollen Größe und Stärke leben.

Betrachte einmal die männlichen und weiblichen Attribute in deinem Umfeld. Werte nicht die geschlechtsspezifischen Eigenschaften! Spüre nur, wie es mit der männlichen Energie steht und wie mit der weiblichen. Wenn du ein

Ungleichgewicht identifizierst, überlege, wie du ein Gleichgewicht in die Situation bringen kannst.

Wir brauchen einander, männlich und weiblich. Wir brauchen ein Gleichgewicht der Energien, maskulin und feminin. Es ist von Bedeutung, dass wir im ständigen Gleichgewicht sind, damit wir in die Lage versetzt werden, das Beste für uns selbst zu erreichen. Dies gilt für geistige, körperliche und seelische Bedürfnisse. Beide Seiten, Männer und Frauen, sollen ein harmonisches Ganzes bilden.

Dieser Ausgleich von männlicher und weiblicher Energie ist schließlich nichts anderes als die Verbindung von Herz und Verstand.

Und jetzt freue dich auf eine äußerst effektive und kraftvolle Übung zu diesem Thema.

Die Übung sowie zusätzliche Tips und Hinweise zum heutigen Tag 11 findest du im Übungsteil (S. 177).

Deine »Kinder«

Im Meer des Bewusstseins geht nichts verloren, alles kann wieder erlebt werden und ist in Wirklichkeit immer präsent. Uns fehlt aber häufig der Zugang zu diesem Meer, und so erleben wir einen Zustand des Gespaltenseins.

Die mächtige Königin Amak von Uttula und ihre Kinder

Vor gar nicht langer Zeit, in einem gar nicht fernen Ort, lebte die mächtige Königin Amak von Uttula. Königin Amak brachte in ihrem goldenen Palast viele wunderschöne Kinder zur Welt. Es ist schwer zu sagen, wie viele Kinder es waren, da sie irgendwann aufhörte, sie zu zählen. Und es gab auch sonst niemanden, der die Kinder hätte zählen können. Schließlich war bei den Geburten nie jemand dabei. So wollte es die Sitte.

Die Prinzen und Prinzessinnen hatten es gut bei Königin Amak. Alle trugen einen besonderen Namen, der ihr Schicksal im Königreich von Geburt an besiegelte. Die Kinder hatten Namen wie Weisheit, Kraft, Freundlichkeit, Intelligenz, Anmut, Schönheit. Im Palast hatten sie reichlich Platz, zusammen zu spielen, und übten sich in schönen Künsten. Auch hatte jedes der Kinder ein eigenes einmaliges Gemach, das die Königin für sie wunderschön hatte herrichten lassen. Es blieb nun wirklich kein Wunsch offen, und so war sich jedes Kind sicher, dass es geliebt und gehalten wurde.

Zu Königin Amaks Verpflichtungen gehörte der tägliche Empfang hohen Besuchs aus ihrem Reich Uttula. Mit jedem Besucher machte sie einen rituellen Rundgang und zeigte den werten Gästen alle Bereiche ihres atemberaubenden Palasts. Vor allem zeigte sie stolz ihre Kinder und deren Gemächer. Abends ließ sie die Kinder für die Gäste singen und tanzen, was die Kinder mit dem größten Vergnügen taten.

Die vornehmen Gäste liebten diese Besuche über alles. Nie sahen sie sonst so viel Schönheit, Anmut und Liebe an einem Ort vereint. Die auserwählten Besucher erzählten dem Volk gerne von ihren Rundgängen im Palast, und das Volk blieb stets hoffnungsvoll und zufrieden. »Oh, welch ein lustiges Leben das ist«, dachten alle bei sich.

Jeden Abend, wenn es im Palast still wurde und alles schlief, musste die Königin noch andere Verpflichtungen erfüllen, von denen aber niemand etwas wissen durfte. Um nicht erkannt zu werden, zog Amak deshalb eine ausdruckslose graue Steinmaske an, die ihr Gesicht verhüllte. Dann holte sie aus einer mit geheimnisvollen Ornamenten verzierte Schatulle einen großen Messingschlüssel hervor, der bereits seit Jahrhunderten im Besitz ihrer Familie war.

So ging sie hinunter in den großen Festsaal und stellte sich vor ein Gemälde, auf dem ihre Vorfahren zu sehen waren. Dann sprach sie leise einige geheime Worte und im Nu öffnete sich die Wand.

Eine Treppe führte hinunter, und mit jedem Schritt, den die Königin hinunterging, vernahm sie ein immer lauter werdendes Geschrei und Gejammer, ein Poltern, Kratzen und Stöhnen. Die Luft war erfüllt von entsetzlichem Gestank, und Königin Amak musste sich ein Tuch vor den Mund halten, um nicht ohnmächtig zu werden. Unten angekommen, stand sie in einem runden, hoch gewölbten Raum, dessen Boden aus Erde und Ungeziefer bestand. An der runden Wand entlang waren unzählige metallene Türen, die mit großer Sorgfalt durch dicke Ketten verschlossen waren. Auf jeder Tür stand ein Name.

Wie die Namen der Kinder, waren auch das sehr besondere Namen. Allerdings hatten sie alle eine hässliche Bedeutung. Es waren Namen wie Intoleranz, Hass, Gier, Neid oder Nimmersatt. So ging es immer weiter auf den unzähligen Türen. Königin Amak stellte sich in die Mitte des Raums, umgeben von all diesen Türen, hinter denen die grauenhaftesten Geräusche zu vernehmen waren. Sie klatschte zweimal in die Hände, und aus einem der Räume mit der Aufschrift Kontrolle, dessen Tür offen stand, kam ein drachenähnliches Geschöpf heraus. Der Drache zog eine Karre hinter sich her, die an seinem Rücken befestigt war. In der Karre befanden sich Folterinstrumente, schreckliche Werkzeuge aus aller Welt, die Königin Amak über die Jahre sorgfältig gesammelt hatte. Königin Amak band den Drachen los und gab ihm den Schlüssel. In den Räumen wurde das Gepolter und Geschrei immer lauter, so als wüssten die Kreaturen, die sich dahinter verbargen, was gleich geschehen würde.

Die Königin zeigte auf eine Tür, die mit dem Namen Wut beschriftet war. Kontrolle rannte so schnell sein Körper es erlaubt dorthin, öffnete die Tür, ging hinein und kam mit einem abgemagerten, menschenähnlichen Wesen heraus, das er an einer am Hals befestigten Kette hinter sich her zog. Das Wesen hatte da, wo sonst die Augen sind, nur leere Hüllen und ihm fehlten Ohren und Nase. Der Drache warf ihn vor die Füße der Königin. Das Wesen versuchte, sanft die Füße der Königin zu fassen, aber sie sprang, angewidert zurück und brüllte laut: »Du verfluchtes Mistvieh! Hätte ich dich bloß nicht auf die Welt gebracht. Ich kann dich, euch alle hier, nicht ausstehen. Ihr hässlichen Biester. Wie lästige Zecken saugt ihr an meinem Blut. Den Großteil meiner wertvollen Zeit, meiner Kraft und meines Vermögens verschwende ich damit, euch gut verschlossen zu halten. Ihr Höllengeburten. Am liebsten sähe ich euch tot, aber was auch immer ich tue, um euch zu vernichten, das macht euch nur noch stärker. Aber ich gebe nicht auf. Ich werde euch schon noch kleinkriegen. Ich bin Königin Amak von Uttula.« Und so verschwand sie schließlich wieder nach oben in ihren Palast.

Am nächsten Tag war ein besonderes Fest im königlichen Festsaal angesagt. Einige von Königin Amaks Kindern, darunter Erfolg, Göttlichkeit, Genuss und Tugend feierten ihre gemeinsamen Geburtstage. Unter den Gästen waren viele attraktive und edle Persönlichkeiten. Es war eine illustre Gesellschaft, deren Anwesenheit und Meinung der Königin mehr bedeutete als alles andere. Es war ein herrliches Fest mit den wunderbarsten Speisen, mit Wein, Gesang, Tanz und Gelächter.

Doch in dieser Nacht geschah das Unfassbare. Die ungeliebten Kinder entkamen aus ihren Kerkerräumen im Keller des Palastes, und mit all ihrer Kraft und Boshaftigkeit vernichteten sie das wunderschöne Reich von Uttula. Das Ende kam so plötzlich, und keiner kann es sich erklären.

Heute, gar nicht so viele Jahre später, fragt man sich noch immer, wie das hat passieren können. Wie entkamen diese Ausgeburten der Hölle aus ihrem ewigen Kerker? Wie konnten sie ohne Licht, Nahrung oder irgendeine bedeutsame Zuwendung so stark werden? Wie schrecklich mussten die Gäste des letzten Festes im Palast beim Anblick der hässlichen, ungeliebten Kinder der Königin Amak leiden? Wie enttäuscht musste das Volk sein angesichts der Tatsache, dass sie betrogen worden waren? Niemand überlebte jene Nacht, als der goldene Palast lichterloh brannte und sich die ungeliebten Kinder in alle Richtungen davonmachten.

Uttula, einst der Stern der Erde, ging in einer Nacht unter.

Was du zulässt, kann dir nicht schaden

Wie bei Königin Amak, ist in jedem von uns während der Kindheit oder im Laufe unserer persönlichen Geschichte, vielleicht durch traumatische Erlebnisse, etwas auf der Strecke geblieben. Wir mussten uns von bestimmten Emotionen distanzieren, um weiterzuleben, ja vielleicht sogar, um zu überleben. Unsere abgespaltenen Emotionen sind Symbole für unsere Verwundbarkeit und unsere Angst, verletzt und zurückgewiesen zu werden. Sie stehen für unsere Sehnsucht nach Liebe, nach Anerkennung, nach der Bestätigung, dass wir okay sind, so wie wir sind. Aber das, was wir von uns abgetrennt haben, ist nicht weg. Es sitzt im Kerker, in einem gut verschlossenen Raum in unserem Inneren, auf Erlösung wartend.

Ganz unbewusst benutzen wir die Abspaltung, um die Dinge kategorisch als Gut oder Böse einzuordnen. Das resultiert aus der Unfähigkeit, die Vielfältigkeit und Gleichzeitigkeit der Dinge zu sehen. Ein Sowohl-als-auch fällt schwer.

Viele Menschen kämpfen beispielsweise mit dem nagenden Gefühl von Neid und schämen sich, wenn sie neidisch sind. Neid gehört nicht zu den erwünschten Gefühlen eines guten Menschen. Doch was wäre, wenn dieses Gefühl gar nicht das ist, für was wir es halten?

Als ich begann, mich auf dem langen Prozess der Rückgewinnung meiner abgespaltenen Gefühlsanteile zu begeben, stieß ich bei einem Workshop auf die sogenannte Körperarbeit. Bis dahin war mir nicht bewusst, wie sehr ich jegliche Aggression verachtete und zu vermeiden versuchte. Mir war auch nicht klar, wie subtil sich meine Aggression gegen meine Umwelt zeigte. Ich war überzeugt, in keiner Weise aggressiv zu sein, obwohl ich ständig meine Zähne zusammenbiss.

In diesem Workshop sollte ich nun mit einem Gegner kämpfen. Zuerst wollte ich nicht, doch nach langem Hin und Her entschloss ich mich doch, in den Ring zu steigen. Mein Gegner war ein Leistungssportler, der mir im Kampf rasch meine körperlichen Grenzen zeigte. Ich gab nach zwei Minuten auf. Schnell aufgeben war ein sehr beliebtes unbewusstes Muster von mir. Ich stellte mich in schwierigen Situationen einfach wie tot, um Aggressionen und Auseinandersetzungen zu vermeiden. Mein Gegner im Workshop war aber nicht bereit, das hinzunehmen. Er beleidigte mich, während ich am Boden lag und mich tot stellte. Er provozierte mich nach allen Regeln der Kunst. Erst war ich sehr kontrolliert, nachdem er mich aber immer weiter triezte, sah ich schließlich rot. Ich sprang vom Boden auf, ging auf ihn los, und er hatte es in dieser Runde ziemlich schwer mit mir. Das war das erste Mal in meinem Leben, dass ich mir erlaubt hatte, aggressiv zu sein. Ein unglaubliches Gefühl.

Wochen später bemerkte ich, dass sich durch diese Erfahrung mein Körpergefühl verändert hatte. Ich fühlte mich weiblicher denn je und gewann meine bis dahin verlorene sexuelle Lust allmählich zurück. Dieser Kampf und das Zulassen und Annehmen meiner ungeliebten Emotion, der Aggression, hatte meine Angst vor Hingabe ein für alle Mal aufgelöst.

Vielleicht wird dir jetzt deutlich, was mit der Vielseitigkeit einer Emotion gemeint ist. Vielleicht erkennst du nun, dass eine Emotion wie Neid oder Aggression etwas unerwartet anderes in sich verbergen kann und das Zulassen und Annehmen dieser Emotion dich dir wieder näherbringen kann.

Ich kann nicht behaupten, mir wäre nach diesem Workshop immer emotional klar, wenn ich mit Aggression in Kontakt komme. Abgespaltene Anteile zu integrieren, ist ein nie endender Prozess, es ist Teil der Matrix unseres menschlichen und gesellschaftlichen Lebens. Wir Menschen werden immer neue Gefühle aus dem Prozess des Lebens entstehen lassen. Die Aufgabe liegt darin, störende Emotionen zu benennen, anzunehmen und auf einer Herzebene zu bearbeiten. Es geht darum, sich über die nagenden Emotionen klar zu werden.

Das Wort Selbstbewusstsein wird oft missverstanden. Wir meinen damit häufig Attribute wie intelligent, sportlich, beliebt, erfolgreich und gut drauf sein. Das endet damit, dass wir uns stets sehr anstrengen müssen, so selbstbewusst zu sein wie möglich. Gefühle wie Angst, Schmerz, Bedürftigkeit stören und müssen irgendwie »weggemacht« werden.

Das wahre Sich-Selbst-Bewusst-Sein jedoch lässt alles zu. Verwehrst du dir den Zugang zu deinem inneren Ozean und verharrst im Nichtbewusstsein, bleiben wertvolle Teile deiner Persönlichkeit im Nebel verborgen und fügen dir von dort aus Schaden zu.

Was ist mit dir?

Wie genau kennst du dich?

Welche Emotionen herrschen in deinem inneren Palast?

Schreibe einige Stichwörter hierzu in dein Notizbuch, bevor du weiterliest.

Du wirst feststellen, dass viele deiner Beschreibungen entweder wertfrei oder positiv sind.

Und wenn du dich gut kennst und Anteile beschreibst, die nicht liebevoll sind, wirst du gemerkt haben, wie unangenehm sich das anfühlt. Wenn du dich als dick, traurig, gemein beschreibst und sich etwas in deinem Magen umdreht, dann schau doch mal genau hin. Was bewegt sich da wirklich?

Diese Bewegungen entstehen durch die abgespaltenen inneren Anteile, die wir am liebsten vor uns und vor allem vor anderen verbergen!

Wenn diese abgespaltenen Anteile ausbrechen, entschuldigt man sich mit dem Versprechen, sie zukünftig zu bekämpfen, oder man gibt anderen die Schuld.

Aber mit diesen Strategien erreichen wir genau das Gegenteil!

Unsere Gefühle in Schach zu halten, kostet viel Energie. Was passiert, wenn wir schwach werden? Es entsteht ein Nachholbedarf mit dem Verlangen, das zu bekommen, was man versäumt hat – egal wie. Das zeigt sich schließlich in übersteigertem sexuellen Ausdruck, in Perversion oder in dem Trieb, Dinge zu tun, die einen früher oder später in Schwierigkeiten bringen. Menschen, die eine gewisse Machtposition erreichen und keine Sanktionen mehr zu befürchten haben, leben diese Anteile frei aus und richten Schaden an. Die Geschichte ist voller Beispiele dafür, in der Politik, Religion und im Kreise der Familie.

Wenn wir uns selbst bekämpfen und uns ablehnen, zerstören wir uns selbst und vergiften alle unsere Beziehungen.

Wenn wir unsere Gefühle auf unsere Alltagssituationen projizieren, wenn wir wirklich glauben, dass unsere Gefühle und die damit verbundenen Probleme von denen herrühren, mit denen wir es in diesen Alltagssituationen zu tun haben, bringt uns das in unangemessene Schwierigkeiten. Besonders beliebt für diese Projektionen sind unsere Eltern, Lebenspartner, Kinder und Arbeitskollegen, Menschen, mit denen wir unsere Geschichte durchleben und durchleiden müssen. Wir verurteilen die Eigenschaften des Partners, ohne zu sehen, was diese Eigenschaften mit uns zu tun haben. Genau an diesem Punkt sehen wir uns und unsere Möglichkeiten nicht mehr.

Unsere Möglichkeiten

Aber was brauchen unsere ungeliebten Kinder nun wirklich? Was braucht der kleine Herr Wut und die kleine Frau Nimmersatt?

Sie wollen angenommen werden! Das ist alles.

Diese inneren Kinder wollen uns aufmerksam machen, uns erinnern (er-innern, nach innen führen), dass wir sie endlich anschauen, dass wir uns mit ihnen auseinandersetzen, uns ihnen zuwenden und mit auf den Weg nehmen. Diese Anteile sind, wenn sie von Anfang an angenommen werden, genauso lebendig und liebenswert wie die positiven Aspekte unserer Persönlichkeit. Wenn die ungeliebten Kinder ihren gebührenden Platz im Palast erhalten, werden sie sich als vielschichtig, produktiv und vorteilhaft zeigen. Wir müssen diese Kinder beachten und in unser Leben integrieren. Wie müssen sie unserem Besuch zeigen. Und zwar bewusst. Sie sind da, und es steckt viel Inspiration und Menschlichkeit in ihnen.

Diese unbehaglichen Gefühle können unsere größten Helfer und Wegweiser sein. Wenn wir achtsam sind, können wir jedes unheilsame Gefühl als Aufforderung zum persönlichen Wachstum begreifen.

Die Übung sowie zusätzliche Tips und Hinweise zum heutigen Tag 12 findest du im Übungsteil (S. 185).

Mitbringsel

Nur durch Mitgefühl geben wir unseren Mitmenschen Sicherheit, Stabilität und ein Gefühl der Stärke.

Die Spiegelneuronen

Wir alle sind soziale Wesen. Für unser Überleben ist immer auch das Verstehen der Handlungen, der Absichten und der Gefühle anderer wichtig. Diese Fähigkeit, instinktiv und sofort zu verstehen, was andere Menschen erfahren, hat Neurowissenschaftler, Psychologen und Philosophen lange verblüfft. Forschungsergebnisse belegen seit einigen Jahren eine faszinierende Entdeckung, die neue Paradigmen für das Verständnis der alltäglichen Erfahrungen setzt.

Im Jahre 1990 machten Giacomo Rizzolatti und sein Team von Neurowissenschaftlern an der Universität Parma in Italien eine erstaunliche Entdeckung. Die Forscher studierten die Hirnaktivität der Makaken (einer Affenart) während verschiedener motorischer Handlungen (zum Beispiel beim Greifen von Nahrung). Eines Tages, während der Untersuchungen, griff einer der Forscher nach seiner eigenen Nahrung. Zu seiner Überraschung bemerkte er, dass die Neuronen der Affen die gleiche Aktivität zeigten, die sich auch zeigt, wenn die Tiere eine ähnliche Handbewegung selber ausführen. Wie konnte das nur sein? Die Affen saßen schließlich nur da und beobachteten ihn?

In weiteren Untersuchungen entdeckten die Forscher nun eine spezielle Klasse von Hirnzellen, die sich regen, wenn das Tier eine Aktion sieht oder hört. Diese Zellen, so zeigten weitere Experimente, regten sich gleichermaßen, wenn das Tier die gleiche Aktion selbst ausführte.

Dies war die Entdeckung der sogenannten Spiegelneuronen.

Es stellte sich später heraus, dass auch wir Menschen Spiegelneuronen besitzen, die weit flexibler und hochentwickelter sind als die der Affen. Für die Wissenschaftler reflektieren diese Spiegelneuronen die Evolution des Menschen und seine anspruchsvollen sozialen Fähigkeiten.

Es gibt heute jede Menge Beweise für die großartige Wirkungsweise der Spiegelneuronen. Hier seien nur einige genannt:

Spiegelneuronen werden aktiviert, wenn eine Person beispielsweise nach einem Bleistift greift oder jemand anderen dabei beobachtet, wie der nach einem Bleistift greift. Diese Spiegelneuronen reagieren also, wenn du eine andere Person bei einer beliebigen Aktion beobachtest in der gleichen Weise, wie sie reagieren, wenn du die Aktion selbst ausführst. Sie helfen uns also in gewisser Weise, Gedanken zu lesen. Diese Fähigkeit, sich die Absichten anderer Menschen zu erschließen, ist eine äußerst wichtige Fähigkeit für den Menschen in seiner sozialen Interaktion mit anderen.

Spiegelneuronen können aber noch viel mehr. Sie reagieren nicht nur, wenn jemand beispielsweise einen Ball wirft und wir das beobachten. Die gleichen Zellen regen sich gleichfalls, als würden wir tatsächlich diese Aktion ausführen, wenn wir nur hören, wie ein Ball geworfen wird, darüber lesen oder nur das Wort »werfen« sagen oder hören.

Das erklärt, warum es eine so große Freude sein kann, wenn wir ein Bild betrachten oder ein Buch lesen, das zeigt oder beschreibt, wie Menschen verschiedenste Arten von Tätigkeiten ausüben. Es wird klar, warum wir beispielsweise so leidenschaftlich bei Sportveranstaltungen zuschauen. Und es zeigt auch, wie wichtig es ist, sich das, was man sich täglich im Fernsehen ansieht, bewusst auszuwählen. Die Vorbildrolle bekommt so zweifellos eine ganz neue Bedeutung.

Dank der Spiegelneuronen können wir Menschen genaue Feststellungen über Überzeugungen, Wünsche, Absichten und mentale Zustände anderer treffen. Wenn man im Fernsehen ein Kind in Not sieht, simulieren die Spiegelneuronen im Gehirn die Bedrängnis dieses Kindes. Man wird zwangsläufig Empathie für das Kind haben. Man fühlt, wie sich das Kind fühlt.

Wir können die Gefühle anderer relativ leicht durch Mimik, Tonfall und Körpersprache erkennen, weil unsere Spiegelneuronen die Muskeltätigkeit simulieren. Wenn wir einen Gesichtsausdruck, der mit einem emotionalen Zustand verbunden ist, imitieren (Angst, Traurigkeit, Freude und so weiter), verursacht das in uns das tatsächliche Gefühl dieser Emotion.

Spiegelneuronen ermöglichen es uns, die Absichten, Gefühle und Emotionen anderer nicht durch Denken sondern auch durch Fühlen zu erfassen.

Sie ermöglichen die Empathie.

Empathie

Jeder hat dieses Phänomen bereits einmal erlebt. Man trifft jemanden und weiß – ohne ihn zu kennen – etwas über ihn, das sich später als wahr herausstellt. Empathie in Aktion.

Diese Form des Erkennens der körperliche Verfassung, des Gesundheitszustands, der Persönlichkeit und der Charakterzüge eines Gegenübers geht oft mit körperlichen Reaktionen wie Kribbeln auf der Haut, im Gesicht oder an den Händen einher und wird deshalb oft fälschlicherweise als eine Form von Medialität betrachtet. Aber wir alle sind mit dieser besonderen psychischen Fähigkeit geboren. Es ist nichts Übersinnliches daran!

Kinder sind hier sehr offen. Sie nutzen diese naturgegebene Fähigkeit, um sich auf Familie und Freunde einzustimmen. Empathie bezieht sich auf die Fähigkeit, sich in die eigenen Gefühle und die der anderen Menschen einzufühlen. Als Kind nutzen wir Empathie, um zu spüren, wie die Erwachsenen um uns herum eingestellt sind. Ist Mama wütend oder Papa traurig? Wenn ich mich auf sie einstimme, erreiche ich, was ich will...

Vielleicht ist diese natürliche Gabe der beste Beweis dafür, dass sogenannte außersinnliche Wahrnehmungen nicht paranormal sind. Wir alle haben Ahnungen und wissen Dinge, ohne zu wissen, wie oder warum. Anstatt es als eine erweiterte Fähigkeit anzusehen, sollten wir es als eine grundlegende Gabe betrachten, die Mensch und Tier hilft, Gefahren zu meiden, Nahrung und Wasser zu finden und sichere und gesunde Entscheidungen treffen.

Empathie ist ein Gefühl und es ist daher schwierig, sie genau zu definieren. Der Grad an Empathie variiert in seinen Erscheinungsformen und ist natürlich stark vom Individuum abhängig.

Im Laufe unseres Lebens lernen wir, negative Erfahrungen zu vermeiden, wir legen uns ein dickes Fell zu und bauen nicht selten Mauern um uns auf. Wir verlieren die Fähigkeit, unsere besonderen Sinne zu nutzen und verlieren den Kontakt zu unserem eigenen Wesenskern. Unsere Gabe der Empathie geht – oft ohne, dass wir es bemerken – verloren.

Glücklicherweise aber kann eine geschwächte oder verlorengegangene Empathie wieder hergestellt werden.

Für dein intuitives Wachstum ist es wichtig, in der Lage zu sein, den Unterschied zwischen deinen eigenen Gefühlen und denen der Menschen um dich herum zu bemerken. Es ist auch wichtig, sich im klaren zu sein, dass eine aktuelle Situation durch schmerzliche Erfahrungen aus der Vergangenheit und konditionierte Glaubenssätze verfälscht wahrgenommen werden kann.

Empathie bringt Informationen wie ein Radio, das mehrere Kanäle auf einmal wiedergibt. Der Verstand weiß nicht, was er mit all dem Input tun soll. Die Entwicklung unserer Intuition erfordert, dass wir uns einstimmen und die Informationen, die wir erhalten, interpretieren lernen.

Wenn du jedoch nicht bewusst an deiner Empathie arbeitest, kannst du wie ein Schwamm sein. Du absorbierst und fühlst Emotionen, die nicht deine eigenen sind. Hast du jemals überwältigende negative Gefühle gehabt, die keine Ursache zu haben schienen? Dann waren das möglicherweise nicht deine eigenen, sondern die Gefühle eines Gegenübers. Zu lernen, eigene und fremde Energien zu unterscheiden, ist sehr wichtig, wenn du die richtigen Entscheidungen im Leben treffen willst.

Das Schwierige ist also, die Gabe der Empathie zu regulieren und zu schützen.

Der erste Schritt beim intuitiven Wachstum ist: Erkenne dich selbst. Deine Gefühle sind Botschaften aus deinem physischen Körper. Erkenne, dass diese Botschaften wichtig sind, wenn du bewusst Kontrolle über dein Leben ausüben und auf Situationen, in denen du dich befindest, entsprechend reagieren willst.

Die Stärkung der Empathie ist simpel, aber nicht immer einfach. Die Praxis, das Üben ist auch hier der Schlüssel zum Erfolg. Es gibt nicht den einen richtigen Weg, um deine Empathie zu fördern. Aber es gibt einige Richtlinien, die ich mit dir teilen möchte. Wenn du diese Richtlinien übst, wirst du in deinem Leben Veränderungen feststellen.

Empathie nutzt deinen Körper und deine Gefühle, um dir Auskunft über einen Menschen, einen Ort oder ein Ereignis zu geben. Um diese Fähigkeit zu nutzen, musst du in der Lage sein, auf deinen Körper zu hören. Wenn du kienästhetisch orientiert bist, du also Menschen und Dinge, mit denen du gerade in Kontakt bist, gerne anfasst, kannst du sehr leicht lernen, empathisch zu sein.

Wenn du aber gelernt hast, Schmerzen, Erschöpfung und Emotionen auszublenden, wenn du eher ein Kopfmensch bist, wird es etwas mühsamer sein, dich in dich selbst und andere einzufühlen. Du solltest zuerst damit beginnen, dich selbst kennenzulernen, deinen Körper und deine emotionalen Reaktionen auf die Dinge erforschen.

Lerne in jedem Fall, dich selbst und deine Gefühle zu beobachten. Diese Gefühle zu interpretieren, das ist der Schlüssel zur Empathie.

Die Chakren

Den Chakren werden unterschiedliche Qualitäten des menschlichen Lebens zugeordnet. Aus diesen Qualitäten lassen sich wiederum positive und negative Ausdrucksformen ableiten.

Die Chakren sind energetische Bewusstseinszentren im Körper. Über diese sich drehenden Wirbel nehmen wir Energie und Information von der Außenwelt auf. Der Zustand des Chakras wirkt auf unsere Organe, Emotionen, auf die Psyche und Persönlichkeit. Störungen im Chakra zeigen sich daher auf körperlicher wie auf seelischer Ebene.

Wie gesagt, sind wir über unsere Chakren mit der Außenwelt verbunden. Wenn du einen Raum voll fremder Menschen betrittst, scannen die Chakren blitzschnell die Umgebung. Das Wurzelchakra untersucht, ob der Raum ein sicherer Platz ist, das Sakralchakra sucht nach Personen im Raum, die potentiell als Sexualpartner zur Arterhaltung in Frage kommen, das Solarplexuschakra findet heraus, wer im Raum eine Machtposition innehat, das Herzchakra schaut nach Menschen, mit denen du dich auf der Herzebene verbinden könntest, und das Halschakra ist mit der Suche nach einem geeigneten Gesprächspartner beschäftigt. Das Stirnchakra und das Kronenchakra sind überpersönlich, dennoch voll da, um Inspiration aufzunehmen. Nach diesem unbewussten Scannen entscheidest du dich je nach Ausprägung und Zustand deiner Chakren, wo du dich zuerst im Raum hinbewegen willst.

Die folgende Übung zeigt dir genau, wie du dich auf deine eigene Energie einstellen kannst. Sie hilft auch, die Empathie zu entwickeln, weil sie dich sensibler für eigene und fremde Gefühle macht. Es ist am besten, diese Übung zu machen, nachdem du etwas über das Chakrensystem gelesen hast.

Schau dir also das folgende Bild an und lies die kurzen, vereinfachten Texte vom Chakrensystem, bevor du die Übung machst.

Das Chakrensystem

Die Öffnungen der Chakren befinden sich jeweils an der Vorder- und an der Rückseite des Körpers mit Ausnahme des Wurzel- und des Kronenchakras, die nach unten beziehungsweise oben geöffnet sind.

1: Das Wurzelchakra

Ort: am Damm. Die Region zwischen After und den äußeren Geschlechtsorganen

Farbe: rot

Themen: Urvertrauen, Überleben, Instinkt, Sicherheit, Stabilität, Erfolg, Heimat, Beruf.

Die Fähigkeit, über die Erde Energie aufzunehmen, geerdet zu sein.

Die Fähigkeit, präsent zu sein und den eigenen Willen zu leben.

Die Fähigkeit, sich selbst zu nähren und in sich Geborgenheit zu schaffen.

Dieses Chakra spiegelt unsere Verbindung mit der Mutter und mit der Mutter Erde. Es zeigt, wie wir uns auf der Erde fühlen und wie die Verbindung mit unserem physischen Körper ist.

Symptome oder Spannungen in diesen Teilen des Körpers spiegeln die Unsicherheit als allgemeine Wahrnehmung wider. Angst und Bedrohung für das Überleben ist ein ständiges Thema.

Heilung: Verbindung mit der Natur und sich erden.

2: Das Sakralchakra (Sexualchakra)

Ort: eine Handbreit unter dem Bauchnabel

Farbe: orange

Themen: Sexualität, Sinnlichkeit, Lebensfreude, Arterhaltung.

Dieses Chakra ist mit den Teilen des Bewusstseins verbunden, die Lust und Sexualität betreffen. Es geht um das, was der Körper will und braucht und was er als angenehm empfindet. Wenn es keine klare Beziehung mit diesem Chakra gibt, wird alles, was lustvoll sein kann, noch nicht vollständig bejaht.

Dieses Chakra ist auch mit intensiven Emotionen verbunden und mit der Bereitschaft, diese Emotionen zuzulassen.

Heilung: bewusstes Genießen und Wahrnehmen mit allen Sinnen

3: Das Solarplexuschakra (Powerchakra, Nabelchakra)

Ort: Solarplexus, etwa in Höhe des Magens

Farbe: gelb

Themen: Wille, Persönlichkeit, Macht, Kontrolle, Durchsetzungskraft.

Das Solarplexuschakra ist mit der Ebene des Seins verbunden, die ein selbstbewusstes Ich entwickelt.

Eine gestörte Beziehung zeigt sich in ständigem Selbstzweifel, mangelndem Selbstbewusstsein, übertriebenem Leistungsdenken und Rücksichtslosigkeit.

Heilung: Selbsterkenntnis, gezielte Arbeit am Selbstvertrauen. Angefangene Projekte zu Ende zu bringen, unterstützt die Kraft dieses Chakras zusätzlich.

4: Das Herzchakra

Ort: mitten auf der Brust, auf Herzhöhe

Farbe: grün

Themen: Beziehung, Liebe, Empathie, Berührung, Berührtsein, Herzensgüte.

Das Berühren-Können und Berührtsein zeigt die Sensibilität des Herzchakras. Wahrnehmung von Liebe, bezogen auf Beziehungen mit Menschen, die einem am Herzen liegen, zum Beispiel Partner, Familie, Kinder. Die Fähigkeit, für andere Menschen die Verantwortung zu übernehmen.

Störungen zeigen sich in Gefühlskälte, Bitterkeit, Lieblosigkeit und Einsamkeit.

Heilung: Annahme seiner selbst und Toleranz für andere Menschen und ihre Lebensart.

5: Das Halschakra

Ort: am Hals

Farbe: blau

Themen: sprechen, ausdrücken, kommunizieren, empfangen, Kreativität und Inspiration.

Der Ausdruck zeigt sich in Form von unmissverständlicher Kommunikation über das, was man will und was man fühlt. Oder es kann ein künstlerischer Ausdruck sein, etwa in Form von Malerei, Tanz oder Musik; jede Form von Ausdruck, die das Innere nach außen bringt.

Der Ausdruck ist eng mit dem Empfangen verbunden: »Bittet, und ihr werdet empfangen.« Es ist ein Zustand der Gnade.

Störungen zeigen sich in ständigem Lügen, in Hemmungen, Sprachstörungen und Geschwätzigkeit.

Heilung: Zu lernen, mit der Sprache umzugehen (Rhetorik), und das Ausdrücken von persönlichen Wünschen.

6: Das Stirnchakra (Drittes Auge)

Ort: auf der Stirn zwischen den Augenbrauen

Farbe: indigo

Themen: Intuition, Weisheit, visualisieren, Wahrnehmung und Spiritualität.

Dieses Chakra ist mit der tiefen inneren Ebene des Seins, nennen wir es den »Geist«, verbunden. Es ist der Ort, wo unsere wahren Motive zu finden sind, und die Ebene des Bewusstseins, auf der der Kern unserer Intuition zu finden ist, der Bereich, wo wir das, was uns bevorsteht, sehen können.

Außersinnliche Wahrnehmung geschieht hier.

Hier liegt auch die Fähigkeit, Dinge aus einer höheren Sichtweise zu betrachten und innere Bilder zu erzeugen.

Störungen zeigen sich in Konzentrationsschwäche und Verwirrungszuständen sowie in Mangel an Fantasie

Heilung: Meditation auf das Dritte Auge, Konzentrationsübungen und die Beschäftigung mit allem, was die Fantasie anregt.

7: Das Kronenchakra

Ort: einige Zentimeter über dem Scheitelpunkt des Kopfes

Farbe: violett

Themen: Verbundenheit mit dem großen Ganzen, Selbstverwirklichung, Erleuchtung und Bewusstsein.

Dieses Chakra ist jener Teil unseres Bewusstseins, der von der Wahrnehmung der Einheit (von Einssein) oder von Trennung betroffen ist.

Genauso wie das Wurzelchakra unsere Verbindung mit Mutter Erde zeigt, zeigt dieses Chakra unsere Beziehung mit dem großen Ganzen. Es ist die Ebene der Seele. Dieses Chakra ist auf natürliche Weise erst aktiv, wenn alle anderen geheilt sind.

Wenn man ein Gefühl der Trennung erfährt, schließt sich das Kronenchakra, und man erlebt ein Gefühl der Isolation und Einsamkeit, man fühlt sich wie in einer Hülle, hat Schwierigkeiten mit den Gefühlen und damit, mit Menschen und der Natur in Kontakt zu treten.

Störungen zeigen sich auch, wenn das Leben sinnlos erscheint (zum Beispiel bei Depressionen).

Heilung: Die eigene Spiritualität entdecken und anerkennen. Hingabe und Vertrauen zum Leben hilft, das Kronenchakra offenzuhalten.

Die Übung sowie zusätzliche Tips und Hinweise zum heutigen Tag 13 findest du im Übungsteil (S. 191).

Deine Natur

Für mich wird Gott N, A, T, U und R buchstabiert.

Vermenschlichung von Dingen

Wohin möchte unsere Natur uns bringen? Zurück zu der Erfahrung des großen Ganzen, des Einsseins.

Es gibt das Gesetz der Selbstverwirklichung, das Gesetz der Evolution und die Sehnsucht nach der Erfahrung von Ganzheitlichkeit. Wer auch immer in diese Welt geboren wird, möchte früher oder später etwas Göttliches erleben. Dies ist sein zentrales Motiv. Und wir haben mannigfaltige Wege, dieses Ziel zu erreichen, zum Beispiel durch Genuss oder Grenzerfahrungen.

Ich möchte dir gerne von einem ganz besonderen Weg erzählen.

Wenn es um das Verstehen von abstrakten Begriffen wie Intuition geht, zeigen wir Menschen ein größeres Interesse, sobald das Vorgestellte personifiziert wird. Personifikation bedeutet, Ideen und abstrakte Konzepte mit menschlichen Eigenschaften zu versehen und ihnen eine eigene Stimme und einen eigenen Willen zu geben, sie also zu vermenschlichen.

Viele Karikaturisten verwenden die Vermenschlichung der unbelebten Objekte in ihren erzieherischen Karikaturen, um uns beim Verstehen abstrakter Konzepte zu unterstützen. Wir wissen natürlich, dass Dinge wie die Eizellen oder die Elektrizität in Wirklichkeit keine Arme und Beine, kein Gesicht oder gar eine Stimme haben. Aber diese Vermenschlichung der Dinge hilft, in die abstrakten Konzepte einzudringen und sie einzuordnen.

Das Vermenschlichen von abstrakten und natürlichen Phänomenen dient also dazu, die Dinge klarer, realer und greifbarer zu machen, als es die bloße Definition kann. Die Tatsache, dass wir Menschen Dinge auf diese Weise besser verstehen, ist ein Zeichen dafür, dass wir etwas mit Persönlichkeit und Identität besser verinnerlichen können, als leblose Gegenstände oder abstrakte Konzepte.

Unsere Vorfahren pflegten selbst Bergen, Flüssen, Planeten und allem, was die Macht hatte, ihr Wohlbefinden zu beeinflussen, eine Persönlichkeit zuzusprechen. Sie konnten dann mit einer vermenschlichten Naturgewalt, wie beispielsweise dem Regen, leichter in Kontakt treten, ihm ihre Opfer darbringen und ihn um Unterstützung für das eigene Überleben bitten. Indem jenen Mächten eine Persönlichkeit zugesprochen wurde, hofften unsere Vorfahren, dass sie mit den Phänomenen der Natur auf die eine oder andere Art verhandeln können. Durch Rituale schmeichelten sie dem Wetter in der Hoffnung, dass es in der Lage sein würde, ihnen ein paar Gefälligkeiten zu tun. Sie behandelten es wie eine vornehme Persönlichkeit, die man bei Laune halten musste und der man aus Angst vor Strafe Anstandsbesuche machte oder Tänze vorführte.

Durch diese Rituale und die somit starke Beschäftigung mit nicht-menschlichen Dingen wie dem Wetter gelang es dem einen oder anderen, bei seinen Beobachtungen und Anbetungen das Wesen seiner ihm umgebenden Natur zu verstehen. Und diejenigen, die auf einer höheren Ebene ihrer Beobachtung waren, sahen sich in der Lage, das Göttliche in der Natur bewusst zu erleben. Sie nannte man Weise, und weil man schon dabei war, wurden auch sie angebetet. Unter anderem hat die moderne Heilkunde, Astrologie, Physik und Psychologie ihren Ursprung in dieser frühen Geschichte der Menschheit und ist so allgegenwärtig, wie der Wunsch des Menschen, die Geheimnisse des Übernatürlichen zu ergründen.

Um das Universum und uns selber zu verstehen, macht die gegenwärtige Wissenschaft sorgfältige Untersuchungen, Experimente und Beobachtungen. Und auch die Praxis, jede Art von Macht, die sich auf unser Wohlbefinden auswirken kann, zu vermenschlichen, ist noch in uns lebendig.

Als Kunstgriff in der Literatur verwenden Autoren die Vermenschlichung der Tiere, Gegenstände und Konzepte um ihre Geschichten eingängiger, dramatischer und interessanter zu machen oder um eine bestimmte Stimmung zu vermitteln.

In der Werbung werden Marken oder Produkte personifiziert, um im Unterbewusstsein Gefühle, Überzeugungen und Wünsche zu erzeugen. Gemüsearten singen fröhlich vor sich hin und Autos werden bestimmte Charakterzüge zugesprochen. Wer sich von den singenden Möhren und dem sexy Auto angesprochen fühlt, kauft sie.

Viele Beispiele für die moderne Verkörperung der Gegenstände, abstrakter Begriffe und Ideen beweisen, dass selbst, wenn wir modernen Menschen uns im Hinblick auf Technologie weit von unseren Vorfahren wegentwickelt haben, es noch Überbleibsel der früheren Evolution in den Bahnen unseres Gehirns gibt. Die Tatsache, dass das menschliche Gehirn so eingestellt ist, die Dinge mit einer Persönlichkeit zu versehen, hat sich nicht im Geringsten verändert.

So vielschichtig wie unsere äußere Welt ist auch unsere innere Welt, die ebenfalls darauf wartet, verstanden zu werden. Das Vermenschlichen der inneren Aspekte ist ebenfalls seit langem ein Teil der Menschheit. Sie ist die Wurzel der vielen Ideologien und wird heute noch in verschiedenster Form praktiziert.

In der gleichen Weise, wie die äußerer Welt durch ihre Vermenschlichung individuell zu uns spricht, haben wir ein natürliches Bedürfnis entwickelt, in direkten Kontakt mit unseren Werten, Gefühlen, Emotionen, unserem Körper und unseren Gaben zu treten. Wir tun dies ebenfalls durch die Personifikation.

Viele sogenannte Superstars genießen für ihr Talent die Verehrung als übernatürliche Wesen und werden wie Götter verehrt. Michael Jackson war einer der Großen, der diesen Status besaß. Auch Adelige, Schauspieler, Politiker, Athleten und religiöse Führer sind zu modernen göttlichen Symbolen avanciert, die durch die Verehrung und die Gelder ihrer Fans in großem Reichtum und herrlicher Fülle leben können.

Wir verstehen Götter als eigenständige von uns getrennte Größen. Sie sind etwas, was wir niemals sein können. Sie sind Wesen, die in der Lage sind, uns zu beeinflussen, Wesen, die besser sein können als andere. Diesen Gottheiten geben wir Eigenschaften wie Liebe, Reinheit, Kraft, Mut, Schutz und so weiter. Wir beten sie an in der Hoffnung, etwas zu bekommen oder abzuwehren. Im Laufe der Zeit haben sich diese Bilder selbständig gemacht und ein Eigenleben entwickelt. Scheinbar beherrschen, bestrafen und lieben diese Götter ihre Untertanen wie es ihnen gerade gefällt. Deshalb müssen sie mit Ritualen bestochen werden, auch ihnen gilt der Anstandsbesuch in den vielen Tempeln dieser Welt...

Götter und andere mythische Wesen

Geschichtsforscher haben aus der Zeit seit Beginn der geschriebenen Geschichte vor etwa 6000 Jahren Tausende von sogenannten übernatürlichen Wesen und Gottheiten zusammengetragen. In Wirklichkeit ist die Zahl der von Menschen verehrten Götter fast unendlich. Götter, Göttinnen und andere übernatürliche Wesen werden als Schöpfer und Aufseher des Universums beschrieben.

Die Menschen dieser Welt verehren seit jeher ihre Götter. Für alles nur Erdenkliche gibt es einen Gott oder eine Göttin, die zuständig ist.

Athene zum Beispiel war unter anderem die Göttin des Krieges. Das bedeutete, sie schützte Heim und Land vor Feinden und unterstützte mit Hilfe von Nike, der Göttin des Sieges, die Krieger im Kampf. Ein griechischer Soldat würde daher zu Athene für Stärke in der Schlacht beten und aus ihrem Segen Mut schöpfen. Eine Frau, die einen Kinderwunsch hat, würde sich an die Fruchtbarkeitsgöttin Demeter wenden und sie bitten, ihr Fruchtbarkeit zu schenken, so dass sie die gewünschte Familie gründen kann.

Woher kommen diese Mythen?

Was sind diese Legenden, Gottheiten und Engel eigentlich?

Gibt es sie wirklich?

Sind sie wirklich getrennt von uns?

Woher kommen sie?

Die Realität ist seltsamer als wir annehmen

Götter sind Manifestationen eines Phänomens, welches seit Beginn der Menschheit bei uns ist. Die Geschichte der Menschheit hat einen konkreten Ursprung, und die Mythen beschäftigen sich seit Anfang der Zeit mit diesem Ursprung, in dem die Götter und andere mythischen Wesen eine entscheidende Rolle spielen. Allerdings ist das Schwierige an mythischen Geschichten, dass sie wie »Stille Post« funktionieren. Wenn die erzählte Geschichte zum Urheber zurückkommt, ist es eine vollkommen neue. Wir Menschen ändern ständig diese ursprüngliche Geschichte, um sie unserem kulturellen Rahmen anzupassen.

Obwohl wir in unseren Geschichtsbüchern unseren wahren Ursprung nicht hinreichend erklären können, sagt mir mein Gespür, dass es eine Wahrheit hinter allen Mythen, Legenden und Gottheiten gibt. Irgend etwas hat sie in jede bekannte Kultur eindringen lassen.

Ich bin überzeugt, dass die Geschichten der Götter, Dämonen, Elfen und Engel keine erfundenen Märchen sind. Sie beruhen auf einer vergessenen Wirklichkeit. Es gab ein Wissen, dass es Wesen gab (und heute noch gibt), die mit uns Menschen in Verbindung sind.

Dennoch möchte ich hier eine alternative Erklärung der mythischen Wesen anbieten, ohne den Wahrheitsgehalt der göttlichen oder mystischen Erfahrung zu mindern; eine psychologische Interpretation der Götter und aller anderen mythischen Wesen.

Wir können Gottheiten auch als innere Symbole der menschlichen Seele verstehen, sowohl in ihrem Glanz als auch in ihrer erschütternden Dunkelheit. Sie sind Symbole unserer kollektiven Sehnsucht nach Ganzheit und unseres Wunsches nach Entfaltung der eigenen Möglichkeiten, Fähigkeiten und Gaben.

Wenn ich Götter als Symbole des Bewusstseins, der Psyche, betrachte, schließe ich keinesfalls aus, dass sich diese auch in der Materie manifestieren können. Denn genau in diese Ebene zwischen den beiden Realitäten (der geistigen und der materiellen) werden Intuition, Synchronizität und die außersinnliche Wahrnehmung der Menschen geboren. Das mystische Leben findet hier seine Bühne; jenseits der alltäglichen Wahrnehmung und dennoch für jedermann zugänglich.

Anstatt uns die Frage zu stellen, woher diese göttlichen Wesen kommen und was sie wirklich sind; anstatt zu versuchen, ihre materielle Realität zu beweisen, ist es doch interessanter und praktischer, wenn wir uns fragen, *was diese inneren Symbole wirklich wollen, was ihre Funktion ist und wie sie uns täglich beeinflussen.* Mit diesen Fragen halten wir uns einen Spiegel vor und erfahren so eine Menge über das grundlegende Mysterium unseres Bewusstseins.

Mystische Wesen fordern uns auf, mehr über das Leben zu erfahren. Das kann jeder bestätigen, der eine göttliche Erfahrung gemacht hat. Sie lenken uns von der rationalen, gradlinigen, auf eins gerichteten Sicht hin zur mystischen, intuitiven Sicht der Wirklichkeit; führen uns von trennenden Systemen zu solchen, die Zusammenarbeit fördern und die wir alle für unser Überleben brauchen.

Sie zeigen uns, wer und was wir sind, und offenbaren unsere unendlichen Möglichkeiten. Sie erinnern uns an die Einzigartigkeit und Intelligenz, die in uns und in der Natur zu finden sind.

Das bedeutet in der Konsequenz, dass diese Aspekte, die vermeintlich im Außen angebetet werden, in Wirklichkeit in unserem Inneren sind.

Warum aber geben wir den Rätseln, die uns umtreiben, Namen, Körper und Charakterzüge? – Weil die Personifikation beeinflusst, wie wir uns auf die Aspekte unseres inneren Lebens beziehen.

Aphrodite kann in meinem Verständnis als die personifizierte Liebe und Schönheit gesehen werden! Und so ist Fortuna nicht die *Göttin* des Glücks. Fortuna *ist* das Glück, das wir spüren.

Wir können es so verstehen, dass diese Götter ein Ausdruck unserer Menschlichkeit sind. Dann bist du selber Mut, Fruchtbarkeit, Schönheit und Glück.

Göttlichkeit ist: alle Qualitäten und Eigenschaften, die du dir vorstellen kannst. Diese Erkenntnis enthüllt für mich die unendliche Würde des Menschen!

Götter sind so gesehen keine überirdischen, von uns getrennten, eigenständige Wesen. Götter sind Verkörperungen unserer inneren Wirklichkeit.

Es ist wichtig, sich dieser Tatsache bewusst zu sein. Denn wenn wir das ignorieren, werden wir blind für das, was sich in Wirklichkeit abspielt, und die wunderbaren Möglichkeiten und Freiheiten, die sich dadurch bieten, bleiben uns verschlossen. Draußen sind die Götter so nicht zu finden. Sie geistern in unserem Inneren herum, ohne festen Körper, ständig dem Wandel unterlegen und geheimnisvoll. Göttlichkeit wohnt in der menschlichen Seele. Der Mensch ist mit Fähigkeiten ausgestattet, die es ihm erlauben, das Edle und Magische in seinem Inneren, im Außen und überall zu erkennen.

Aber sobald wir Menschen bloß die Begrenzungen des Körpers und des Verstandes erfahren, sobald wir unserer eigentlichen Natur nicht nachkommen, vergessen wir unsere wahre, göttliche Natur und begehen schreckliche Dummheiten. Wir geraten in Verwirrung. In unseren Erfahrungen, Gedanken, Wahrnehmungen bleiben wir vom großen Ganzen getrennt. Und doch gehört auch dieses Drama zur Natur des Menschen.

Wir können uns selbst nicht erkennen, unsere Kultur und die Mythologie nicht verstehen, wenn wir nicht begreifen, wie der menschliche Geist instinktiv eine

Beziehung zwischen den inneren und äußeren Dingen herstellt. Es gibt etliche vermeintlich geheimnisvolle innere Kräfte, die die Kulturen im Laufe der Geschichte in Götter, Engel, Dämonen und anderes projiziert haben. Die Tatsache, dass diese Götter unendlich in ihrer Zahl sind, beweist die unendliche Dimension unseres Inneren. In uns walten unzählig viele Tugenden, Gaben, Emotionen und Gefühle. Diese zentrale Wirklichkeit bedeutet grenzenlose Intelligenz. Mit diesen Kräften in Kontakt zu treten, ermöglicht uns, das Geschenk des Lebens zu erfahren, es erfüllt unsere Herzen mit Liebe, Vertrauen und Dankbarkeit. Mit unserer inneren Welt in Kontakt zu kommen, gibt uns die Weisheit und die Kraft, unser tägliches Leben zu führen in diesem Tanz zwischen Eigenliebe und Verantwortung für andere. Der Mensch ist in der Lage, das Göttliche, die Quelle seiner endlosen Schätze, in sich selbst zu erahnen und zu erleben. Die Bilder und Vorstellungen von Gottheiten, Engeln oder Dämonen sind Interpretationen unserer unbestreitbaren inneren Wirklichkeit.

Du musst kein Genie sein, um herauszufinden, dass dein Leben besser funktioniert, wenn du Vertrauen hast in das, was letztlich unausweichlich in dir existiert, als wenn du deiner inneren Realität mit allem, was dazugehört, widerstehst und sie beurteilst. Das ganze Leben baut auf dieser zentralen Wirklichkeit auf. Dies ist der Höhepunkt der mystischen Wahrnehmung und Erfahrung.

Man kann im Außen keinen Frieden, kein Glück und keine Schönheit finden, ohne sie in sich selbst zu erkennen. Unsere einzige Natur ist es, mit dem Unendlichen zu verschmelzen. Das Unendliche zieht uns auf mannigfaltige Weise an. Die Suche nach unendlichem Glück, die Suche nach unverwüstlichem Frieden, die Suche nach immer mehr Reichtum und Macht und Liebe: Alles das ist Anbetung.

Leben ist Anbetung

Unser Leben wird vom Bewusstsein einer unendlichen Sehnsucht regiert. Es ist die Sehnsucht nach einer Quelle der Fülle. Unser tägliches Bestreben besteht darin, ein erfülltes Dasein zu haben. Es ist keine Pflicht, sondern eine Freude. Es ist unsere Natur. Alle äußeren Werte zielen darauf hin, dieses Ziel zu erreichen. Wir wollen endlich bei uns selber ankommen.

Stelle dir vor, was es bedeutet, diese göttliche Vollkommenheit zu sein. Plötzlich ändert sich deine Perspektive, oder? Aus begrenztem Frieden wird grenzenlose Ruhe und tiefes Durchatmen.

Heute wirst du deine persönliche Intuition kennenlernen. Es gibt viele Möglichkeiten herauszufinden, wie deine innere intuitive Führung aussieht. Meine Lieblingsreise und die, die ich am meisten empfehle, ist die folgende meditative Reise.

Denke daran: Deine intuitive Führung ist eine Tür zu einem höheren Bewusstsein und zum sogenannten Göttlichen! Sie bringt dich mehr in einen offenen Kontakt mit deinem unbegrenzten Selbst. Sie hilft dir, mit allem, was du sein kannst, und allem, was du schon bist, in Beziehung zu sein.

Die Intuition ist dein Freund, und sie ist objektiver als deine Emotionen. Deine Gefühle verbinden dich zwar mit ihr, aber die Intuition selbst ist nicht emotional. Das ist eine wichtige Sache, die wir in der Regel nicht bedenken. Diese Unterscheidung hilft zu erkennen, dass du manchmal in einem Urteil verstrickt bist. Denn wenn du in einem Urteil verstrickt bist, beispielsweise durch eine alte seelische Verletzung oder eine Blockade, kannst du schlecht die objektive Sicht deiner Intuition verstehen.

Die Übung sowie zusätzliche Tips und Hinweise zum heutigen Tag 14 findest du im Übungsteil (S. 196).

Ganz und gar

Wenn Sie das, was in Ihnen ist, ans Licht bringen, wird das, was Sie ans Licht bringen, Sie retten. Wenn Sie es nicht hervorbringen, wird das, was Sie nicht hervorbringen, Sie zerstören.

nach dem Thomas-Evangelium

Authentizität

Was steckt in dir, was die ganze Welt wissen soll? Ich spreche nicht von deinem Verstand. Ich meine: Was ist in deinem Inneren, in deiner Seele so besonders, so wertvoll, dass es die ganze Welt wissen sollte?

Was ist es, was du wirklich willst, was du fühlst und denkst?

Wofür brennst du?

Woran glaubst du so sehr, dass du vielleicht sogar bereit wärst, dafür zu sterben?

Versuche bitte, bevor du weiterliest, diese Fragen zu beantworten und schreibe die Ergebnisse in dein Notizbuch.

Wir alle sehnen uns nach einem glücklichen, erfolgreichen und sinnvollen Leben. Aber hast du schon einmal von einem *authentischen* (oder echten) Leben gehört?

Wir leben in einer Gesellschaft, die im allgemeinen mit materiellem Erfolg, Habenwollen, Konkurrenz, Selbstbefriedigung, Jugendwahn und Glück beschäftigt ist. Wir werden ständig mit Informationen über Erfolge aller Art versorgt. Wir lernen, dass es Gewinner und Verlierer im Leben gibt, und wir werden aufgefordert, unter allen Umständen zu den Gewinnern zu gehören. So ist nun einmal unsere Kultur. Es ist wichtig, dies zur Kenntnis zu nehmen und es anzuerkennen.

In diesem vom Wettbewerb geprägten kulturellen Rahmen haben viele von uns unser wertvollstes Kapital aus den Augen verloren: unser wahres Selbst.

Die meisten Menschen nennen ihren Namen, ihren sozialen und familiären Status, ihre Nationalität, ihren Beruf oder ihr Alter, wenn sie gefragt werden, wer sie sind. Derlei Beschreibungen sind nicht ungewöhnlich und durchaus akzeptabel. Aber die zugrundeliegende Wahrheit ist, dass viele von uns nicht wirklich wissen, wer sie auf einer tieferen Ebene sind.

Nun lass uns doch mal in die Tiefe gehen!

Unsere Reise in Richtung Authentizität ist ein Weg zu unserem wahren Selbst. Ob es uns selbst bekannt ist oder nicht: Wir alle sehnen uns nach unserer wahren Identität, nach unserem wahren Selbst. Treue zu sich selbst ermöglicht schließlich einen erfüllten und verbundenen Seinszustand. Die meisten Menschen ahnen nur, dass das so ist. Aber diesen Zustand haben sie (noch) nicht erreicht.

Was genau ist unser wahres Selbst?

Das wahre Selbst ist jener Teil in uns, der genau so handelt, wie er denkt, fühlt und spricht. Wenn du so lebst, dass die Entscheidungen, die du triffst, und deine Handlungen in Übereinstimmung sind mit dem, was dir wichtig ist, lebst du ein authentisches Leben.

So wie ein erfolgreiches Leben vielfältig definiert werden kann, so kann auch ein authentisches Leben unterschiedlich ausgelegt werden. Zum Beispiel empfinden manche Leute ein erfolgreiches Leben als eines, in dem man sehr viel Geld verdient. Für andere wird der Erfolg an ihrem Ruhm und ihrer Leistung gemessen. Für wieder andere liegt Erfolg in einem von Liebe und Freundschaft geprägten Leben. Nach diesen persönlichen Definitionen legen wir unsere Ziele und Prioritäten auf dem Weg zum Erfolg fest. So ist es auch mit einem authentischen Leben: Nur du kannst für dich definieren, was das für dich bedeutet.

Für mich bedeutet authentisch zu sein, jenseits der Oberflächlichkeit nach einem Sinn zu suchen, der mit meiner Seele und meinem Herzen sowie mit meinem Geist mitschwingt. Das bedeutet, die Wahrheiten und Visionen, die sich in mir befinden, als eine tägliche Praxis zu leben und sie nicht als bloße intellektuelle Konzepte verkommen zu lassen. Sie müssen Früchte tragen. Um diese Wahrheiten zum Leben zu erwecken, bedarf es der bewussten Aktion. Durch die bewusste Aktion und nicht nur durch das Denken werden wir authentischer. Ohne Aktion sind unsere Visionen eine leere Hülle, die uns in unserer eigenen Vorstellung gefangen hält.

Authentisch sein bedeutet weiter, mich zu kennen und Vertrauen in mich selbst zu haben. Es bedeutet, das zu ehren, was mir bewusst, und das, was mir unbewusst ist. Authentisch sein heißt, die Wahrheiten, die jenseits vom täglichen inneren Geschwätz liegen, zu entdecken. Authentisch sein bedeutet, auf meine tiefe innere Weisheit zu vertrauen und sie auf mich wirken zu lassen, ob es angenehm ist oder nicht, ob es zweckmäßig ist oder nicht. Ich tue es, weil ich weiß, dass es richtig ist, und weil ich weiß, dass es ein weiterer Schritt zur Selbstwerdung ist.

Authentisch leben ist die Fähigkeit, so zu sein, wie man wirklich ist, in allen Bereichen des Lebens. Ich drücke aus, wer ich bin, ob bei der Arbeit, im Freundeskreis oder mit meiner Familie. Ich stelle mich den Träumen, die ich vergessen habe, den Ängsten, die ich zurückhielt, und den Überzeugungen, die nicht meine eigenen waren. Es kann schmerzhaft sein, aber es ist lohnend.

Es mag einfacher sein, sich im sogenannten »normalen« Leben einzurichten. Doch unsere Seelen möchten, dass wir in unserem eigenen Rhythmus tanzen. Der erste Schritt ist, sich klarzuwerden, was einem wirklich wichtig ist – was wir lieben, was unser Wachstum unterstützt und fördert. Sobald dein Leben nach außen hin mit dem übereinstimmt, was du glaubst, werden sich viele Probleme von alleine lösen.

Wir alle haben die Gelegenheit, mit unserem Körper das umzusetzen, an was wir glauben. Jeder von uns ist aufgefordert, einen persönlichen Verhaltenskodex zu definieren, der seine tiefsten Überzeugungen repräsentiert, und dann danach zu handeln. Es gilt, seine tiefsten Visionen zu verwirklichen, um ein Leben zu leben, das tief und reich und voller Sinn und Zweck ist.

Authentisch sein heißt keineswegs, irgendeine ultimative Wahrheit zu leben! Denn die gibt es nicht. Es bedeutet, jetzt die Wahrheit zu leben, die du für dich anerkennst und fühlst – und ein Verhalten an den Tag zulegen, das diese Wahrheit spiegelt. Und wenn deine Wahrheit sich ändert? Dann änderst du eben deine Handlungen! Und wenn du erneut feststellst, dass deine Wahrheit für dich nicht mehr stimmt? Dann änderst du deine Handlungen erneut!

Wenn du das tust, vertiefst und erweiterst du deinen Horizont unermesslich. Zusätzlich veränderst du die Schwingung deines Umfeldes. Denn: Authentizität ist ansteckend! Es sind nicht nur deine Handlungen, die das Umfeld verändern, es ist die Veränderung in dir selbst, die für deine Umgebung weitreichend ist. Jeder, der ein authentisches Leben führt, wie auch immer das bei ihm aussieht, beeinflusst also die Menschen in seiner Umgebung positiv und schafft letztlich die Grundlage für ein authentisches Leben der anderern.

Das Leben und unsere Erfahrung fordern uns immer wieder auf, authentisch zu sein. Dies ist die eigentliche Berufung und Chance, die das Leben uns schenkt.

Den Schein wahren macht müde

Wir werden ständig bombardiert mit Wünschen und Anforderungen der Gesellschaft. Dein authentisches Selbst wird aber nicht dadurch bestimmt, was die Umgebung sagt, sondern von deinen zentralen Werten und deiner Ehrlichkeit mit dir selbst. Viele Menschen stellen ihre Entscheidungen nicht in Frage. Das Ergebnis ist ein abgeschnittenes Leben.

Durch was trennen wir uns vom Ganzen? Es sind vielfach Schuldgefühle! Gemeint ist damit eine existenzielle Schuld, die aus der unbewussten Entscheidung entsteht, nicht authentisch leben zu wollen. Diese Schuld dient dazu, dich zu begrenzen und zu bestrafen. Natürlich ist es schwer, nein zu sagen, wenn wir unser ganzes Leben damit verbracht haben, allem zuzustimmen und mitzulaufen. Natürlich ist es nicht immer leicht, eine Überzeugung oder ein Image abzulegen. Aber wenn wir stets nur angepasst und ferngesteuert dem gesellschaftlichen Druck folgend durchs Leben gehen, verlieren wir den inneren Kompass und vergessen die Sehnsüchte unserer Seele. Wir verlieren unsere wahre Identität. Ohne es zu merken, werden wir zu Marionetten auf unserer eigenen Lebensbühne. Dann ist es ein Tabu, zu viel über sich zu wissen und den eigenen Weg zu gehen. Wir versuchen lieber, die Träume der Gesellschaft, der anderen zu leben, und verzichten auf unsere eigene Freiheit.

Wir spielen Rollen und sind dabei erfinderisch, letztlich aber äußerst destruktiv. So kaufen sich beispielsweise viele Menschen teure Dinge, um ihr Umfeld zu beeindrucken, und haben am Ende hohe Schulden. Oder sie erwarten ständig die Bestätigung und die Zustimmung anderer und lassen sich von Menschen, die scheinbar besser sind, einschüchtern. Oder sie sind neidisch auf jene, die ihre Träume erfüllen und so zu sein scheinen, wie sie selbst sein wollen.

Für ein solches Leben braucht man eine Menge Energie. Der Geist und der Körper müssen härter arbeiten, und das hat oft sowohl körperliche als auch seelische Auswirkungen. Wer solch einen Alltag lebt, wird Müdigkeit, Angst, Verwirrung, Depressionen, Hilflosigkeit und Wut erfahren. Man ist gefangen und wird zum Opfer. Krankheiten aller Art finden auf dieser Grundlage einen reichen Nährboden. Der Körper wehrt sich und versucht mitzuteilen, dass man auf dem Holzweg ist.

Wer sich nicht um seine Authentizität bemüht, wird auf lange Sicht auch nicht das Gefühl von Leidenschaft und Freude erleben, egal was er tut, egal wie hart er arbeitet. Du weißt doch, dass du im Grunde nicht deine Designer-Kleidung, dein Beruf, dein Geld oder dein Haus bist. Dir ist klar, dass eine Schönheits-OP oder eine Beförderung nicht die Lücke in deiner Seele schließen können.

Es ist schön und es macht Spaß, Dinge zu besitzen, solange du sie dir leisten kannst. Es ist wunderbar, eine perfekte Figur zu haben, solange du weißt, dass dein Wert nicht davon abhängt.

Wenn du deine individuelle Authentizität gefunden hast, befreist du dich automatisch von dem Bedürfnis, andere zu beeindrucken, von anderen Menschen eingeschüchtert zu werden oder neidisch auf sie zu sein. Du wirst kraftvoller und konzentrierter sein, wenn du das tust, was du liebst.

Diesen Weg zu gehen, ist nicht einfach und mit manch emotionalen Herausforderungen verbunden. Aber wenn du dein authentisches Selbst definierst, bist du in der Lage, dich ganz bewusst zu entwickeln. Du erkennst dein einzigartiges Menschsein, deine Möglichkeiten und dein Potential. Du lebst dann auf der nächsthöheren Stufe unserer Evolution. Deine Zukunft wird klarer und zielgerichteter, und du hast mehr Energie, weil du so lebst, wie du leben solltest.

Wenn du in deinem authentischen Ausdruck bleibst, werden die Menschen dich respektieren, bewundern und lieben, weil du *du* bist. Ein Mensch, der klar ausdrückt, wer er ist, lässt die Menschen um sich herum wissen, wo sie stehen. Ein Mensch, der klar ausdrückt, wer er ist, lässt für andere einen großen Raum entstehen, wo auch sie aufgefordert sind, sie selbst zu sein.

Authentizität und Intuition

Ein authentisches Leben ist ein Prozess. Es geschieht nicht über Nacht. Doch wenn du ausdauernd einen authentischen Ausdruck suchst und die nicht-authentischen Schubläden schließt, findest du eine Freiheit, eine Macht und eine tiefe Erfüllung, wie du sie nie zuvor erlebt hast. Zwar mag es dir leichter scheinen, in deiner Komfortzone zu bleiben, aber wenn du den Mut findest, in allen Bereichen deines Lebens du selbst zu sein, kannst du dein wahres Potential verwirklichen und damit intuitiv die Erfüllung finden, die du suchst. Ein wahres authentisches Leben pulsiert fehlerlos mit unserem Herzen zusammen. Genau hier gewinnen wir unseren inneren intuitiven Raum zurück. Jeden Tag müssen wir unsere innere Stimme rufen und ihr zuhören. Im Augenblick jeder Entscheidung und jeder Aktion müssen wir uns fragen, ob es authentisch ist für uns, ob es echt und wahr ist. Nicht nach den Maßstäben der anderen, sondern einzig und allein nach unseren Vorstellungen werden wir ein wahrhaft authentisches Leben verwirklichen.

Die Umsetzung all dieser Dinge beginnt mit dem richtigen Umfeld. Umgib dich also mit Menschen, die dich ermutigen, die an dich glauben und dir tägliche Inspiration bieten. Umgib dich mit Menschen, die dich respektieren und wertschätzen. Suche nach entscheidenden Momenten in deinem Leben. Verwende sie als Auslöser, um endlich ein authentisches Leben zu leben. Gestatte dir ab jetzt, deinem Herzen zu folgen.

Die Übung sowie zusätzliche Tips und Hinweise zum heutigen Tag 15 findest du im Übungsteil (S. 205).

Wie der Zufall es will

Wer bist du?
Ich bin Kairos, der alles bezwingt!
Warum läufst du auf Zehenspitzen?
Ich, Kairos, laufe unablässig.
Warum hast du Flügel am Fuß?
Ich fliege wie der Wind.
Warum trägst du in deiner Hand ein spitzes Messer?
Um die Menschen daran zu erinnern, dass ich spitzer bin als ein
Messer.
Warum fällt dir eine Haarlocke in die Stirn?
Damit mich ergreifen kann, wer mir begegnet.
Warum bist du am Hinterkopf kahl?
Wenn ich mit fliegendem Fuß erst einmal vorbeigeglitten bin,
wird mich auch keiner von hinten erwischen,
so sehr er sich auch bemüht.
Und wozu schuf dich der Künstler?
Euch Wanderern zur Belehrung.

Poseidippos von Pella, 300 v. Christus

Die Gelegenheit beim Schopf packen

Nach den alten Griechen war Kairos der Gott des flüchtigen Augenblicks, einer günstigen Gelegenheit. Die Haarlocke der personifizierten flüchtigen Gelegenheit muss ergriffen werden, sonst ist der Augenblick dahin und kommt nicht wieder, was bei Kairos durch den kahlen Hinterkopf ausgedrückt wird.

Du kennst das sicher auch: einen überraschenden Glücksfall, erstaunliche Zufälle, passende Ereignisse; zur richtigen Zeit am richtigen Ort sein. In dem einen oder anderen der folgenden Beispiele wirst du dich sicher wiederfinden:

Du denkst zum ersten Mal seit Jahren an eine alte Liebe, und ein paar Stunden später triffst du sie auf der Straße.

In der Buchhandlung fällt ein Buch aus dem Regal. Und siehe da! Es ist genau das, welches du gesucht hast.

Du möchtest eine gute Freundin anrufen; in dem Moment klingelt das Telefon und sie ist in der Leitung.

Du hast ein Problem und lauschst zufällig einem Gespräch, in dem sich zwei Menschen über genau dieses Problem unterhalten und eine Lösung finden.

Du erzählst einem Freund von einer Bekannten aus früheren Zeiten. Da wird im Radio ein Lied gespielt, das euch in der Vergangenheit verbunden hat.

Du hast eine Idee, die du in die Tat umsetzen möchtest. Du brennst darauf, es zu tun, und prompt triffst du einen Menschen, der mit dir über genau dieses Thema spricht und der die richtigen Leute für die Umsetzung kennt.

Du möchtest unbedingt einen bestimmten Kurs besuchen, hast aber eigentlich nicht die finanziellen Mittel. Da erhältst du das Geld durch eine unverhoffte Bonus-Zahlung.

Wir alle kennen auch die verpassten Gelegenheiten im Leben. Wir lassen die Zeit verstreichen in der Hoffnung, dass alles von allein gut wird. Das ewige Zögern, Abwägen und Abwarten quält uns. Wir tun es dennoch. Und manchmal wollen wir das Althergebrachte einfach nicht loslassen aus Trägheit oder aus Angst vor dem Unbekannten. Unser Verstand hat viele Erklärungen dafür. Aber wird es wirklich eine andere Gelegenheit dafür geben? Willst du es darauf ankommen lassen?

Mir scheint, dass es da etwas gibt, was uns erlaubt, im Fluss des Lebens zu sein, mit der Zeit zu fließen. Ich habe diese Art zu leben kultiviert, indem ich auf die Zeichen achte und dem Wissen, dass es jetzt genau richtig ist, folge. Ich vertraue dem Universum, das immer einen soliden Weg für mich zu pflastern scheint. Diese scheinbar zufälligen Ereignisse bekräftigen immer, dass ich mich nach dem ausrichten soll, was mein Herz mir sagt und sich wirklich wünscht.

Es ist nichts Besonderes! Diese Vorfälle passieren jedem von uns früher oder später. Aber: Was hat diese Reihe von scheinbar zufälligen Ereignissen zu bedeuten? Was genau steckt dahinter?

Unabhängig von ihrer Ursache, ist bei den meisten Menschen das Interesse an solchen Ereignissen natürlich groß. Wir Menschen lieben diese scheinbar mysteriösen Geschichten. Derlei Ereignisse erscheinen uns wie Wunder! Sie geben uns Kraft, weil wir in diesen Momenten wissen, dass etwas so Geheimnisvolles tatsächlich in unserem Leben möglich ist.

Wenn diese Ereignisse auftreten, danken wir für gewöhnlich unserem Glück. Wir werden für ein paar Minuten zutiefst religiös und danken dem lieben Gott für seinen Segen. Reine Wonne durchströmt unsere Körper. Wir sprechen von Dingen wie Kismet, Schicksal oder Karma. Wunder und Engel scheinen plötzlich real zu sein.

Je skeptischer eine Person, desto größer ist das Staunen bei solchen Vorfällen! Der Pragmatiker und Skeptiker in dir wird dir nahelegen wollen, dass es sich lediglich um einfache Zufälle handelt, die keine tiefere Bedeutung haben können.

Vielleicht ist es aber, wie der Psychoanalytiker Carl Gustav Jung glaubte, ein Blick in die verborgene Ordnung des Universums?

C. G. Jung prägte in diesem Zusammenhang den Begriff der »Synchronizität«.

Synchronizität

Damit beschreibt er das Prinzip nicht-kausaler Zusammenhänge, welches Materie und Geist vereint. Seiner Meinung nach wird die grundlegende Verbundenheit der Dinge durch sinnvolle Zufälle, die nicht durch Ursache und Wirkung erklärt werden können, sichtbar.

Diese Synchronizität, so Jung, tritt auf, wenn in der Seele eines Individuums ein starker Wunsch herrscht.

Heute sehen einige Wissenschaftler eine theoretische Grundlage für die Synchronizität in der Quantenphysik. Sie stellen fest, dass die Isolierung und Trennung der Objekte voneinander mehr Schein als Wirklichkeit ist. Auf tieferen Ebenen des Seins ist alles an einem subtilen, fließenden Gewebe von Informationsaustausch und Wechselwirkung beteiligt. Physiker haben zum Beispiel gezeigt, dass, wenn zwei Photonen getrennt werden, eine Änderung in einem der Photone zugleich eine Änderung in dem anderen Photon bewirkt. Hierbei spielt es keine Rolle, wie weit die Teilchen voneinander entfernt sind. Sie bleiben verbunden.

Synchronizität ist wie ein Lebenssignal, das dir bestätigt, dass du dich in der Tat in einem subtilen, fließenden Gewebe der Wechselwirkung befindest.

Es stimmt!

Du bist immer zur richtigen Zeit am richtigen Ort! Voraussetzung, um das zu bemerken, ist...

... ein klares Ja zum Leben,

ein Ja zu deiner Intuition,

ein Ja dazu, vom Sein geführt zu werden

und ein Ja zu einer höheren Art von Verbindung mit der Welt um dich herum.

Synchronizität geschieht durch das Zusammenspiel von Menschen, Orten oder Ereignissen, die deine Seele anzieht, damit du ein immer höheres Bewusstsein entwickeln kannst oder damit du in der Lage bist, etwas, an dem du gerade arbeitest, näher zu dir heranzuziehen. Je höher dein Bewusstsein ist, desto leichter ist es, in diesem Fluss von Synchronizität zu leben.

Was ist mit hohem Bewusstsein gemeint?

Deine Energie schafft die Voraussetzungen für die Zeichen, die die Synchronisation dir sendet. Diese Zeichen erscheinen in deinem Leben, weil du immer das anziehst, was zu deinem Besten ist, selbst wenn es bedeutet, eine Herausforderung bestehen zu müssen. Das ist eine wichtige Lektion auf deinem Lebensweg. Je mehr du geerdet bist und Klarheit in deinem Leben hast, desto größer ist die Verbindung mit dem großen Ganzen. Deine Intuition führt dich und öffnet deine Augen für die Synchronizität in deiner Umgebung.

Achte auf alles, was um dich her geschieht! Es gibt unendlich viele Möglichkeiten, die dir zeigen, wie die Natur von sich aus in Richtung Wachstum tendiert. Alles in der Natur geschieht, um Wachstum zu erzeugen. Und das ist auch deine Natur. Dein Wesen ist auf Wachstum, Expansion und Fülle programmiert. Dein Leben wird dich immer auf Situationen aufmerksam machen, die dich weiterbringen wollen, und die Synchronizität unterstützt deine Intuition dabei.

Um die Synchronizität in deinem Leben zu verstehen und für dich zu nutzen, ist es also wichtig, Klarheit über deine gewünschte Lebensrichtung zu haben. Ohne Klarheit navigierst du mit verbundenen Augen. Je größer deine Kenntnisse über dich sind und darüber, was dein Herz in Wahrheit will, und je besser die Verbindung zur Gegenwart ist, desto häufiger werden sich diese Glücksfälle zeigen.

Wir leben in einer Welt, die ganzheitlicher organisiert ist, als wir uns das vorstellen können. Wenn du dich mit etwas identifizierst, wirst du die entsprechenden Chancen und Möglichkeiten ohne Frage anziehen. Deine Begeisterung und deine Sehnsucht nach einer Sache strahlen durch alle deine Poren. Alles, was du tun musst, ist, dann entsprechend zu handeln. Tust du es nicht, ist es eine verpasste Chance, die in dieser Form nicht wiederkehrt.

Erkenne Kairos, packe die günstigen Gelegenheiten am Schopf.

Synchronizität und Intuition

Auf den ersten Blick scheinen Synchronizität und Intuition getrennte Phänomene zu sein. Synchronizität passiert da draußen. Intuition dagegen geschieht im Inneren des Menschen. Es ist ein inneres Wissen. Wir wissen etwas, aber wir wissen nicht, wie wir es wissen können. Und irgend etwas im Universum scheint mit unserem tiefen inneren Bedürfnis in Resonanz zu sein.

Hier eine kleine Geschichte dazu: Handelt es sich um Synchronizität oder um Intuition?

Sandras Vater reparierte sein altes Auto, als sein Wagenheber sich plötzlich löste und das Auto auf ihn fiel. Das Hinterrad zertrümmerte die linke Seite seines Gesichts fast bis zur Unkenntlichkeit. Dennoch gelang es ihm, sich zu befreien und beim Nachbarn Hilfe zu holen. Als Sandra von dem Unglück erfuhr, kam sie sofort, um ihm beizustehen. Monate später, als sie wieder in ihrer Stadt war, nahm sie ihr Notizbuch, in dem sie kurz vor dem Zeitpunkt des Unfalls herumgekritzelt hatte. Sie hatte das Gesicht eines Mannes gezeichnet. Er hatte, wie ihr Vater, eine Pfeife im Mund. Der Mann auf ihrer Zeichnung hatte aber nur ein halbes Gesicht. Die andere Hälfte war schwarz und kaum als Gesicht zu erkennen.

Also, ist dies eine Geschichte über Intuition oder über Synchronizität?

In dieser Geschichte bestätigt etwas in der äußeren Welt einen inneren Prozess. Das, was sich zuerst im Inneren abgespielt hat, zeigt sich danach im Außen. So sind Synchronizität und Intuition zwei Seiten einer Medaille. Bei beiden trägt das Muster die gleiche Botschaft. Sandra erkennt diese Verbindung erst später innerlich, zuerst jedoch äußerlich durch ihre Wirkung.

Unsere Wahrnehmung der beiden Phänomene hängt einfach nur davon ab, wo wir die Grenze zwischen dem Inneren und dem Äußeren ziehen. Je mehr du dich als Teil deines Umfelds begreifst, desto mehr beteiligst du dich an einem lebendigen Tanz von Energie. Dann spielt es keine Rolle mehr, woher die Informationen stammen, die dich erreichen. Sie kommen einfach!

Synchronizität sinnvoll nutzen

Wir alle können vom Wechselspiel zwischen Synchronizität und Intuition profitieren. Synchronizität ist ein wunderbares Werkzeug, um die Intuition zu entwickeln. Wenn du einem inneren Drang folgst, ein Ziel vor Augen hast, einen Herzenswunsch hegst, solltest du auch auf die Ereignisse, die geschehen, und die damit verbundenen Botschaften achten. Jeder sinnvolle Zufall, der sich ereignet, ist ein Zeichen für dich, dranzubleiben. Je mehr du diesen Zeichen vertraust, um so mehr wirst du erkennen, dass du dich auf dem richtigen Weg befindest.

Synchrone Ereignisse

Synchronizität wird häufiger von Menschen erlebt, die entschlossen, offen und mutig sind.

Das Thema selbst ist noch wenig erforscht, aber diejenigen, die sich mit diesem Thema befassen, berichten von einem Phänomen: Nur bei aktivem Interesse an der Sache scheint Synchronizität wahrgenommen zu werden.

Zynismus und Zweifel wirken wie Scheuklappen für diese Ereignisse, auch wenn manche synchrone Ereignisse, ebenso wie manche intuitiven Eingebungen, nicht einfach ignoriert werden können, weil sie so deutlich und unmissverständlich sind, dass man sie einfach wahrnehmen *muss*. Wenn dein Glaubenssystem zulässt, dass Intuition und Synchronizität real und bedeutsam sind, wirst du sie erleben. Wenn du das ganze allerdings als Unsinn ansiehst, wirst du die Phänomene vielleicht kurz bemerken, aber sofort wieder aus dem Bewusstsein löschen. Glaubenssysteme diktieren auch, welche Bedeutung du diesen Ereignissen in deinem Leben gibst.

Viele Menschen merken nicht, dass das, was sie sich wünschen, direkt vor ihnen ist, weil es ihnen nicht in der Weise, die sie erwartet haben, erscheint und nicht haargenau so aussieht, wie sie es sich vorgestellt hatten.

Mehr Synchronizität erleben

Wenn du den Blick nach innen richtest, passiert mehr Synchronizität!

Es gibt nur eine Person, die diese Behauptung bestätigen oder zurückweisen kann. Diese Person bist du! Ich möchte dich an dieser Stelle ermutigen, in deinem Notizbuch Dinge aufzuschreiben, die dir zufällig passieren, oder Dinge, die aus dem sogenannten »Üblichen« herausfallen. Der Verstand scheint diese Ereignisse gerne aus unseren Köpfen verschwinden zu lassen. Wir bemerken sie, aber vergessen sie im nächsten Moment.

Deshalb möchte ich dich bitten, eine Art Tagebuch der Synchronizität zu führen, um dir selbst zu beweisen, dass die Synchronizität sich erhöht, wenn du an deinem persönlichen Wachstum arbeitest und deinen Blick eine Zeit lang dem Inneren zuwendest.

Du wirst feststellen, dass Synchronizität ein weiterer Vorteil dieser Reise ist.

Durch das Verbinden der logischen 21-tägigen Schritt-für-Schritt-Methode mit der nicht-linearen Zufälligkeit des Seins kannst du viel mehr erreichen, als wenn du dich einfach nur auf einen dieser beiden Aspekte ausrichtest. Plane deinen Tag, aber rechne damit, dass die Dinge sogar besser werden als das, was du geplant hast.

Bitte deine Intuition, dir ein Zeichen zu geben! Erwarte das Unerwartete (dann findet es dich auch).

Jedes Mal, wenn du bittest, erhältst du eine Antwort.

Sei offen für die Eingebungen, und deine Intuition wird dich in vielerlei Hinsicht genau dorthin bringen, wo du sein willst.

Folge einfach deinem Gefühl und vertraue darauf, dass dein Geist immer das Beste für dich will.

Die Übung sowie zusätzliche Tips und Hinweise zum heutigen Tag 16 findest du im Übungsteil (S. 213).

Aufmachen

Ich wette du bist sehr aufgeschlossen gegenüber dem Neuen – solange das Neue genauso ist wie das Alte.

Der Scotty, der zu viel wusste

(eine Fabel frei nach James Thurber)

Es gab einmal einen Scotty, der zu Besuch aufs Land kam. Er war der Meinung, dass alle Bauernhunde Feiglinge seien, weil sie vor einem bestimmten Tier mit einem weißen Streifen auf dem Rücken Angst hatten. »Du bist eine Miezekatze, und ich kann dich abschlecken«, sagte der Scotty zu einem Bauernhund, den er auf dem Bauernhof traf. »Ich kann auch das Tier mit dem weißen Streifen auf dem Rücken, vor dem ihr euch so fürchtet, abschlecken. Zeige mir einfach das Tierchen.« »Willst du nicht ein paar Fragen über dieses Tier stellen?«, fragte der Bauernhund. »Nö«, sagte der Scotty, »nicht nötig.«

Also nahm der Bauernhund den Scotty mit in den Wald und zeigte ihm das Tier mit dem weißen Streifen auf dem Rücken. Der Scotty näherte sich dem Tier, knurrend und zähnefletschend. Aber dann ging alles ganz schnell, und der Scotty lag auf seinem Rücken. Er berappelte sich, und als er zum Bauernhof zurückkam, fragte der Bauernhund: »Was ist passiert?« »Er hat sein Sekret versprüht!«, sagte der Scotty. »Aber er hat mir sonst nichts getan.«

Ein paar Tage später erzählte der Bauernhund dem Scotty von einem weiteren Tier, vor dem alle Bauernhunde Angst haben. »Bring mich dorthin«, sagte der Scotty. »Ich kann alles abschlecken, was keine Hufeisen trägt.« »Willst du nichts über das Tier wissen?«, fragte der Bauernhund. »Nö«, sagte der Scotty. »Zeige mir einfach, wo es ist.« Der Bauerhund brachte ihn zu der Stelle im Wald und zeigte ihm das Tier. »Ein Witz«, sagte der Scotty. »Kinderleicht.«

Er versuchte das Wesen anzugreifen, aber im Bruchteil einer Sekunde war der Scotty k.o. Als er aufwachte, zog der Bauernhund gerade Federn aus seinem Fell. »Was ist passiert?«, fragte der Bauernhund. »Er hat ein Messer gezogen«, sagte der Scotty. »Aber wenigstens weiß ich jetzt, wie ihr hier draußen auf dem Lande kämpft. Und jetzt werde ich dich verhauen!« Er ging auf den Bauernhund los, hielt sich dabei aber mit einer Pfote die Nase zu, um ein eventuelles Sekret abzuwehren und mit der anderen Pfote hielt er sich die Augen zu, um sich vor einem möglichen Messer zu schützen. Der Scotty konnte also seinen Gegner weder sehen noch riechen, und er wurde so schrecklich verprügelt, dass man ihn zurück in die Stadt bringen musste, wo er in ein Pflegeheim kam.

Es ist also wohl doch besser, einige Fragen zu stellen, als zu meinen, alle Antworten zu kennen.

Der Trotz

Was ist los mit dem Scotty in dieser Geschichte? Warum will er nichts über die Tiere beziehungsweise die wahren Beweggründe hinter der Angst der Bauernhunde wissen? Der Scotty ist schlicht ein Besserwisser.

Auch wir sind immer wieder mal kleine Besserwisser. Es gibt Situationen, in denen wir einfach nicht lernen wollen, uns neu anzupassen. Wir beschränken uns auf das, was wir wissen, und halten alles andere für Unsinn. Oft betrachten wir unsere Überzeugungen als die einzige Wahrheit und reagieren mit Wut oder Spott auf jene, die unsere Meinung nicht teilen. Wir diskutieren dann nicht, wir hören nicht zu oder fragen, sondern hängen trotzig an unserer Meinung, die wir lauthals kundtun. Das Ergebnis ist eine zunehmende Frustration mit unserem Umfeld. Der Ursprung einer solchen Haltung ist die Identifikation mit einer Theorie oder einer bestimmte Lebensart. Du identifizierst dich mit deiner Überzeugungen und sagst Dinge wie: »Ich bin ein Veganer« oder: »Ich bin ein Buddhist« oder »Ich bin tolerant«. Und wenn deine Überzeugungen in Frage gestellt oder gar abgelehnt werden, fühlst du dich bedroht, beleidigt und missverstanden. Du bist nicht bereit, andere Standpunkte zu berücksichtigen, und schützt den eigenen Glauben unbedingt. Du glaubst, *die* Wahrheit zu haben und dass alle anderen sich irren.

Den Scotty in der Fabel hat diese Haltung schwer verletzt in ein Pflegeheim gebracht. Uns Menschen bringt diese Haltung in die Isolation. Wenn wir unseren Glauben mit der Wahrheit gleichsetzen, gibt es eben nicht viel Raum für Offenheit und Gemeinschaft. Wir erleben nur einen Bruchteil dessen, was das Leben bedeutet, und trennen uns vom Rest.

Mache dir bewusst: Deine Überzeugungen definieren dich nicht. Deine Überzeugungen drücken nur dein Verständnis der Wahrheit in diesem Moment aus. Du hast jederzeit die Wahl, andere Überzeugungen und Meinungen zu berücksichtigen und vielleicht auch anzunehmen. – Klingt einfach in der Theorie, kann aber in der Praxis manchmal ganz schön schwierig sein.

Um eine aufgeschlossene Haltung zu entwickeln, musst du zwischen drei Dingen unterscheiden: deinen Überzeugungen, der Überzeugung der anderen und der Wahrheit. Wenn du zwischen deinem Glauben und der Wahrheit unterscheidest, wirst du offen die Sichtweisen anderer berücksichtigen und neugierig werden auf das, was andere zu sagen haben.

Voreingenommenheit

Bevor wir uns ansehen, was Aufgeschlossenheit bedeutet, möchte ich dir gerne aufzeigen, welche Tendenzen gegen aufgeschlossenes Denken arbeiten.

Viele Menschen bevorzugen die Sicherheit des Status quo, anstatt die Welt um sich herum zu entdecken. Das Gegenteil von Offenheit ist die Tendenz, ständig nach Beweisen für die eigenen Ansichten zu suchen und sie so zu bewerten, dass sie die eigenen Überzeugungen begünstigen. Wir Menschen sind Gewohnheitstiere und halten unsere Überzeugungen dadurch aufrecht, dass wir uns nur selektiven Informationen aussetzen. Das heißt, wenn du zum Beispiel eine konservative Gesinnung hast, wirst du dich eher für konservative Meinungen interessieren. Wenn du Vegetarier bist, wirst du dich für eben dieses Thema, entsprechende Rezepte und Artikel öffnen. Bist du spirituell, gibst du dein Geld hauptsächlich für spirituelle Kurse und Bücher aus. Du setzt dich also nur mit Wissen auseinander, das du im Grunde bereits hast.

Es klingt vielleicht verrückt, aber starke Überzeugungen bilden ein starkes Ego, und dieses Ego sucht ausschließlich nach Wissen, das die eigenen Überzeugungen untermauert und das Überleben des Egos sichert. Wir betrachten Argumente, die unsere Überzeugungen unterstützen, nie oder nur ganz selten kritisch.

Überlege einmal, wie du auf Argumente, die gegen deine Überzeugungen sind, reagierst? Du wärst sicherlich empört, oder? Du bewertest Beweise, die deinen Glauben unterstützen als richtig, und du findest immer Mängel in den

Beweisen, die deine Überzeugungen widerlegen wollen, ganz gleich, wie folge-richtig sie sein mögen. Es ist bequem. Aber leider auch der beste Weg, weiter voreingenommen zu bleiben.

Unsere Meinungen sind durchaus sinnvoll, wenn wir sie durch unsere eigene ideologische Linse betrachten, und die Meinungen anderer scheinen aus die-ser Perspektive falsch. Aber was, wenn es einen Fehler in unserem Weltbild gibt? Sind wir bereit, unsere grundlegenden Überzeugungen und Annahmen zu revidieren?

Natürlich gibt es auch logische Gründe, voreingenommen zu sein. Wir sind berechtigterweise erst mal intolerant gegen alles, was uns unbekannt ist, uns Angst macht und unser Leben zu bedrohen scheint. Wir bleiben voreingenom-men, wenn jemand oder etwas uns schlecht aussehen lassen könnte oder uns dazu bringt, dass wir die Bewunderung anderer und unsere Selbstachtung ver-lieren oder uns dazu verführen will, schlechte, illegale Dinge zu tun.

Auch unter Zeitdruck und bei drohender Gefahr scheint es uns nicht möglich zu sein, die Einzelheiten aus einer neutralen Perspektive zu betrachten. Am meisten sind wir voreingenommen und verschlossen, wenn wir uns erschrek-ken oder gefangen fühlen. Das ist aber eher ein Reflex, da man keine Zeit hat, über das bedrohliche Ereignis zu reflektieren. Unter diesen Umständen sind unser neuronalen Netze fest verdrahtet, damit wir sofort auf Gefahr reagieren und uns erst einmal nur schützen. Für Aufgeschlossenheit ist jetzt kein Raum.

Nein, es ist nicht immer möglich, aufgeschlossen zu sein, und es kann durch-aus auch eine schwierige Herausforderung sein.

Grundsätzlich aber: Bist du überhaupt an Aufgeschlossenheit interessiert?

Was ist Aufgeschlossenheit?

Es ist allgemein anerkannt, dass Aufgeschlossenheit eine Tugend ist, die wich-tig ist für andere universelle Werte wie Mäßigkeit, Menschlichkeit und Gerech-tigkeit. Aber es gibt einige Verwirrung darüber, worum es sich dabei konkret handelt. Deshalb möchte ich das Thema von hinten aufrollen und zunächst untersuchen, was Offenheit nicht ist.

Allzu oft verwechseln die Menschen Aufgeschlossenheit beziehungsweise Offenheit mit Unentschlossenheit. Sie denken, Aufgeschlossenheit verzichte auf Rückschlüsse. Daher kommt die Tendenz zu glauben, dass Agnostizismus (»das kann man nicht wissen«) die richtige Haltung in Glaubensfragen ist. Hier geht es jedoch nur darum, dass die Existenz einer göttlichen Instanz weder bewiesen noch mit absoluter Sicherheit widerlegt werden kann. Das ist nicht Offenheit.

Aufgeschlossenheit bedeutet auch nicht, alle Meinungen als gleichermaßen gültig zu akzeptieren, daraus entsteht nur eine Wischiwaschi-Mentalität. Natürlich hat Offenheit auch nichts mit der Unfähigkeit zu tun, selbst zu denken und eigene Entscheidungen zu treffen. Wer offen und aufgeschlossen ist, muss nicht jeden Unsinn akzeptieren.

Aufgeschlossenheit ist vielmehr die Bereitschaft zur bewussten Suche nach Begründungen, wenn es sein muss, auch gegen eine persönliche Überzeugung. Es ist ein Tanz jenseits der Komfortzone. Ein offener Geist hat nichts gegen Unterschiede und verwendet mehrere Sichtweisen, um die Herausforderungen des Lebens zu betrachten. Es geht nicht darum, welche Überzeugungen du hast, sondern wie offen du bist, diese unter entsprechenden Umständen zu ändern. Es erfordert wahren Mut (und wahre Demut!), die eigene Fehlbarkeit zu erkennen. Du kannst aufgeschlossen und gleichzeitig mit anderen nicht einverstanden sein. Das ist richtig!

Du kannst offen sein und darfst trotzdem denken, dass andere falsch liegen. Von der englischen Schriftstellerin Evelyn Beatrice Hall stammt der oft zitierte Satz: »Ich missbillige, was du sagst, aber würde bis auf den Tod dein Recht verteidigen, es zu sagen.« Dieser Satz wird häufig zur Beschreibung des Prinzips der Meinungsfreiheit zitiert und bringt die Sache ziemlich auf den Punkt. Bei Offenheit geht es nicht nur darum, offen für neue Ideen zu sein, sondern auch darum, achtzugeben bei den Ideen, die du hast und akzeptierst. Aufgeschlossenheit setzt voraus, dass der Geist stets offen ist für neue Beweise.

Eine typische Labor-Methode zur Beurteilung der Offenheit von Personen ist, die Teilnehmer zu bitten, unterschiedliche Argumente für ein kontroverses Thema wie Schönheitsoperationen, Massentierhaltung oder Genmanipulation aufzulisten. Natürlich werden bei den einzelnen Teilnehmern zunächst mehr Argumente zu finden sein, die der eigenen Meinung entsprechen. Wenn der Versuchsleiter die Teilnehmer dann aber ermutigt, sich mit den Argumenten auf der anderen Seite zu beschäftigen, sind die meisten in der Lage, dies ohne

Schwierigkeiten zu tun. Es scheint also, als hätten wir alle auch die Gegenargumente gespeichert. Wir greifen aber nicht auf sie zu, ohne explizit dazu aufgefordert zu werden. Wir sind also potentiell immer offen, halten uns aber trotzdem an unsere Überzeugungen, Organisationen oder Schriften fest, um unser Bedürfnis nach Leitung und Halt zu befriedigen.

Der aufgeschlossene Geist

Wahrhaft aufgeschlossene Menschen sind ausschließlich an der Wahrheit interessiert und nicht daran, recht zu haben. Ein aufgeschlossenes Individuum strebt danach, ein besseres Verständnis der Welt zu entwickeln und ist bereit, die Überzeugungen und Meinungen anderer Menschen zu hören und von ihren Erkenntnissen zu lernen. Ein offener Mensch ist bereit, schwierige Ideen zu akzeptieren und gegebenenfalls seine Meinung zu ändern. Er versteht, dass die Wahrheit außerhalb des Egos existiert, und weiß, dass es der Wahrheit egal ist, woran man glaubt.

Offenheit ist als eine beständige Charaktereigenschaft zu verstehen und nicht als ein vorübergehender Zustand des Geistes. Das Prüfen von verschiedenen Alternativen hilft, einen festen Standpunkt hinsichtlich einer Sache einzunehmen und entsprechend zu handeln. Aufgeschlossene Individuen werden kaum durch Ereignisse ins Schwanken gebracht und zeigen sich widerstandsfähiger gegen Projektion, Manipulation und Suggestion. Aufgeschlossene Menschen sind besser in der Lage, vorherzusagen, wie andere sich verhalten, da sie sich stets in Empathie üben. Dinge aus der Sicht des anderen zu betrachten, aktiviert neue Bahnen im Gehirn und ist der schnellste Weg, Offenheit zu kultivieren. Diejenigen, die es versuchen, sind stets von den Ergebnissen begeistert. Den Blick eines anderen einzunehmen heißt, den Blick des Lebens einzunehmen.

Wenn du aufgeschlossen bist, fühlst du dich nicht verpflichtet, anderen zuzustimmen, aber respektierst ihr Recht auf die eigenen Überzeugungen, ohne zu versuchen, ihnen deine Ansichten aufzuzwingen. Es ist dir nicht peinlich, die eigene Unwissenheit zuzugeben. Du musst nicht auf Rationalisierungen zurückgreifen, um deine Überzeugungen zu rechtfertigen, und nimmst Kritik auf, ohne beleidigt zu sein. Du bist nicht nur bereit, die Meinungen anderer Menschen abzuwägen, du bist auch in der Lage, das Leben dahinter zu sehen.

Wenn es dein Ziel ist, mit Liebe erfüllt zu sein, wird Aufgeschlossenheit dir helfen, diejenigen zu akzeptieren, die anders sind oder seltsam erscheinen. Ein offener Mensch akzeptiert die Entscheidungen anderer, nimmt Entschuldigungen gerne an und vergibt leichter.

Vorteile eines offenen Geistes

Alle Dinge werden in der linken (logischen) Gehirnhälfte bewertet, weil dieser Teil des Gehirns sich mit den objektiven Fakten befasst. Die Dinge sind im Prozess, Teil des Ganzen oder wesentlich für Ergebnisse aus der Sicht der rechten (intuitiven) Gehirnhälfte. Es braucht Gut und Böse, um das Gute zu erkennen, Gutes zu schätzen oder mehr Gutes geschehen zu lassen. Aufgeschlossenheit gestattet den Menschen, ihrer Intuition zu folgen und der Führung ihrer rechten Gehirnhälfte zu vertrauen. Aufgeschlossenheit hilft uns, das, was geschehen mag, als ein faszinierendes Geheimnis mit unerwartetem Ausgang zu sehen, statt die Dinge stets als eine vorgegebene Sache zu betrachten. Offenheit hilft, das Geschehene zu akzeptieren und nicht zu bewerten und mögliche Schuldgefühle abzulegen. Sie macht dich somit ruhiger und freier in deinem täglichen Leben.

Zum Schluss

Aufgeschlossenheit ist eine Reise. Wenn du sie antrittst, wird sie zwar wohl ein Leben lang dauern, aber du kannst große Fortschritte in dieser Tugend machen, wenn du zulässt, dass Offenheit ein Teil deines Lebens ist. Da wir zu einem besseren Verständnis der Welt kommen wollen, gibt es keinen Grund mehr, unbedingt an unseren Überzeugungen festzuhalten, nur weil das vertrauter und bequemer ist. Wenn du glaubst, dass du alle Weisheit besitzt, und der Überzeugung bist, dass du nie etwas falsch machst und deshalb deine Meinung nie ändern wirst, kannst du kaum das Gefühl von Erfüllung erreichen, weil diese Sturheit gute Beziehungen zu Menschen und zur Welt zerstören wird.

Aufgeschlossenheit hat Auswirkungen auf alle Bereiche unseres Lebens und ist eine wesentliche Voraussetzung für persönliches Wachstum. Wir können keinen Zugang zu unserer Intuition aufrechterhalten, wenn wir uns weigern, einschränkende Glaubenssätze aufzugeben. Einen offenen Geist zu kultivieren, ist eine Investition, die uns große Chancen bietet, die wir ohne ihn nie realisieren können. Letztlich ist Aufgeschlossenheit eine natürliche und einfache Art, ohne vorgefasste Meinung zu beobachten, was jetzt in diesem Augenblick geschieht. Aufgeschlossenheit ist nicht nur wichtig für deine Suche nach Wissen, sondern auch für dein allgemeines Streben nach Erfüllung. Du kannst glücklich leben, wenn du offen bleibst. Dann bist du in der Lage, das gesamte Spektrum, das das Leben zu bieten hat, zu erfahren. Hab Spaß dabei!

Tips, die einen offenen Geist pflegen

Wichtiger Hinweis: Bei allem, was du hier liest und vielleicht lernst, geht es nicht darum, dass du deine Ideen, Überzeugungen oder Lebensweise über Bord wirfst. Es geht schlichtweg darum, dass du wirklich offen bleibst, dass du bereit bist, von anderen Menschen zu lernen, um in eine befriedigende Interaktion mit ihnen zu treten. Hier sind einige Aktivitäten, die dir dabei helfen können:

Probiere ein neues Körpergefühl aus. Durch den Einsatz deines Körpers auf neuen Wegen kannst du mehr über dich selbst erfahren und erweiterst so deinen Geist. Kannst du deine Zehen berühren oder einen Handstand machen? Wie wäre es mit Hip-Hop? Entdecke neue Möglichkeiten.

Versuche drei Wochen ohne Fernsehen auszukommen.

Höre Musik, die du nicht kennst. Schon mal Zouk, Trip-Hop, Dubstep oder Mariachi gehört?

Lies über Menschen anderer Kulturen oder mit einer anderen Ausrichtung als deiner eigenen, informiere dich über ihre Lebensweise, ihre Religion, ihre Riten. Was ist BDSM, Swinging, Wicca, Diskordianismus und Tutsis? Finde es heraus.

Liebst du Sprachen? Versuche es doch einmal mit Saami, Navajo, Kikuju. Hauptsache, die Wurzeln unterscheiden sich von deiner eigenen Sprache.

Probiere neue Lebensmittel und Gerichte anderer Kulturen. Wie schmeckt die Cajun-Küche? Hast du schon mal einen Boba probiert? Kennst du die philippinische Delikatesse Balut? Das Ausprobieren wird dein körperliches Wohlbefinden steigern. – Versprochen!

Bist du Computer-Laie? Mache einen Kurs in der Volkshochschule. Nichts ist so schwer, wie es anfangs scheint. Wir entwickeln uns nur weiter, wenn wir unser eigenes Können nicht mehr in Frage stellen.

Rufe jemanden an, von dem du schon lange schwärmst. Probiere es, auch wenn du fürchtest, er oder sie könne dich für einen Idioten halten. Du wirst es nicht wissen, wenn du es nicht ausprobierst. Es ist so wichtig und wunderbar, auf andere Menschen zuzugehen.

Öffne deinen Geist für andere politische, religiöse, ideologische Sichtweisen. Du kannst dein intellektuelles Bewusstsein nur weiterentwickeln, wenn du andere Meinungen und Perspektiven betrachtest.

Bewege dich für ein oder zwei Stunden mit geschlossenen Augen durch deine Wohnung. Du wirst Vertrautes neu erfahren.

Mach einen Tag alles mit der linken Hand, wenn du Rechtshänder bist, oder umgekehrt. Auch das ist eine spannende Erfahrung auf deinem Weg der Veränderungen.

Die Übung sowie zusätzliche Tips und Hinweise zum heutigen Tag 17 findest du im Übungsteil (S. 219).

Schokolade

Schon einmal versucht, dich selbst auf den Arm zu nehmen? Du wirst merken, dass es eine ziemlich knifflige Turnübung ist!

Humorsoftware installieren!

Lieber Kunde, ein Berater wird Sie jetzt kontaktieren, bitte haben Sie einen Augenblick Geduld.

Technischer Support betritt den Chat-Raum.

Technischer Support: Willkommen bei »Upgrade Unlimited«! Ich bin Ihr technischer Support. Wie kann ich Ihnen helfen?

Herr Meier: Guten Morgen! Meier hier. Nun ja, nach langem Hin und Her habe ich beschlossen, mir eine Humorsoftware zu installieren. Für den Prozess brauche ich aber dringend Ihre Hilfe. Bin ich bei Ihnen richtig?

TS: Ja, ich kann Ihnen helfen. Sind Sie bereit, mit dem Prozess anzufangen?

HM: Ich bin ja technisch eher eine Niete, aber ich bin bereit, etwas dazuzulernen. Was muss ich als erstes tun?

TS: Der erste Schritt ist, Ihr Herz zu öffnen. Können Sie Ihr Herz finden?

HM: Ja, aber irgendwie scheinen mehrere Programme gleichzeitig zu laufen. Ist es in Ordnung, Humor zu installieren, während die anderen Programme laufen?

TS: Welche anderen Programme laufen denn gerade?

HM: Hmmm! Mal sehen. Oh ja ... Also, es laufen Ernsthaftigkeit, Verbissenheit, Zynismus und Bitterkeit.

TS: Kein Problem, Humor wird allmählich die Ernsthaftigkeit von Ihrem aktuellen Betriebssystem löschen. Sie wird im permanenten Speicher bleiben, aber sie wird nicht mehr stören. Humor wird schließlich auch die Verbissenheit außer Kraft setzen, mit einem seiner eigenen Module namens Gelassenheit. Allerdings müssen Sie Zynismus und Bitterkeit vollständig ausschalten. Diese Programme verhindern, dass Humor richtig eingesetzt werden kann. Können Sie diese bitte ausschalten?

HM: Ich weiß gar nicht, wie man sie ausschalten kann. Können Sie mir bitte dabei helfen?

TS: Sicher! Gehen Sie zu Ihrem Startmenü und rufen Sie die Programme Vergebung, Toleranz und Offenheit auf. Tun Sie dies so oft wie nötig, bis Zynismus und Bitterkeit vollständig gelöscht sind.

HM: Okay, erledigt. Humor hat begonnen, sich zu installieren. Mache ich das richtig?

TS: Ja, aber denken Sie daran, dass Sie nur das Basisprogramm haben. Sie müssen beginnen, eine nachsichtige und liebevolle Haltung gegenüber Ihrer Umgebung zu pflegen, wenn Sie alle Upgrades bekommen wollen.

HM: Oh je! Ich habe schon eine Fehlermeldung. Sie sagt: »Programm kann nicht auf externen Komponenten laufen.« Was soll das denn heißen? Habe ich schon wieder was falsch gemacht?

TS: Machen Sie sich keine Sorgen, das heißt lediglich, dass das Humorprogramm korrekt eingestellt wird. Einfach ausgedrückt heißt es, dass Sie zuerst über *sich* lachen müssen, bevor Sie Humor erfolgreich auch nach außen einsetzen können.

HM: Also, was soll ich jetzt machen?

TS: Scrollen Sie auf Selbst-Akzeptanz herunter, dann klicken Sie auf die folgenden Dateien: Selbstverzeihen, Selbstwert und Erkennen der eigenen Begrenzung.

HM: Okay! So, es ist fertig!

TS: Nun kopieren Sie das ins Verzeichnis »Mein Humor«. Das System überschreibt alle störenden Dateien und löscht automatisch die widersprüchliche und fehlerhafte Programmierung. Außerdem müssen Sie Selbstkritik und Selbstvorwürfe aus allen Verzeichnissen löschen. Und leeren Sie dann den Papierkorb, um sicherzustellen, dass diese Programme komplett eliminiert sind.

HM: Hab ich getan! Oh, ich bin ganz aufgeregt. Mein Herz füllt sich mit neuen Dateien. Ein Lächeln zeigt sich auf meinem Monitor, und Frieden und Gelassenheit kopieren sich selbst auf das Herzprogramm. Soll das so sein?

TS: Hin und wieder ist das so. Bei anderen dauert es manchmal länger, je nach Art der Programmierung. Aber am Ende bekommt es jeder. Also, Humor ist nun installiert und läuft! Eine weitere Sache noch, Herr Meier, bevor wir das Gespräch beenden: Sie können unter www.two-to-two.ot Liebe kostenlos downloaden. Die Module machen Spaß, und Sie können sie mit anderen teilen und ein paar tolle Module von ihnen im Tausch zurückbekommen. Und vergessen Sie nicht: Die meisten Menschen meinen, um voller Humor zu bleiben, genüge ein jährlicher Check-up, aber der Hersteller empfiehlt unbedingt eine tägliche Wartung, um die maximale Effizienz des Humors auszunutzen.

HM: Alles klar! Danke für den Tip. Das werde ich auf jeden Fall beachten? Tschüß und auf Wiederhören.

Humor: Schokolade für Körper und Seele

Im Laufe unserer menschlichen Entwicklung haben wir viele wertvolle Eigenschaften und Fähigkeiten entwickelt. Der Sinn für Humor ist wohl unsere wichtigste Fähigkeit, wenn alles andere im Alter allmählich verblasst. Der Sinn für Humor begleitet uns ein Leben lang sicher durch das Dickicht unserer Erfahrungen. Und das liegt einfach daran, dass unsere Seelen lachen wollen. Vielleicht nicht immer, aber sicher öfter als viele es ihren Seelen gönnen. Vergiss nie: Lebendigkeit und Humor gehen Hand in Hand!

Wir alle wissen, dass sich Menschen hinter dem Lachen auch verstecken können, um Konfrontationen zu vermeiden oder über schwierige Dinge hinwegzugehen. Nervöses Lachen, zwanghaftes Lachen, all das haben wir schon gesehen und selbst auch schon getan. Aber letztlich herrscht doch wohl eher ein Mangel an Lachen und Humor, was unser Leben erschwert.

Ich bin immer etwas vorsichtig bei Menschen, die sich selbst allzu ernst nehmen, besonders wenn sie behaupten, etwas über die Seele des Menschen zu wissen. Zu strenge Ernsthaftigkeit hat fast immer etwas von einem Selbstbeweihräucherungsritual. Lachen dagegen ist die Musik des menschlichen Herzens. Es bietet den besten Weg, uns offen zu zeigen und aus unserem begrenzten Verstand auszubrechen. Göttliche Inspiration findet selten statt, wenn du verkrampft bist, deine Zähne zusammenbeißt und im Kampf und Widerstand bist, um nur ja Recht zu bekommen.

Wenn wir lachen, lösen wir das Festhalten auf. Über uns selbst zu lachen, erlaubt uns, ein paar Schritte von unserem Ego wegzugehen. Wir fühlen uns körperlich leichter (Beta-Endorphine werden produziert) und offen für tiefere

Weisheiten. Seit Jahrhunderten sagt der Volksmund, dass Lachen die beste Medizin ist. Das war und ist eine allgemein akzeptierte einfache Weisheit. Aber bis vor kurzem blieb diese Tatsache wissenschaftlich unbewiesen. Als jedoch 1964 Norman Cousins die Humor-Therapie in die Behandlung von schwerkranken Patienten einbezog, hat die medizinische Welt begonnen, ernsthafte Notiz von der Heilkraft des Humors und den damit verbundenen positiven Emotionen zu nehmen.

Humor und Lachen werden derzeit von Psychotherapeuten und anderen Lebensberatern als Instrumente zur Förderung und Erhaltung der Gesundheit sowie als Interventions- und Rehabilitations-Werkzeug für eine Vielzahl von Krankheiten angewandt. Obwohl dieser empirische medizinische Ansatz relativ neu ist, hat das Studium des Humors ein komplexes psychologisches Phänomen offenbart. In vielerlei Hinsicht ist der Humor ein universelles Arzneimittel. Tatsächlich erreicht Lachen eine ähnliche (wenn nicht identische) Wirkung auf den Körper wie Entspannungstechniken, etwa die Meditation oder die progressive Muskelentspannung (PME). Durch das Lachen werden nachweislich Muskelverspannungen reduziert und das Immunsystem wird gestärkt.

Humor kann auch als positive Bewältigungsstrategie angesehen werden, die diffuse Gefühle wie Sorgen oder Ungeduld transformiert, indem das Ich die Absurdität der gefühlten Bedrohung erkennt. Ebenso kann Humor genutzt werden, um irrationale wie auch begründete Ängste zu zerstreuen, indem eine Perspektive und ein klarer Fokus auf die Situation gewonnen werden. Ängste sind dafür bekannt, das Funktionieren von großen Arealen im Gehirn zu verhindern. Ängste (auch irrationale) lassen uns vor Taubheit erstarren und trennen uns vom Leben selbst. Die Fähigkeit, über sich selbst zu lachen, ist ein entscheidender Übergang in den Fluss des Lebens und in die Verbundenheit.

Das Leben ist nicht immer einfach, und es gibt oft berechtigten Grund zur Verzweiflung. Das Lachen hält uns aber davon ab, in dieser Verzweiflung zu erstarren und uns selbst zu bemitleiden. Je mehr wir den Humor im Leben sehen, desto weniger nehmen wir uns und unsere Erfahrungen so ernst, dass sie uns Stress und andere körperliche Probleme verursachen. Stelle dir vor, deine Hände so fest zu drücken, bis sie schmerzen. Das ist es, was Stress mit allen Muskeln, Sehnen und dem Gewebe unseres Körpers macht. Es ist kein Wunder, dass wir durch unsere Belastungen erschöpft sind. Ein Sinn für Humor ist der beste natürliche Stressabbau, den es für uns gibt. Je mehr wir unser Talent zu lachen ausüben und fördern, desto weniger Stress und Unbehagen hat unser Körper, unser Geist und unsere Seele. Je mehr wir unsere Stimmung in Gelächter erheben, desto weniger sind wir über uns selbst, die Welt oder unsere Mitmenschen wütend oder lassen uns aufregen. Humor ist also ein weiterer wichtiger Schlüssel für erhöhtes Gewahrsein.

Humor erdet

Es gibt viele Geschichten und Fabeln über selbstgerechtes Verhalten und wie die Protagonisten auf die meist harte Tour ihre Lektionen lernen.

Auch eine ambitionierte Freundin von mir musste eine solche Lektion lernen. Ich kannte sie aus meiner ehemaligen Theatergruppe, und sie hatte im Film Karriere gemacht. Am Anfang ihres Studiums an der Columbia University in New York hatte sie sich ziemlich schnell einen Namen in der Filmindustrie gemacht. Aber je bekannter sie wurde, desto weniger wollte sie Kontakt zu allem, was ihr ursprüngliches Leben ausgemacht hatte. Eines Tages, bei einer großen Filmverleihung in Los Angeles, vergaß sie ihre Einladung und der Sicherheitsdienst ließ sie nicht hinein. Meine Freundin wurde wütend und schrie: »Dafür werdet ihr büßen, ihr Volltrottel! Wisst ihr eigentlich, wer ich bin? Habt ihr eine Ahnung, wie wichtig ich bin?«

Als sie ihre eigene Stimme hörte, geschah etwas Seltsames: Sie hielt inne, erkannte plötzlich das Klischee, in das sie seit Jahren verstrickt war, und konnte sich schließlich vor Lachen über sich selbst nicht mehr halten. Später sagte sie mir: »Ich war diejenige, die nicht mehr wusste, wer ich war. Mein Humor führte mich zurück zu mir selbst.« Danach lebte sie etwas bescheidener, ruhiger, meditierte wieder, kam öfter mal nach Hause und war gegenüber ihren Mitmenschen viel friedvoller.

Humor erinnert uns an uns selbst und an unsere Menschlichkeit. Unsere menschlichen Qualitäten reichen von Edelmut und Selbstlosigkeit auf der einen Seite bis zu Egoismus und Feigheit auf der anderen. Humor hat viele Gesichter und kann in fast jeder Situation gefunden werden. Das Lachen erinnert uns daran, dass wir Menschen in unserem Innersten die gleichen Schwächen teilen und nicht alles unter Kontrolle haben können. Humor hilft uns, gemeinsam unsere Menschlichkeit zu feiern. Er verbindet uns, bietet neue Sichtweisen auf jede Situation und spielt mit den Tatsachen unserer Existenz auf eine kreative und einfühlsame Art und Weise. Humor hat die Fähigkeit,

Ordnung in das Chaos zu bringen, er fördert durch seinen ansteckenden Charakter Einheit und Verbundenheit. Humor deckt die nackte Wahrheit einer Situation auf und wirkt erhebend auf den Geist.

Obwohl Humor eher als eine Wahrnehmung als eine Emotion eingestuft wird, kann er viele positive Emotionen produzieren, einschließlich Hoffnung und Vertrauen. Es ist dieses Feuerwerk beim Ausbruch aller möglichen Emotionen gleichzeitig, was das heilende Potential in sich trägt.

Das Lachen ergibt sich oft bloß aus der Ironie und den Ungereimtheiten des Alltags. Unterdrückte Emotionen finden so ihren natürlichen Fluss wieder. Humor kann helfen, vermeintlich negative Emotionen in ein positives Licht zu rücken, und entlastet so Gefühle der Verzweiflung und Hilflosigkeit. Humorvolle Menschen haben gelernt, das Lachen in ihren Lebensstil zu integrieren, indem sie täglich mindestens eine humorvolle Sache an sich finden, über die sie dann lachen können. Humorvolle Menschen sind sehr kreativ, wenn es darum geht, Momente der Fehlbarkeit zu erkennen und Ereignisse bis zu dem Punkt der Lächerlichkeit zu übertreiben. Ein humorvoller Mensch ist stets auf der Suche nach der Ironie des Lebens. Das Leben ist kurz, wir sollten es in Leichtigkeit verbringen. Manchmal kann eine Prise Humor in einer Situation zu einem Nachlassen der Spannung nicht nur für uns selbst, sondern auch für unsere Mitmenschen führen.

Atme jetzt einfach einmal tief und lache! ☺

Lache! Sei nicht allzu kritisch. Lache, wann immer du kannst. Der physische Akt des Lachens bewirkt, wie jede körperliche Bewegung, eine Verschiebung deiner geistigen, körperlichen und emotionalen Energie. Triff die Entscheidung, dich nicht von Trübsal und Schwermut beherrschen zu lassen. Erkenne, dass es möglich ist, dass es wirklich deine Wahl ist, dich selbst in Stress- oder Verzweiflungsmomenten durch Lachen zu beruhigen. Lächle, bevor du eine Reaktion auf etwas zeigst. Du wirst deine Lebensqualität erhöhen, wenn du die bewusste Entscheidung triffst, dich nicht mehr so wichtig und die Dinge nicht mehr so ernst zu nehmen.

Sicher könnte man ohne Humor leben. Aber was für eine Welt wäre das? Sicherlich nicht eine, in der ich leben möchte. Um die Schrulligkeit des Lebens zu erkennen, ist ein Lächeln entscheidend. Es gibt eine Menge Gerede über Freude, aber darüber zu sprechen macht nicht wirklich glücklich. Freude ist eine Erfahrung, nicht ein intellektuelles Verständnis von etwas. Also lache und lächle! Los! Sei fröhlich! Hi hi hi hi ha ha hi hii. Probier es aus, es macht wirklich Spaß!

Nimm die Dinge leichter. Schaue dir die Dinge in einer größeren Perspektive an. Betrachte dich selbst von außen und lerne, in diesem Augenblick zu lachen.

Humor und Intuition

Die rechte Seite des Gehirns wird mit Intuition, Fantasie, Kreativität und Heilung verbunden. Ihre Macht ist unbegrenzt. Eine der einfachsten Möglichkeiten, um die rechte Seite des Gehirns zu stimulieren, ist Lachen und Verspieltheit. Das Lachen aktiviert die rechte Gehirnhälfte und die Verbindungen zwischen der rechten und linken Hemisphäre des Gehirns. Dies ermöglicht kreatives Denken. Das Lachen ermöglicht sowohl in der rechten als auch der linken Gehirnhälfte, unterschiedliche Blickwinkel auf Situationen einzunehmen und kreative Lösungen für Probleme zu finden. So zeigt eine Studie, dass fünfzehn Minuten Lachen dich in einen deutlich hoffnungsvolleren Zustand bringen. Und Hoffnung ermöglicht kreatives Denken.

Hast du jemals so gelacht, dass du dich auf dem Boden gewälzt hast?

Ich meine damit das Lachen, bei dem man sich tatsächlich fast in die Hose macht, wo der Magen vom heftigen Lachen richtig schmerzt. In solchen Augenblicken werden unbewusst so viele Entscheidungen getroffen und Probleme gelöst wie sonst nie.

In solchen Momenten wird außerdem unbewusst viel Ballast abgeworfen, und es werden viele positive Qualitäten installiert.

Mit der körperlichen Entspannung, die das Lachen bringt, und dem Zustand der Freude, die es schafft und ausdrückt, haben wir vollständig Zugang zu unserer Intuition. Der Verstand macht eine Pause, um Eingebungen und Ideen, die wir sonst nicht erhalten, zu empfangen. Lachen macht dich bereit für alles, und das ist genau der richtige Zustand für den Geist, um intuitive Führung zu empfangen. Humor erreicht die innere Führung schneller als jede andere Wahrnehmung. Das Lachen vollbringt jeden Tag Wunder und verändert unsere Körperchemie auf wunderbare Weise. Wenn wir lachen, sind wir mit dem großen Ganzen verbunden. Wenn wir mit dem großen Ganzen verbunden sind, geht alles glatt, und wir sind auf dem Dach der Welt. Warum? Weil wir offen empfänglich und zuversichtlich sind. Schaue dich um und sieh, was lustig sein könnte. Das Leben ist wirklich lustig, wenn man kurz innehält und es betrachtet. Die Natur hat tatsächlich Sinn für Humor.

Die Lach-Meditation

Du hast in deinen Übungen gesehen, dass die Entwicklung eines positiven Ausblicks erlernt werden kann. Offen für das Lachen zu sein, das Kichern generieren, dies sind Fähigkeiten, die wir lernen können. Lachen und Leichtigkeit sind so mächtig. Wirklich. Es ist eine Schwingung, die Lösungen anzieht. Es ist wie ein energetischer Superkleber, der Probleme behebt. Natürlich wird das Lachen und Unbeschwertsein nicht alle gebrochenen Dinge wieder kitten. Aber in der Regel macht es das Beheben und Annehmen von Dingen viel einfacher. Aus Erfahrung kann jeder dies bestätigen. Eine positive Perspektive kann helfen, den Ausgang einer Situation zu ändern. Lachen ist die Brücke zu einer positiven Veränderung der Sichtweise auf alle Lebenssituationen.

Mit der Lach-Meditation werde ich dir zeigen, wie du dich für den Rest deines Lebens jeden Tag mit deinem Humor verbinden kannst. Das klingt zu schön, um wahr zu sein? Am Ende deiner heutigen Übung wirst du es vollständig verstehen und in der Lage sein, dich jeden Tag wunderbar zu fühlen. Versprochen!

Was du zunächst unbedingt verstehen musst, ist: Wir Menschen, in all unserer Komplexität und Raffinesse, sind in einem gewissen Sinne wirklich einfach gestrickt. Alles, was wir anstellen, machen wir, um Kummer zu vermeiden und Freude und Erleichterung zu finden. Oder kennst du ein Gegenbeispiel? Du wirst keines finden. Alles, was du tust, tust du, um Kummer zu verhindern und Freude zu erleben. Deshalb habe ich für dich im Folgenden die Lach-Meditation ausgewählt.

Lachen als Meditation? Ja! Lachen ist eine der einfachsten und kraftvollsten Formen der Meditation. Die heutige Meditation unterstützt dich dabei, in die Unmittelbarkeit des Augenblicks zu gelangen. Du wirst in die Lage versetzt, augenblicklich kleinere körperliche und seelische Belastungen zu überwinden.

Die Übung sowie zusätzliche Tips und Hinweise zum heutigen Tag 18 findest du im Übungsteil (S. 223).

Großartig

Wir empfangen, was wir geben. Nicht mehr und nicht weniger. Und lass uns daran erinnert sein, dass jedes Mal, wenn wir eine Mauer errichten, wir mehr ausschließen als einschließen.

John H. Randall

Der reiche Kaufmann

Auf einer Handelsreise durch die Sahara traf ein wohlhabender Kaufmann auf einen einfachen Beduinen. Der Beduine war sehr freundlich und lud den reichen Kaufmann samt seinen Gefolgsleuten ein, in seinem Zelt mit ihm zu speisen. Als die Männer im Zelt saßen bemerkte der Kaufman einen großen, sehr kostbaren Saphir, der neben dem Beduinen lag. Der Beduine bemerkte, wie fasziniert der reiche Kaufmann seinen wundervollen Stein ansah und legte ihm den wertvollen Stein in die Hand. Der reiche Kaufmann war sich sicher, dass der einfache Beduine den Wert des Steins nicht kannte. Der Stein hätte seinem Besitzer für den Rest des Lebens schließlich Sicherheit und Wohlstand beschert. Der Beduine aber lebte allein und in einfachsten Verhältnissen in der kargen Wüste...

Am nächsten Morgen vor der Abreise sagte der reiche Kaufmann seinem Gastgeber, er wolle ihm den Stein abkaufen und wäre bereit, einen guten Preis zu zahlen. Der Beduine winkte lachend ab. »Ich möchte Ihr Geld nicht mein Freund. Der Stein sei Ihnen geschenkt. Hier nehmen Sie und leben Sie wohl«, sagte er und legte den wundervollen Saphir in die Hände des Kaufmanns. Der konnte sein Glück kaum fassen und ging mit dem herrlichen Geschenk seiner Wege.

Ein Jahr später kam der reiche Kaufmann zurück in die Wüste und kehrte erneut in dem bescheidenen Zelt des einfachen Beduinen ein. Der Beduine freute sich, war aber mehr als überrascht, als der Kaufmann ihm den wundervollen Saphir zurückgab. »Warum geben Sie mir etwas so Kostbares zurück. Der Saphir hätte Ihnen und Ihrer Familie für Generationen Wohlstand und

Sicherheit gebracht«. Der reiche Kaufmann stimmte nickend zu und sagte: »Da haben Sie recht mein Freund. Und doch bin ich gekommen, um von Ihnen etwas Wertvolleres als diesen Stein zu erbitten. Geben Sie mir bitte das, was es Ihnen möglich gemacht hat, mir diesen Stein zu schenken.«

Wahrhaft edel ist, wer von Herzen gibt

Du kannst dich sicher daran erinnern, jemandem ein Geschenk gemacht zu haben. Vielleicht ein Geburtstagsgeschenk, ein Spielzeug für ein Kind oder einfach Zeit für einen Freund. Wie fühlte sich das an? Und dann weißt du sicher auch noch, wie du selbst beschenkt wurdest, erinnerst dich an das Empfangen. Kannst du dich erinnern, wie es war, als jemand dir etwas gegeben hat? Vielleicht war es etwas, das du in den Händen halten konntest. Oder war es vielleicht ein Moment der Wärme, eine Entschuldigung oder eine freundliche Geste der Zurückhaltung. Was immer es war, wie hat es sich angefühlt? Sicher ziemlich gut.

Buddha hat einmal gesagt, dass Großzügigkeit vor, während und nach dem Geben glücklich macht.

Und genau das bestätigen moderne Forscher heute. Sie haben herausgefunden, dass dieselben neuronalen Netze, die aufleuchten, wenn wir körperliche Lust empfinden, beim Schenken und beim Beobachten dessen aktiv werden.

Großzügigkeit ist eine grundlegende menschliche Tugend. Sie ist eine unabdingbare Voraussetzung für ein positives Miteinander in der Gesellschaft. Ohne die Großzügigkeit unserer Eltern bei der Erziehung könnten wir nicht überleben. Wenn Mann und Frau ihren Besitz nicht teilen können und sich gegenseitig keine Freiheiten schenken, ist ihre Liebe nicht von Dauer. Wenn wir wütend sind und einander nicht verzeihen, gerät unser Miteinander zur Katastrophe. Daher ist Großzügigkeit eine unverzichtbare Eigenschaft in unserem Leben, und ohne die Großzügigkeit der anderen würden wir nicht überleben. Frieden in der Welt wäre unvorstellbar.

Großzügigkeit ist die Bereitschaft, zu teilen und loszulassen. Es ist die Bereitschaft, Ressourcen, Liebe und, wenn es sein muss, sogar das eigene Leben für das Wohlergehen der anderen zu geben. Großzügigkeit schwächt die Neigung festzuhalten und ist innig mit dem Gefühl der Güte verbunden.

Was ist der Unterschied zwischen dir und dem Obdachlosen auf der Straße? Bedenke, dass diese Person genau wie du gewesen sein kann. Situationen ändern sich schnell, und dann sitzt man plötzlich ohne Familie, Freunde und ein Dach über dem Kopf auf der Straße.

Auf den ersten Blick siehst du in dem Obdachlosen nur eine Person mit alter, schmutziger Kleidung, die dringend eine Dusche braucht.

Schaue tiefer.

Wie ist der Ausdruck auf seinem Gesicht? Hat er Freude und Leid, Liebe und Lachen erlebt wie du?

Schaue tiefer.

Was ist der Herzenswunsch dieses Menschen? Tief in jedem von uns ist der Wunsch, glücklich zu sein, frei zu sein und sich sicher und geliebt zu fühlen? Du kennst das auch.

Schaue noch tiefer.

Kannst du deinen Blick so schärfen, dass du das Licht in dieser Person siehst? Du siehst, was hinter den gesellschaftlichen Normen und der Maske steckt, nämlich eine Person mit Gedanken, Erinnerungen und Wünschen.

Du hast dich gerade mit diesem Menschen verbunden, hast großzügig über die Äußerlichkeiten hinweggesehen und sein Inneres erkannt.

Großzügigkeit zu üben und sich mit den Menschen zu verbinden hilft, tiefer zu schauen.

Das ist eine experimentelle Sichtweise, die das Wachstum der Empathie und die Praxis der Großzügigkeit fördert.

In der Praxis der Großzügigkeit lernen wir, durch unsere Anhaftung hindurchzusehen. Wir sehen, dass das Festhalten transparent ist, dass es keine Festigkeit gibt. Die Anhaftung braucht uns nicht zurückzuhalten. Wir können über sie hinausgehen. Das Wesen der Großzügigkeit bildet einen Weg zum großen Ganzen, zum *Flow*, denn Großzügigkeit ist spontan, verbindend und offenherzig.

Der Geist der Großzügigkeit muss sich nicht unbedingt nur in Geldspenden und Wohltätigkeitsveranstaltungen für die Bedürftigen ausdrücken. Ebenso wie materielle Dinge, können wir den Menschen auch unsere Zeit und Energie, unsere Aufmerksamkeit und Ermutigung geben. Es gibt keine Begrenzung für die Art und Weise, wie wir großzügig sein können. Was wir zu entwickeln haben, ist ein Geist der Freigiebigkeit, der sich in vielerlei Hinsicht ausdrückt. Der amerikanische Dichter Walt Whitman sagte: »Wenn ich gebe, gebe ich mich selbst.« Und genau diese Aussage bringt den Geist des Gebens perfekt auf den Punkt. Man kann ihn täglich in vielen Kleinigkeiten zeigen. Du kannst Großzügigkeit in einem Lächeln ausdrücken, in einem freundlichen Blick, in einem warmen Händedruck, indem du jemandem eine Tür aufhältst, einen Platz anbietest oder ermutigend auf die Schulter klopfst. In Gedanken, Worten und Taten, in jeder Art und Form kannst du deinen großzügigen Geist erkennen lassen. Demnach ist Großzügigkeit eine geistige Haltung, die sich in jeder deiner Handlungen zeigt, ob dir selbst oder denen gegenüber, mit denen du im täglichen Leben in Kontakt bist.

Oft sind Menschen, die materiell arm sind, an ihrer Haltung gemessen sehr reich. Und andere, die materiellen Reichtum besitzen, sind hier außerordentlich arm. Es ist eben nicht der irdische Reichtum, der den Menschen wahrhaft reich macht. Kein Rang, keine Stellung, keine Machtposition kann einen Menschen edel machen. Eine edle Gesinnung zeigt sich stets in der Weite des Herzens. Großzügigkeit gilt deshalb als eine Form des edlen Reichtums, denn was ist Reichtum anderes, als das Gefühl, mehr als genug zu haben? Die, die nie genug haben, brauchen immer mehr Sicherheit, brauchen mehr von allem, um es zu horten. Diese Menschen bauen Mauern um sich, ihre Familien und Gemeinschaften, errichten hohe Zäune um ihren Besitz aus Furcht, dass man ihnen ihr Hab und Gut wegnehmen könnte.

Wenn man aber Freigiebigkeit praktiziert, erkennt man rasch, dass es eine unermessliche Freude ist, anderen zu geben. Genau das ist das Gefühl des Reichtums. Man hat mehr als genug. Und indem das Herz sich durch Freigiebigkeit ausweitet, dehnt sich auch der geistige Horizont aus.

Eine Person, die gibt, wird positive Resonanz, Liebe und Unterstützung erfahren. Der Grund, warum wir zunächst großzügig sein sollen, bevor wir weitere Tugenden pflegen, ist, dass Großzügigkeit der erste Schritt auf der Leiter zum Himmel ist und es so herrlich einfach ist, diese Tugend auszuüben. Großzügigkeit trägt rasch Früchte. Sie schützt uns vor innerer und äußerer Armut und fördert Weisheit.

Was würde passieren, wenn wir das Geben zum Wichtigsten in unserem Leben machen? Wären wir nicht freier in unserem Geist? Die Praxis hilft uns zu erkennen, dass wir in einer Weise, die weit über Alter, Rasse, Klasse und materiellen Wohlstand hinausgeht, miteinander verbunden sind. Die Herausforderung besteht darin, die Illusion der Trennung zwischen uns selbst und anderen zu reduzieren.

Trennende Emotionen wie Neid, Eifersucht und Geiz stammen auch von mangelnder Großzügigkeit. Das Leben bietet uns viele Gelegenheiten zu zeigen, dass wir trotz dieser Hindernisse freigiebig sein können.

Verstandesbedingte Großzügigkeit

Echte Großzügigkeit kommt aus jener Goldader, die im menschlichen Herzen verborgen ist. Aber es gibt auch eine Art von Großzügigkeit, die dem Verstand entstammt. Diese Art von Großzügigkeit wird ausgeübt, um Menschen an sich zu binden und einen sogenannten guten Eindruck zu machen. Diese Art des Gebens lässt aber keine echte Freude entstehen und weder den Geber noch den Nehmer aufblühen. Großzügigkeit, die nur vom Verstand gesteuert wird, funktioniert nach dem System der Summierung und des Ausgleichens der guten Taten. Es ist eine Art der Bestechung, wie sie beispielsweise Politiker gerne ausüben, um Stimmen zu gewinnen. Diese Taktik wird auch angewandt, um Umsätze zu steigern: Potentielle Kunden werden beschenkt, um sie dazu zu bringen, im Ausgleich etwas zu kaufen. Im privaten Leben zeigt sich diese Form der Großzügigkeit beispielsweise in Geschenken, die wir machen, nur um gemocht zu werden. Oder wir geben mehr für ein Geschenk aus, als wir eigentlich wollen, weil wir fürchten, jemand könne denken, wir seien geizig.

Die Energie hinter dieser Art von Großzügigkeit ist Angst und Sorge.

Irgendwo in unserem Denken glauben wir, dass wir nicht genug haben, und wenn wir jemandem etwas geben, müssen wir entsprechend etwas zurückbekommen, um das zu ersetzen, was wir gegeben haben. Wir haben eine Du-schuldest-mir-Checkliste erstellt. Das Problem bei diesem Denken ist, dass der Empfänger sich energetisch auf einer unbewussten Ebene beschämt und verunsichert fühlt. Er wird mit diesem Gefühl weniger geneigt sein, etwas zurückzugeben oder auf unsere Großzügigkeit zu reagieren. Wir werden ihn zwangsläufig als blind und undankbar betrachten, weil er ja nicht gebührend anerkennt, was wir alles getan haben, und er fühlt sich wieder beschämt... Es entsteht ein Teufelskreis.

Menschen durch Geschenke an sich zu binden, ist ein Ausdruck von Knappheit. Wenn ich meine guten Taten aufzähle und hoffe, damit ein positives Ergebnis zu bewirken, dann lebe ich in Knappheit. Das Selbstwertgefühl beruht auf einer Das-habe-ich-für-dich-getan-Liste statt auf dem wahren Bedürfnis, zu geben, großzügig zu sein.

Wenn wir etwas geben und dabei nicht der tiefe Herzenswunsch, zu geben, mitschwingt, dann schenken wir nicht wirklich. Wir wollen etwas zurück. Wir erwarten eine Rückzahlung. Sei es in materieller Form oder in Form von Liebe, Anerkennung oder Macht. Wir erinnern uns ständig daran, dass andere uns etwas schuldig sind. Mit dieser Verpflichtung, die Schulden einzutreiben, vergessen wir, was Geben wirklich bedeutet.

Absicht ist alles

Ich glaube, dass Worte und Handlungen nicht zählen, wenn die Absicht verdeckt ist. Wenn es nicht deine Absicht ist, wirklich etwas ohne Erwartung zu geben, schlage ich vor, den Kreislauf anzuhalten, indem du mit dieser sogenannten Freigiebigkeit aufhörst und mit dir selbst ehrlich wirst. Es ist sehr einfach, uns selbst über die Natur unseres Handelns hinwegzutäuschen. Wenn wir für unsere Gaben eine Rückzahlung erwarten, sollten wir uns von dem Glauben verabschieden, dass wir großzügig sind. Halte inne, untersuche deine Motive und kultiviere das Bewusstsein deiner Absichten. Dann wirst du deine Gaben in einem anderen Licht sehen. Entweder du gibst aus wahrer Großzügigkeit, oder du lässt es ganz sein. Das ist authentisch und besser für dich und deine Umgebung.

Wenn es deine Absicht ist, zu geben und loszulassen, wenn du für andere viel willst, ist dies reine Großzügigkeit. Wahres Geben schafft ein Vakuum, einen Raum in dir, den das Universum reichlich mit Geschenken füllen wird. Das passiert einfach und ganz natürlich. Sobald du bemerkst, was du ins Universum aussendest, wirst du bessere Entscheidungen in Bezug auf deine Freigiebigkeit treffen können. Wenn du dann solch eine Fülle spürst, wirst du merken, dass du noch nicht einmal ein Dankeschön brauchst.

Verpflichtung

Eine weitere trennende Art des Gebens entsteht, wenn es aus einer Verpflichtung oder der Schuld resultiert. Es mag Menschen in unserem Leben geben, die meinen, uns endlos beschenken zu müssen, und wir wiederum fühlen uns verpflichtet, diese Gaben zurückzuzahlen. Wenn wir unter diesen Bedingungen zurückgeben, geben aber auch wir nicht wirklich. Wir fühlen uns lediglich verpflichtet. An dieser Stelle nichts zu tun, nichts zurückzugeben, kann ein wichtiges Geschenk für uns selbst sein. Denn wahres Geben ist etwas, das man genießen sollte, das aus dem Herzen kommt. Es stammt von einem Ort der Liebe und Selbstachtung.

Der Kampf mit dem Glück der anderen

Um als guter Mensch zu gelten, wollen wir natürlich gerne für andere da sein, gerne auch, wenn sie Erfolg oder einen besonderen Grund zur Freude haben. Manchmal aber können eben genau dann mächtige dunkle Gefühle aufkommen, dann, wenn der Anstand doch eigentlich gebietet, sich mitzufreuen. Statt uns unseren Lieben anzunähern und mit ihnen zu feiern, spüren wir das Gefühl des eigenen Mangels in uns aufsteigen. Wir sind neidisch und eifersüchtig, weil der andere etwas hat oder erlebt, was wir wollen. Derlei Tendenzen zeigen sich früh im Leben. Wenn beispielsweise ein Kind ein Spielzeug will, das ein anderes Kind hat, wird das Kind hartnäckig versuchen, es zu bekommen, oder es bricht in bittere Tränen aus.

Wenn diese Gefühle immer noch in dir aktiv sind, bieten sie dir eine gute Gelegenheit für Selbsterkenntnis und für die Ausübung der Großzügigkeit gegenüber dir selbst. Erkenne dieses Gefühl des Mangels, wenn es auftritt. Das Wichtigste ist, nichts unter den Teppich zu kehren, sondern es zuzulassen, anzunehmen und darüber zu sprechen. Gerade in Zeiten von Mangel, Zweifel und gekränktem Ego glaubt der Geist, dass es zu wenig gibt und nichts mehr möglich ist. Und es sind genau diese Momente, in denen wir ein großzügiges Herz für uns selber brauchen. Es ist ein schwieriger Balanceakt zwischen dem Wunsch, etwas zu haben, und dem Wunsch, sich mit jemandem zu freuen, der es hat. Es erfordert eine enorme Großzügigkeit des Herzens, das Glück der anderen mitzufeiern. Übe es, es ist sehr erfüllend.

Vertraue darauf, dass alles reichlich vorhanden ist, dann kannst du die Erfolge der anderen so feiern, als ob sie deine eigenen sind. Wenn jemand anderes mit allem versorgt ist, bedeutet das nicht, dass dir etwas fehlen wird. Es gibt mehr als genug für jedermann. Wenn du daran glaubst und das so siehst, wirst du auch die Fülle in deinem Inneren finden.

Sich selbst etwas geben

Wenn du ein wahrhaft großzügiges Herz (das in der Regel für andere da ist) entwickeln möchtest, dann fange am besten bei dir selbst an.

Lasse aus Güte und Selbstachtung der Person Geschenke zukommen, für die du die meiste Sorge tragen solltest: dir selbst. Frage dich regelmäßig: Was könnte ich mir jetzt geben? Frage dich, welches Geschenk du dir heute geben könntest. Diese Woche? Dieses Jahr, in diesem Leben? Versuche auf die Antworten zu hören, die aufsteigen, und setze sie um. Es gibt viele Möglichkeiten, sich täglich etwas zu gönnen. Gehe tanzen, aber lasse ruhig auch mal das zweite Glas Wein stehen und gehe früh ins Bett. Lies ein spannendes Buch oder mache den Urlaub, den du schon so lange machen wolltest. Erledige die Dinge, die zu tun sind, und sei ehrlich zu dir. Während ich das hier schrieb, war mein Geschenk an mich, mich für ein paar Minuten zurückzulehnen, einen Atemzug zu tun und einfach nur aus dem Fenster zu schauen.

Wenn du dich selbst beschenkst, wirst du täglich mehr haben, um anderen etwas zu geben. Dein Geschenkespeicher wird prallvoll, und du wirst, fast ohne es zu merken, freundlich, geduldig, gesellig und glücklich.

Großzügigkeit und Intuition

Häufig ist unser erster Impuls beziehungsweise die intuitive Aktion die richtige und überraschenderweise meist auch die großzügigste. Wir können intuitiv einen Scheck für ein nützliches Projekt ausschreiben wollen, und dann kommt der Verstand, und wir reden uns das wieder aus. Am Ende aber geben wir das Geld für etwas anderes aus, das nicht so hilfreich ist. Wir wollen intuitiv etwas tun, unser Verstand aber übernimmt das Kommando, und bevor wir es merken, ist die Zeit abgelaufen, die Möglichkeit weg und wir haben nichts getan. Etwas zu geben, ist eine hervorragende Gelegenheit, uns selbst zu vertrauen und unsere Intuition zu verbessern, damit Großzügigkeit unser Handeln leiten kann. Es ist eine wunderbare Erfahrung des Herzens.

Ich bin überzeugt, dass wir nicht wachsen können, bevor wir nicht bereit sind, unsere Hände auszustrecken und das loszulassen, woran wir uns so klammern. Faszinierend daran ist, dass, wenn wir loslassen, unsere Hände frei werden für etwas anderes, etwas Besseres, etwas, das auf diese Gelegenheit gewartet hat.

Die Übung sowie zusätzliche Tips und Hinweise zum heutigen Tag 19 findest du im Übungsteil (S. 227).

Hast du sie alle?

Liebe Reisende,

eine Expedition geht zu Ende. So nüchtern kann man diese Tatsache beschreiben, aber was gerade in Ihnen vorgeht und was sich noch zeigen wird, lässt sich sicher nicht in Worte fassen. Auf Ihrer Reise schien Vergangenes ebenso unwichtig wie Zukünftiges. Es zählte nur der gegenwärtige magische Augenblick. Und diesen gab es so oft.

Vor der Reise hatten Sie eine Geschichte, aber während der letzten drei Wochen haben Sie Ihre eigene Geschichte geschrieben. Hinter Ihnen liegen spannende Tage und vor Ihnen ein Prozess des Aufarbeitens und des Integrierens, denn Sie durften in so kurzer Zeit so viel erleben.

Am heutigen Tag werden Sie noch einmal etwas sehr Besonderes erleben. Dann heißt es Danke sagen und Abschied nehmen.

Viel Spaß und herzlichen Glückwunsch!

Ihre Reiseleiterin Diana Kavian

Nicht die Glücklichen sind dankbar.
Es sind die Dankbaren, die glücklich sind.

Francis Bacon

Hast du sie alle?

Warum gibt es unser Leben? Warum gibt es das Leben an sich? Warum haben wir die Chance, die Erfahrung des Lebendigseins zu machen? Der logische Verstand wird keine Antwort finden.

Und doch sind wir hier, haben die großartige und offene Gelegenheit, täglich etwas Neues auszuprobieren und zu erleben. In jedem Moment gibt es die Gelegenheit, etwas in unserem Leben zu schaffen. Du kannst dieses Geschenk ignorieren. Oder aber du kannst deine Tage immer ein wenig interessanter aussehen lassen, um die Bandbreite deiner Möglichkeiten zu erforschen. Es liegt ganz bei dir!

Im Laufe unseres Lebens werden wir von vielen weisen Menschen dazu ermutigt, dankbar für das zu sein, was wir haben, und unser Leben wertzuschätzen.

Denn Wertschätzung und Dankbarkeit sind eine erfüllende Sache und die höchsten Gefühle, die wir Menschen erleben können. Das liegt daran, dass Wertschätzung und Dankbarkeit die Kraft haben, einen getrübten Geist zu klären und eine hungrige Seele zu sättigen. Die Dinge wertzuschätzen, vereinfacht den Zugriff auf unsere innere Weisheit und lässt uns unsere unmittelbare, unbestreitbare Verbundenheit mit allem spüren.

Aber, wie so oft, regt sich auch hier der Zweifler in uns, und wir suchen wieder einmal das Haar in der Suppe!

Wir erkennen nicht die Großartigkeit und die Einmaligkeit unseres Wesens und unseres Lebens, sondern wollen etwas anderes, vermeintlich Besseres. Wir geraten unter einen enormen Druck, weil wir uns ständig mit anderen vergleichen. Wir vergleichen uns mit denjenigen, die besser aussehen als wir, die mehr besitzen, enorm viel leisten oder in irgendeiner anderen Weise einem von der Gesellschaft geschaffenen Ideal entsprechen. Das Ergebnis ist natürlich ein Gefühl von Unsicherheit und Minderwertigkeit. So ist unsere Natur! Wir richten unsere Aufmerksameit gern auf das, was wir *nicht* haben und beißen uns daran fest.

Ich bin mir aber sicher, dass du, da du dieses Buch in der Hand hältst, einen Schritt weiter bist und deine Zeit statt mit Gejammer sicher lieber mit einem Gefühl von Wertschätzung, Dankbarkeit und Fülle verbringen willst.

Wenn du also das nächste Mal Vergleiche anstellst, dann vergleiche dich mit Menschen, die deutlich weniger haben als du, was dich daran erinnern wird, wie wahrhaft beschenkt du doch bist. Oder du freust dich einfach, weil du Menschen siehst oder sogar kennst, die dich begeistern, inspirieren und motivieren. Beides führt weg von Druck, Neid und dem Gefühl von Wertlosigkeit und näher an das Gefühl der Wertschätzung und Dankbarkeit.

Wie du siehst, kann man das Gefühl der Dankbarkeit kultivieren, aber es ist unmöglich, es künstlich zu produzieren, gerade wenn du ein Leben voller Enttäuschung, Schmerz und Angst erfahren hast. Dankbarkeit und Wertschätzung können nur aufkommen, wenn du ihnen die Gelegenheit gibst, in deinem Leben zu erscheinen, einfach dadurch, dass du dich fragst und dir bewusst machst, was in deinem Leben, trotz aller erdenklichen Hindernisse, gut gelaufen ist.

Es gibt nicht unbedingt einen Zusammenhang zwischen den Umständen und den Gefühlen, die wir dabei haben. Es gibt Menschen, die unabhängig davon, was um sie herum passiert, grundsätzlich eine wertschätzende und dankbare Haltung pflegen. Wie jeder von uns, schätzen diese Menschen die Zeiten des Glücks, aber sie sind in der Lage, auch in ziemlich dunklen Zeiten das Positive zu erkennen. Sie sehen das Gute in schwierigen Zeitgenossen, erkennen Chancen in hinderlichen Situationen, sie schätzen ihr Hab und Gut sogar angesichts von Einschränkungen und Verlusten. Eine solche Haltung kannst auch du kultivieren.

Ich möchte aber an dieser Stelle betonen, dass du auf keinen Fall für irgend etwas dankbar sein *musst*! Niemand ist dazu verpflichtet, dankbar zu sein! In mancher Hinsicht wird Wertschätzung falsch verstanden, nämlich als etwas Tugendhaftes, das nur wahrhaft guten oder gesegneten Menschen vorbehalten ist. Wertschätzung und Dankbarkeit machen dich nicht zwangsläufig zu einem guten, tugendhaften oder besonders positiven Menschen. Jedoch erheben Dankbarkeit und Wertschätzung unseren Geist, nähren unsere Herzen und kräftigen unsere Intuition. Sie zu kultivieren, trägt zu emotionalem Ausgleich und unschätzbaren gesellschaftlichen Vorteilen bei.

Mit dem Glück auf du und du

Es bringt wunderbare Vorteile, wenn du die Welt mit einem wertschätzenden und dankbaren Blick betrachtest. Der unmittelbare Nutzen ist natürlich die Zufriedenheit. Selbst wenn schwierige Zeiten kommen, und das ist unvermeidlich, neigen dankbare Menschen dazu, unter den Trümmern das Gute zu erkennen. Dankbare Menschen haben stets die »Schatztruhe« im Blick. Wer die Welt mit einem dankbaren Blick betrachtet, zeigt sich großzügig und hilfsbereit. Durch Wertschätzung und Dankbarkeit wirst du eine Welt wahrnehmen, die eifrig bemüht ist, deine persönlichen Träume und Bedürfnisse zu erfüllen. Sie hinterlässt überall Spuren, die dich zu deinem höchsten Gut führen. Und die Fähigkeit, diese Spuren zu erkennen, ist deine Intuition.

Dankbarkeit und Wohlbefinden

Natürlich gibt diese Welt uns viele Gründe, an ihr zu verzweifeln. Aber wenn wir eine Haltung der Wertschätzung und Dankbarkeit kultivieren, werden die Dinge nicht nur besser aussehen, sie werden tatsächlich besser *sein*. Das belegt eine Reihe von Studien, die die Vorteile von Dankbarkeit auf Körper und Geist dokumentiert haben. Einer der Pioniere in diesem Bereich ist Robert Emmons, ein Glücksforscher von der *University of California* und Autor des Buches »Vom Glück, dankbar zu sein«. Emmons untersuchte die Auswirkungen von Dankbarkeit durch Experimente mit dem sogenannten Dankbarkeitstagebuch.

Seine Studien haben eindeutig ergeben, dass der Ausdruck von Dankbarkeit eine tiefgreifende positive Auswirkung auf unsere Gesundheit, unsere Stimmung und unsere Beziehungen hat. Emmons wählte für das Experiment Gruppen von Probanden aus, die jeweils unterschiedliche Aufgaben bekamen. Die einen Probanden sollten täglich fünf Dinge in einem Tagebuch aufschreiben, für die sie dankbar sind. Die Probanden der zweiten Gruppe sollten täglich fünf Dinge aufzeichnen, die sie besorgt und unzufrieden gemacht haben. Die Teilnehmer einer dritten Gruppe wurde gebeten, täglich fünf Ereignisse zu notieren, die sie erlebt hatten, ohne diese jedoch als positiv oder negativ zu bewerten.

Nach zehn Wochen, so berichtet die Studie, zeigte sich, dass die Teilnehmer der ersten Gruppe, die also ein Dankbarkeitstagebuch führten, Fortschritte bei allen wichtigen persönlichen Zielen gemacht hatten, ob gesundheitlich, beruflich oder privat. Diese Probanden berichteten, dass sie mehr Begeisterung für ihre Aktivitäten spürten, regelmäßiger trainierten, weniger körperliche Symptome verspürten und sich insgesamt ausgeruhter fühlten. Sie hatten außerdem das Gefühl, wesentlich stärker mit ihren Mitmenschen verbunden zu sein als die Teilnehmer der anderen Kontrollgruppen. Die Probanden der ersten Gruppe berichteten, sie könnten jetzt anderen emotional mehr Unterstützung geben, würden optimistischer in die Zukunft sehen und seien dankbarer für ihr Leben als ganzes. Die Tests zeigten, dass die erste Gruppe bereits nach sechs Wochen ganze 25 Prozent glücklicher war als die Gruppe, die sich mit ihren Sorgen beschäftigte. Bei der dritten Gruppe konnte keine wesentliche Veränderung nachgewiesen werden.

Auch hinsichtlich ihrer Beziehungen zeigte sich, dass die Probanden der ersten Gruppe eine deutliche Verbesserung bemerkten. Die Forschung hat ergeben, dass Menschen mit einem höheren Grad an Dankbarkeit als Reaktion auf ihr achtsames Verhalten und die Dankbarkeit gegenüber ihrem Partner verstärkt zwei Dinge fühlen: Hingabe und Wertschätzung. Dankbare Menschen haben in der Regel stärkere Beziehungen, in denen sie in gegenseitigem Respekt und beiderseitiger Wertschätzung leben. Dankbarkeit hat also die Macht, Beziehungen zu vertiefen und zu stärken.

Ein weiterer Forscher auf diesem Gebiet ist Alex Wood von der University of Manchester, der einen Bericht über den Zusammenhang zwischen Dankbarkeit und Wohlbefinden veröffentlichte. In seinen Studien wird ausdrücklich erwähnt, dass Probanden, die unter Schlafstörungen litten, nach dem Führen eines Dankbarkeitstagebuchs eine große Erleichterung empfanden. Offensichtlich fördert Dankbarkeit vor dem Schlafengehen eine positive Grundstimmung. Auch gegen Depressionen ist Dankbarkeit ein gutes Mittel. Das fand der klinische Psychologe Philip Watkins heraus. Seine Studien zeigen, dass klinisch depressive Personen fast 50 Prozent weniger dankbar sind als die nicht depressive Kontrollgruppe.

Was jede dieser Studien über Dankbarkeit zeigt, ist, dass zusätzlich zu den spezifischen Vorteilen, Dankbarkeit und Wertschätzung hingebungsvoller und zufriedener machen. Die Zufriedenheit kann durch das Dankbarkeitstagebuch, also durch vorsätzliches Handeln des einzelnen, erhöht werden.

Wenn es dir schwerfällt, Dinge in deinem Leben wertzuschätzen und dankbar zu sein, kann es sein, dass du in der Gewohnheit des »Schlechtfühlens« steckst! Lege diese Gewohnheit einfach ab, verabschiede dich von ihr, sage ihr bewusst Lebewohl, und du wirst sehen, wie du dich bald sehr, sehr gut fühlst!

Wertschätzung, Dankbarkeit und Intuition

Dankbarkeit hilft dir, deine Schwingung zu erhöhen. Emotionen haben unterschiedliche Vibrationen. Wir spüren sie mit Hilfe unsere Aura (das ist das magnetische Feld um unseren Körper herum). Emotionen wie Neid, Gier und Minderwertigkeitsgefühle haben niedrige Vibrationen. Auf der anderen Seite ist Dankbarkeit so erhebend, weil sie mit höherer Schwingung vibriert. Durch Dankbarkeit bist du mehr mit deinem höheren Selbst verbunden, was eine breitere Perspektive eröffnet und dich besser in die Lage versetzt, deine intuitiven Fähigkeiten zu erweitern.

Intuition können wir alle lernen, aber diejenigen, die täglich ihre Dankbarkeit und Wertschätzung pflegen, haben einen klaren Vorteil und verstärken ihre Intuition um ein Vielfaches.

Wenn wir das, was wir haben, wertschätzen können, nehmen wir Situationen und Ereignisse leichter widerstandslos an. Wir nehmen die Dinge, wie sie sind, und bewegen uns *mit* dem Fluss des Lebens anstatt gegen ihn.

Widerstand gegen das, was *ist*, führt unmittelbar zu Verwirrung und Leiden. Widerstand macht uns ängstlich und besorgt und blockiert unsere Fähigkeit, Lösungen zu sehen. Wenn wir dankbar sind und das bejahen, was das Leben uns bietet, bewegen wir uns ruhig und furchtlos durch sämtliche Hindernisse. Wir hören auf zu kämpfen und beginnen, die Kraft, die daraus entsteht, zu nutzen. Wenn wir den Widerstand auflösen, wird unsere Intuition einen enormen Schub bekommen. Wir können sehen, dass nichts durch Zufall geschieht, und halten aktiv Ausschau nach der Lektion und dem Nutzen, die jede Situation birgt. Wir bleiben wach und präsent. Auf diese Art haben wir leichter Zugang zu den Lösungen, die uns den Weg zu unserem wahren inneren Goldschatz zeigen.

Wenn dein Herz dankbar ist, wird deine Intuition leichter in der Lage sein, wertvolle Hinweise zu erkennen, wenn sie deinen Weg kreuzen. Habe den Mut, diesen Hinweisen zu folgen. Dankbarkeit und Wertschätzung helfen in diesem Prozess, denn mit dankbaren Augen lernen wir, den Segen dort zu erkennen, wo andere nur Probleme sehen.

Wertschätzung, Dankbarkeit und Anziehung

Wofür bist du dankbar? Was schätzt du an deinem Leben?

Das sind Fragen, die dein Leben verändern können.

Wenn du deine Intuition bittest, dich zu führen, bedankst du dich für ihre Anwesenheit in deinem Leben. Dankbarkeit ist eine der mächtigsten Mittel, um Positives in dein Leben einzuladen und in deinem Leben zu erhalten. Wenn du anfangen möchtest, Wünschenswertes in deinem Leben anzuziehen, zeige deine Dankbarkeit, Wertschätzung und Liebe für die Menschen und Dinge um dich herum. Finde täglich etwas, das du schätzt, und schreibe es auf. Durch die

Niederschrift deiner Anerkennung wirst du zu einem bewussten Magneten für höhere Schwingungen. Wertschätzung und Dankbarkeit sind die höchsten Vibrationen. Durch Dankbarkeit beginnst du, mehr positive Menschen und Umstände anzuziehen. Wenn du Dankbarkeit für die Dinge, die du hast, und die Menschen, die du liebst, ausdrückst, informierst du das Universum darüber, was du zu erhalten wünschst und was du in dein Leben bringen möchtest.

Und wenn es etwas gibt, wofür du gar nicht dankbar sein kannst, dann segne es! Jedes Mal, wenn du anfängst, einen negativen Gedanken über jemanden oder etwas zu haben, dann segne ihn oder es! Sage:»Ich segne dich!« Ein Segen ist etwas sehr Mächtiges. Du projizierst deine Macht als göttliches Wesen auf eine Situation oder Person. Das verwandelt dich in der Tiefe, gibt dir Kraft und bringt süßen Humor in dein Leben.

Mein Dankbarkeitstagebuch

Vor etwa einem Jahr, während der Recherche zu diesem Buch, stieß ich auf das bereits beschriebene Experiment mit dem Dankbarkeitstagebuch und war von den Ergebnissen begeistert. Ich kaufte mir ein kleines Tagebuch und nannte es »Lobesgesang der Fülle«. Jeden Abend schrieb ich meinen Dank an das Leben. Ich fand es eine wunderschöne Art, den Tag abzuschließen. Und die Früchte dieser simplen Disziplin sollten mein Leben für immer grundlegend verändern.

Als ich mit dem Tagebuch anfing, drehten sich meine Niederschriften meist um die offensichtlich guten Dingen in meinem Leben. Mein Kind, meine Eltern, meine Freunde, mein Zuhause und die wunderbaren Erfahrungen und Erkenntnisse, die mein Beruf mir beschert. Später fing ich an, tiefer zu graben, nach Dingen, die noch nicht auf der Liste standen; Dinge, die ich vielleicht übersehen haben könnte. Als meine Kenntnisse und Erfahrungen über die Wirkungsweise der Natur immer tiefer gingen, merkte ich, dass es nicht nur die Dinge waren, die gut liefen und funktionierten, die mein Leben so reich machten, sondern auch alle Hindernisse, die eine Herausforderung bedeuteten. Also schrieb ich meine Dankbarkeit auf für scheinbar störende Ereignisse, Hindernisse, Schmerzen und Sorgen. Erst durch diese Dankbarkeit gelangte ich an jenen Punkt des Vertrauens, der mir zu verstehen gab, dass das Leben mir *immer* Halt gibt.

Ich möchte dir wärmstens empfehlen, ab jetzt täglich fünf Dinge aufzuschreiben, für die du dankbar bist. Tu dies morgens, wenn du aufstehst, oder abends, bevor du ins Bett gehst. Ich verspreche dir, du wirst eine deutliche Erhöhung deiner Gefühle der Dankbarkeit und Wertschätzung bemerken. Du wirst wahrscheinlich immer mehr positive Dinge in deinem Leben feststellen, dich weniger mit negativen oder belastenden Ereignissen und Gefühlen befassen und mit dem Gefühl der Wertschätzung für die Menschen und Dinge in deinem Leben in ständigen Kontakt kommen. Mach es dir zur Gewohnheit, deinem Partner, deinen Freunden möglichst täglich etwas zu sagen, was du an ihnen schätzt. Und danke auch dir selbst täglich für etwas, was du getan hast. Auf diese Weise stärkst du dich selbst und hilfst anderen, stärker zu werden. Schreibe verschiedene Dinge auf, die du gerne in deinem Job hast. Mache das gleiche für deine Beziehungen, deine Familie, deinen Körper und deinen Alltag. Je mehr du das Positive siehst, desto leichter wird eine Verschiebung in Richtung Dankbarkeit auftreten. Und je besser du im Dankbarsein geübt bist, desto mehr Positives wirst du sehen und erleben.

Die Übung sowie zusätzliche Tips und Hinweise zum heutigen Tag 20 findest du im Übungsteil (S. 230).

Ankommen

Glaube an die Wahrheit über dich selbst – ganz gleich, wie vollkommen sie ist.

Die Wahrheit

Was ist richtig?

Wie soll ich sein?

Es ist ganz klar! So muss es sein!

Nur so funktioniert es!

Das klappt! Ohne Zweifel!

Ich weiß es.

So sollten alle sein! Das ist es!

Dann, ja nur dann wäre alles richtig.

Nur dann wäre ich glücklich.

Und die anderen auch.

Sie werden schon noch dahinterkommen.

Sie kommen nicht dahinter.

Knechte! Blinde!

Was, wenn es anders ist?

Zum Teufel!

Es kann nicht anders sein!

Es darf nicht anders sein.

Kann nicht! Darf nicht!

Nur so! Und so und so auch.

Das ist richtig.

Dann ist es richtig.

Dann dreht sich die Welt.

Um mich.

Dann stimmt es. Alles.

Es gelingt nicht. Es klappt nicht.

Was stimmt nicht? Nur Kampf!

Was für eine beschissene Welt ist das eigentlich?

Wer bestimmt hier?

Irgend jemand muss doch bestimmen.

Irgend etwas. Irgend etwas gibt es doch.

Schaue genau hin.

Mache die Augen zu. Mache sie auf!

Nach innen.

Konzentriere dich.

Da draußen ist es dunkel. Da gibt es nichts zu sehen.

Nichts Bestimmtes. Nichts Bestimmendes.

Nichts Wirkliches. Nichts Verlässliches. Nichts von Dauer.

Nur wechselnde Bilder. Kein Gesetz. Viele Wahrheiten.

Bilder. Nur Bilder von Dingen.

Bilder von Menschen.

Überall geschrieben: »So musst du sein.«

Überall Gesetze: »So ist es brav.«

Wahrheiten: »So sieht es nämlich aus.«

Aber ich kann nichts sehen da draußen.

Kann nichts anfassen, zuordnen, erfahren.

Ein Büro voller Akten.

Akten ohne Bedeutung.

Verwirrt, verdreht, im Kreis sich drehend. Auf der Suche
nach Wahrheit, der Wahrheit, absolut ohne Zweifel.

Ankommen

Um das, was du wirklich willst, in dein Leben zu bringen, um deine eigene Wahrheit (ob bezüglich Liebe, Freundschaft, Beruf oder Gesundheit) in dein Leben zu bringen, musst du bereit sein, Dinge loszulassen, die nicht mehr dienlich sind. Nicht weil diese Dinge schlecht sind. Du musst deshalb loslassen, weil diese Dinge dir in der Vergangenheit gute Dienste geleistet haben, du sie nun, da du dich persönlich weiterentwickelst und neue Bedürfnisse hast, aber nicht mehr brauchst.

Wenn du deine Hände öffnest und offen hältst, wirst du die Unterstützung, die immer da ist, erkennen. Du wirst dich mit etwas weitaus Größerem verbinden. Wenn du deine Hände geschlossen hältst, aus Angst, dass das, was du hast und festhältst, das einzige ist, was du bekommen kannst, wirst du dich verloren, getrennt und verlassen fühlen.

Mit geöffneten Händen und einem offenen Geist wirst du mehr verstehen. Du beginnst, schon jetzt zu verstehen. Du beginnst, deine Geschenke zu erkennen; das Geschenk deiner Intuition. Wenn du dich mit diesem Aspekt verbindest, werden alle Geschenke des Lebens ein Teil von dir. Es wird zur Selbstverständlichkeit, Geschenke und Eingebungen zu erhalten, nicht nur für flüchtige Momente, sondern anhaltend. Mit allen Geschenken in Kontakt zu sein, ist das natürliche Wesen deines Seins. Lasse deinen Körper und deine Zellen dies verstehen. Erkenne es. Sei es. Frage danach. Akzeptiere diese Wahrheit.

Dein Körper hat nun einen neuen Umhang an, den Umhang des Lebens. Er ist wunderschön. Er ist deine neue Haut und du wirst dich wohlfühlen in ihm!

Auch die Übung sowie zusätzliche Tips und Hinweise zum heutigen letzten Tag (Tag 21) findest du im Übungsteil (S. 235).

Die Übungen
Tag 1 bis Tag 21

Tag 1 Übung

Eintrag ins Notizbuch

Beantworte bitte folgende Fragen so genau und detailliert wie möglich.

Warum möchtest du intuitiver sein?

Was unterscheidet deiner Meinung nach einen intuitiven Menschen von einem nicht intuitiven?

Wie fühlt ein intuitiver Mensch die Welt?

Wie genau kann er die Dinge wahrnehmen?

Kennst du einen intuitiven Menschen? Beschreibe ihn.

Wie möchtest du sein?

Was möchtest du erkennen können?

Welche Wirklichkeit möchtest du dadurch leben?

Fällt es dir leicht, in dir ein Bild zu schaffen, auf dem alles, was du erleben möchtest, bereits vorhanden ist und für das du deine intuitiven Fähigkeiten bereits einsetzt?

Du musst das alles nicht sofort bis ins Detail wissen. In den nächsten 21 Tagen werden sich deine Fähigkeiten mit Hilfe der Übungen, Schritt für Schritt ausbilden und erweitern.

Hier noch einige Tips, wie du deine Fantasie anregen kannst:

Definiere deine Rolle im Spiel deines Lebens und sei diese Person.

Übe den Blick auf das Leben mit dem Blick eines Kindes. Stelle dir vor, wie ein Kind spielen würde, wenn es sich vorstellt, zum Beispiel ein Pirat zu sein oder eine Prinzessin.

Tue, als ob, und lasse der Kreativität freien Lauf.

Sorge dich nicht um dein Image in der Öffentlichkeit, solange das, was du tust und sagst, niemandem schadet.

Sei dein bester Freund.

Sei spontan, aber lasse ruhig auch Starrheit eine Möglichkeit in deinem Spiel sein.

Lege ruhig einmal deine verantwortungsbewusste, erwachsene Denkweise ab.

Wenn du Kinder hast, spiele mit ihnen verschiedene Rollen durch.

Gönne dir die Gefühle von Staunen, Aufregung und Fantasie.

Lasse deiner Fantasie freien Raum, lasse sie blühen und wachsen. Verwende deine Fantasie und Bildsprache und erweitere so den Umfang deines Denkens und sprenge seine Grenzen.

Tag 2 Übung

Nimm dir ab heute immer mal einen Moment, um zur Ruhe zu kommen; einen Moment, um auf dein Herz zu horchen.

Stelle dir vor, dass du durch dein Herz atmest. Dein Geist wird sich klären und du wirst Eindrücke und Ideen haben, die du nicht für möglich gehalten hast. Diese kommen aus deinem Herzen. Schenke also deinem Herzen deine ganze Aufmerksamkeit.

Übung

Dusche dich vor der Übung. Ziehe dir bequeme Kleidung an. Lege die CD ein.

Sorge dafür, dass du ungestört bleibst.

Du kannst dich auf den Boden legen oder in einen bequemen Stuhl setzen. Der Rücken ist entspannt.

Entspanne dich.

Wenn du dich wohlfühlst, fange an, dich auf deinen Atem zu konzentrieren.

Atme 21-mal tief ein und aus.

Nimm dir Zeit, während sich diese Erfahrung in dir entfaltet.

Schenke deine Aufmerksamkeit dem sanften Ansteigen und Einsinken deiner Brust.

Atme tief ein...

...und aus.

Atme langsam und tief ein...

...und langsam und tief aus.

Das langsame Atmen hilft deinem Körper, sich zu entspannen.

Nun geht deine Aufmerksamkeit auf deine Füße. Fühle die Wärme und die Energie, die dort ist.

Lasse jede Spannung los, die du dort spürst.

Richte deine Aufmerksamkeit jetzt auf deine Beine...

...deinen Bauch...

und dann deinen Po.

Jetzt auf deinen Rücken...

...anschließend deine Brust.

Fühle die Wärme und Energie in dir, während du dich immer tiefer entspannst...

Breite dieses Gefühl in deinem ganzen Körper aus.

Nimm dir noch ein paar Minuten, bis du ruhig, entspannt und warm bist! Genieße es wie ein köstliches Gefühl, das du verlängern möchtest.

Nun stelle dir vor, dass du aus deinem Herzen heraus atmest. Lege deine Hände sanft auf dein Herz und nimm Kontakt mit dem Rhythmus deines Herzens auf.

Spüre den Rhythmus deines Herzens.

Beginne mit dem Ausatmen und zähle bis 6...

...und Einatmen 1,2,3,4,5,6.

Wiederhole das 10-mal.

Atme in dieses bewusste, rhythmische Muster. Genieße das Gefühl, bis du wieder meine Stimme hörst.

Du fühlst dich wohl und geborgen...

Stelle dir nun das Bild einer liegenden Acht (∞) vor, die auf deiner Stirn genau zwischen deinen Augenbrauen liegt.

Der ausgewogene Energiefluss der Acht wandert von einer Seite deines Schädels zur anderen.

Folge dem Fluss mit deinen Augen. Von der Mitte der Augenbrauen nach oben rechts…

…hinunter zurück zur Mitte…

…dann nach oben links…

…und wieder zurück zur Mitte und so weiter.

Bewege einfach deine Augen in diesem vorgegebenen Rhythmus.

Wenn du eine aktuelle Frage hast oder ein Bild von dem, was du verwirklichen möchtest, stelle nun die Frage und sieh mit geschlossenen Augen von innen auf deine Stirn.

Wenn du ein Bild von dir und deinem Leben verwirklichen möchtest, versuche, es jetzt zu spüren oder daran zu denken, während du dir die Mitte deiner Stirn von innen ansiehst.

Beobachte, was zu dir kommt.

(Nebenbei balancierst du beide Seiten deines Gehirns aus, wenn sich deine Aufmerksamkeit in der Gegend des Dritten Auges bewegt.)

Nutze deine ganze Kraft, um dir die Dinge vorzustellen, die du in deinem Leben verwirklichen willst.

Das war großartig!

Bleibe noch eine Minute ruhig liegen oder sitzen, bevor du zum Tagesgeschäft übergehst.

Tag 3 Übung

Dusche dich vor der Übung. Ziehe dir bequeme Kleidung an. Lege die CD ein.

Sorge dafür, dass du ungestört bleibst.

Du kannst dich auf den Boden legen oder in einen bequemen Stuhl setzen. Der Rücken ist entspannt.

Entspanne dich.

Wenn du dich wohlfühlst, fange an, dich auf deinen Atem zu konzentrieren.

Atme 21-mal tief ein und aus.

Nimm dir Zeit, während sich diese Erfahrung in dir entfaltet.

Schenke deine Aufmerksamkeit dem sanften Ansteigen und Einsinken deiner Brust.

Atme tief ein...

...und aus.

Atme langsam und tief ein...

...und langsam und tief aus.

Das langsame Atmen hilft deinem Körper, sich zu entspannen.

Nun geht deine Aufmerksamkeit auf deine Füße. Fühle die Wärme und die Energie, die dort ist.

Lasse jede Spannung los, die du dort spürst.

Richte deine Aufmerksamkeit jetzt auf deine Beine...

...deinen Bauch...

und dann deinen Po.

Jetzt auf deinen Rücken...

...anschließend deine Brust.

Fühle die Wärme und Energie in dir, während du dich immer tiefer entspannst...

Breite dieses Gefühl in deinem ganzen Körper aus.

Nimm dir noch ein paar Minuten, bis du ruhig, entspannt und warm bist! Genieße es wie ein köstliches Gefühl, das du verlängern möchtest.

Du fühlst dich wohl und geborgen...

Wenn deine Aufmerksamkeit Gedanken nachjagt, bringe sie zur Atmung zurück. Wenn deine Gedanken abschweifen, bringe sie immer wieder zur Atmung zurück.

Zeige, dass du es ernst meinst und dein Geist auf dich hört.

Atme so weiter, bis du wieder meine Stimme hörst.

Benenne nun alle paar Sekunden die offensichtlichen Gedanken, die auftauchen, ob sie dir wichtig erscheinen oder nicht.

»Wunde Knie... hungrig... TV... Geld... Verkehr....«, was auch immer auftaucht, benenne es...

Verliere nicht den Kontakt zu deinem grundlegenden Meditationsobjekt, deinem Atem.

Dein Atem dient als Anker, um deinen Geist wachzuhalten.

Verbringe genug Zeit mit Atmen, ohne dabei die Beobachtung und Benennung der Gedanken und Empfindungen zu vergessen.

Bemerke, wie sich deine Gedanken verstecken, wenn du auf sie wartest!

Beobachte und benenne, was auftaucht.

Das war klasse!

Bleib noch eine Minute ruhig liegen oder sitzen, bevor du zum Tagesgeschäft übergehst.

Tag 4 Übung

Duschen, bequem anziehen, CD auflegen.

Entspanne dich. Es ist wichtig, so entspannt wie möglich zu sein, wenn du visualisierst.

Du kannst dich hinlegen oder dich in einem bequemen Stuhl setzen.

Sorge unbedingt dafür, dass du nicht gestört wirst.

Entspanne dich.

Wenn du dich wohlfühlst, fange an, dich auf deinen Atem zu konzentrieren.

Atme 21-mal tief ein und aus.

Nimm dir Zeit, während sich diese Erfahrung in dir entfaltet.

Schenke deine Aufmerksamkeit dem sanften Ansteigen und Einsinken deiner Brust.

Atme tief ein...

...und aus.

Atme langsam und tief ein...

...und langsam und tief aus.

Das langsame Atmen hilft deinem Körper, sich zu entspannen.

Nun geht deine Aufmerksamkeit auf deine Füße. Fühle die Wärme und die Energie, die dort ist.

Lasse jede Spannung los, die du dort spürst.

Richte deine Aufmerksamkeit jetzt auf deine Beine...

...deinen Bauch...

...und dann deinen Po.

Jetzt auf deinen Rücken...

...anschließend deine Brust.

Fühle die Wärme und Energie in dir, während du dich immer tiefer entspannst...

Breite dieses Gefühl in deinem ganzen Körper aus.

Nimm dir noch ein paar Minuten, bis du ruhig, entspannt und warm bist! Genieße es wie ein köstliches Gefühl, das du verlängern möchtest.

Nun stelle dir vor, dass du aus deinem Herzen atmest. Lege deine Hände sanft auf dein Herz und nimm Kontakt mit deinem Herzklopfen auf.

Spüre den Rhythmus deines Herzens.

Beginne mit dem Ausatmen und zähle bis 6...

...und Einatmen 1,2,3,4,5,6.

Das ganze 10-mal.

Atme in diesem bewussten, rhythmischen Muster. Genieße das Gefühl, bis du wieder meine Stimme hörst.

Du fühlst dich wohl und geborgen.

Lies deine Notizen.

Schließe dann die Augen und stelle dir vor, so zu handeln, wie du handeln würdest, wenn du deine Ziele bereits erreicht hättest.

Mache deine Visualisierung so lebhaft wie möglich!

Sieh dich als eine überzeugte, erfolgreiche Person – in so vielen Einzelheiten, wie es dir nur möglich ist.

Gestalte die Bilder in deinem Geist so hell und lebendig wie du kannst.

Beobachte, wie du dich so verhältst, wie du sein willst.

Sieh dich um und nimm deine Umgebung wahr.

Wo bist du?

Wer ist sonst noch da?

Nimm dir Zeit, mit diesen Leuten zu plaudern.

Das ist nicht verrückt, du sprichst doch in deinem »echten« Leben auch mit Leuten.

Also sprich mit ihnen auch hier.

Bemerke, was du tust und wie du es tust.

Schenke deine Aufmerksamkeit jedem kleinen Detail.

Was tust du hier anders als sonst, in deinem »echten« Leben?

Gehe weiter in die Einzelheiten und decke jede letzte Unähnlichkeit auf.

Warum handelst du auf diese Art?

Jetzt suche nach mehr Details, um das Bild klarer zu machen.

Wie ist das Wetter?

Was gibt es zu essen?

Wie sprichst du?

Mit wem?

Was hast du an?

Nimm dir Zeit, um die Textur deiner Kleidung zu spüren!

Wie ist die Temperatur im Zimmer?

Was gibt es noch für andere kleine Details, wenn du dich umsiehst?

Je lebhafter deine Beobachtungen, dein Engagement, desto besser die Ergebnisse.

Du pflanzt auf eine effektive Weise neue Erinnerungen in dein Unterbewusstes, wenn du dieses Gedächtnis noch lebhafter und ausführlicher machst als dein »echtes« Gedächtnis.

Verkörpere dein Ideal. Fühle es, atme es, sei es.

Es ist nicht wichtig, ob dein Leben dem inneren Bild schon gleicht.

Hab keine Scheu, Dinge zu tun, obwohl du noch nicht genau weißt, wie du diese Dinge tun sollst.

Der beste Ort, diese Dinge zu tun, ist jetzt. In deinem Kopf.

Nutze die Chance!

Auch in deinem Kopf erfordert es Mut, sich dem Neuen zu stellen.

Nun betrachte dich von außen!

Was fühlst du, wenn du von außen siehst, wie du handelst?

Was genau bemerkst du an dir?

Wie reagieren andere Leute auf dich?

Wie »kommst du rüber«?

Wie denken die anderen über dich?

Verströmst du eine Aura des Vertrauens, des Charismas, des Erfolgs?

Wenn nicht, gehe in deinen Körper zurück und ändere, was du hierfür brauchst.

Dann begib dich wieder ins Kino, wo du dich von außen betrachtest.

Mache das, bis du wieder meine Stimme hörst.

Gehe aus der Betrachterperspektive in deinen Körper zurück.

Was hast du gerade für Gefühle?

Spürst du die Heiterkeit, den Stolz, die Dankbarkeit, das Glück und das Vertrauen?

Du bist nun sicher, gekräftigt, aufgeregt und von dem unschlagbaren Gefühl des Zustandebringens berauscht.

Gehe noch tiefer in dieses Gefühl. Erlaube dir, dass diese Gefühle jede Zelle deines Körpers übernehmen.

Sieh das Gefühl als einen Umhang in deinen Lieblingsfarben und drapiere ihn über dich.

Trage diesen Umhang von nun an stets bei dir.

Tauche tief darin ein und lasse die positiven Gefühle dich vollkommen einnehmen.

Tue, was du kannst, um das Gefühl des Angekommenseins intensiver werden zu lassen.

Lasse es noch stärker werden.

Du kannst immer, immer tiefer in ein Gefühl gehen.

Komme nun zurück ins Hier und Jetzt.

Atme ein paarmal tief durch und bleibe eine Weile sitzen, bevor du zum Tagesgeschäft übergehst.

Tag 5 Übung

Duschen, bequem anziehen, CD auflegen.

Entspanne dich. Es ist wichtig, so entspannt wie möglich zu sein, wenn du visualisierst.

Du kannst dich hinlegen oder dich in einem bequemen Stuhl setzen.

Sorge unbedingt dafür, dass du nicht gestört wirst.

Entspanne dich.

Wenn du dich wohlfühlst, fange an, dich auf deinen Atem zu konzentrieren.

Atme 21-mal tief ein und aus.

Nimm dir Zeit, während sich diese Erfahrung in dir entfaltet.

Schenke deine Aufmerksamkeit dem sanften Ansteigen und Einsinken deiner Brust.

Atme tief ein...

...und aus.

Atme langsam und tief ein...

...und langsam und tief aus.

Das langsame Atmen hilft deinem Körper, sich zu entspannen.

Nun geht deine Aufmerksamkeit auf deine Füße. Fühle die Wärme und die Energie, die dort ist.

Lasse jede Spannung los, die du dort spürst.

Richte deine Aufmerksamkeit jetzt auf deine Beine...

...deinen Bauch...

...und dann deinen Po.

Jetzt auf deinen Rücken...

...anschließend deine Brust.

Fühle die Wärme und Energie in dir, während du dich immer tiefer entspannst...

Breite dieses Gefühl in deinem ganzen Körper aus.

Nimm dir noch ein paar Minuten, bis du ruhig, entspannt und warm bist! Genieße es wie ein angenehmes Gefühl, das du verlängern möchtest.

Nun stelle dir vor, dass du aus deinem Herzen atmest. Lege deine Hände sanft auf dein Herz und nimm Kontakt mit deinem Herzklopfen auf.

Spüre den Rhythmus deines Herzens.

Beginne mit dem Ausatmen und zähle bis 6...

...und Einatmen 1,2,3,4,5,6.

Das ganze 10-mal.

Atme in diesem bewussten, rhythmischen Muster. Genieße das Gefühl, bis du wieder meine Stimme hörst.

Du fühlst dich wohl und geborgen.

Werde dir deines neuen Umhangs aus der letzten Übung bewusst.

Verbinde dich mit den damit verbundenen Gefühlen und der Lebenskraft.

Verweile ein wenig darin.

Die Acht visualisieren – Teil I

Stell dich bequem auf beide Füße und beginne deinen Körper in einer rhythmischen Bewegung hin und her zu schwenken.

Lasse deine Arme hin und her schwingen, von Seite zu Seite.

Atme mit dem Rhythmus deiner Bewegung.

Jetzt strecke deine Arme parallel nach vorne und zeichne eine liegende Acht in die Luft.

Gehe nach oben rechts im Urzeigersinn.

Vollende den Kreis nach unten, dann gehe nach oben links gegen den Uhrzeigersinn.

Vollende den Kreis nach unten und gehe dann wieder nach oben rechts.

Zeichne die liegende Acht weiter und drehe jetzt deine Hüfte in die Richtung, in die du gerade zeichnest.

Genieße die Bewegung.

Lasse dir Zeit, während diese Erfahrung sich entfaltet.

Du kannst bei der nächsten Übung stehenbleiben oder dich bequem hinsetzen. Das hängt ganz von deinem Tagesempfinden ab und ändert nichts am inneren Prozess.

Die Acht visualisieren – Teil II

Atme ein paarmal tief durch, bevor du weiter machst.

Visualisiere in deiner Vorstellung einen gelb-goldenen Kreis auf dem Boden.

Er soll so groß sein, dass du mit ausgestreckten Armen und Händen gut darin Platz findest.

In diesem Kreis bist du der Mensch, der du sein willst.

Du hast deinen Umhang an...

Stelle dir nun neben deinem eigenen Kreis einen zweiten solchen Kreis vor, der an diesen Kreis anliegt, so dass es wie eine liegende Acht aussieht.

Lies nun aus deinem Notizbuch vor, wovon du dich in deinem Leben verabschieden willst.

Sieh dir hierfür deine Liste an und wähle das aus, was dir am dringendsten erscheint.

Was gibt es in deinem Leben, das dich hindert, dein volles menschliches Potential zu leben?

Nun visualisiere das Symbol, das dem entsprechenden Stichwort zugeordnet ist, in den zweiten Kreis.

Kümmere dich bitte nur um ein Stichwort und visualisiere nur das eine zugehörige Symbol.

Nur das eine Stichwort ist jetzt von Bedeutung.

Alles kommt zu seiner Zeit.

Achte darauf, dass in deiner Vorstellung dein gewähltes Symbol im anderen Kreis bleibt und du selbst in deinem eigenen Kreis bist.

So schickst du an dein Unterbewusstsein die Botschaft, dass dein Lebensbereich (dein Kreis) von dem, wofür das Symbol steht, getrennt bleiben soll.

Beide Kreise in deiner Vorstellung sind auf dem Boden gut geerdet.

Stelle dir jetzt vor, dass eine Farbe deiner Wahl im Symbol-Kreis entlang fließt.

Sie fließt im Uhrzeigersinn und geht dann in deinen eigenen Kreis über.

Im eigenen Kreis läuft die Farbe gegen den Uhrzeigersinn.

Beobachte den Kreislauf.

Beobachte dein Symbol.

Verändert es sich? Das ist in Ordnung.

Beobachte nun dich selber und deine inneren Regungen.

Fühlst du dich erleichtert oder traurig?

Lass alles zu.

Beobachte dein Symbol.

Beobachte dich selber.

Mache das im Wechsel, bis du wieder meine Stimme hörst.

Dann atme dreimal tief durch und verweile für eine Minute und beobachte lediglich den Fluss deiner Gedanken und inneren Regungen.

Lege deine Fingerspitzen aneinander und bedanke dich bei deinem Symbol für diese Erfahrung.

Wiederhole bitte diese Übung auch die verbleibenden Tage einmal täglich kurz. Das wird dir immer leichter fallen und du wirst mit der Zeit die Visualisierung immer schneller abrufen können.

Tag 6 Übung

Unternimm heute einen Spaziergang in deiner Umgebung, gehe in den Wald, in einen Park, zu den Bäumen in der Straße oder schau in deinen Garten, wenn du einen hast. Suche dir einen Baum, der dir gefällt.

Schaue diesen Baum an. Berühre ihn nach einer Weile und lerne ihn kennen.

Wie fühlt er sich an? Atme den Duft deines Baumes, schnuppere an seinen Blättern, rieche die Rinde, die Äste.

Mache dir nichts draus, wenn der eine oder andere Spaziergänger dich möglicherweise etwas komisch anschaut! Lächle ihn an und mache weiter!

Sprich mit dem Baum.

Denke darüber nach, wie das Leben des Baumes sein mag.

Schau nach, welche Wesen sich im Baum aufhalten: Vögel, Insekten, ein Eichhörnchen?

Überlege, wie groß der Baum ist und wie alt er wohl sein mag.

Denk an die Dinge, die der Baum bereits erlebt haben mag.

Gib deinem Baum einen Namen!

Zeichne ein Bild von deinem Baum, wenn du magst.

Bringe ihm beim nächsten Besuch einen Schluck Wasser oder etwas mit, was ihn erfreuen mag.

Besuche deinen Baum regelmäßig so oft du kannst.

Bemerke, wie er sich mit den Jahreszeiten verändert.

Mache zu jeder Jahreszeit ein Foto von deinem Baum und vergleiche die Veränderungen, die er durchmacht.

Frage ihn um Rat. Erzähle ihm, was sich in deinem Leben ereignet.

Erzähle ihm von deinen Plänen.

Pflege ihn. Entferne regelmäßig alle Abfälle, die sich in der Nähe deines Baumes angesammelt haben, damit er gesund bleibt.

Mache ein Picknick an deinem Baum.

Nutze diesen Platz als Inspirations- und Kraftquelle.

Nutze diesen Platz, um dich von Belastendem zu reinigen und Energie zu tanken.

Schreibe deine Erfahrungen in dein Notizbuch.

Tag 7 Übung

Dusche dich vor der Übung, Ziehe dir bequeme Kleidung an. Lege die CD ein.

Entspanne dich. Es ist wichtig, so entspannt wie möglich zu sein, wenn du visualisierst.

Du kannst dich hinlegen oder dich in einem bequemen Stuhl setzen.

Sorge unbedingt dafür, dass du nicht gestört wirst.

Entspanne dich.

Wenn du dich wohlfühlst, fange an, dich auf deinen Atem zu konzentrieren.

Atme 21-mal tief ein und aus.

Nimm dir Zeit, während sich diese Erfahrung in dir entfaltet.

Schenke deine Aufmerksamkeit dem sanften Ansteigen und Einsinken deiner Brust.

Atme tief ein...

...und aus.

Atme langsam und tief ein...

...und langsam und tief aus.

Das langsame Atmen hilft deinem Körper, sich zu entspannen.

Nun geht deine Aufmerksamkeit auf deine Füße. Fühle die Wärme und die Energie, die dort ist.

Lasse jede Spannung los, die du dort spürst.

Richte deine Aufmerksamkeit jetzt auf deine Beine...

...deinen Bauch...

...und dann deinen Po.

Jetzt auf deinen Rücken...

...anschließend deine Brust.

Fühle die Wärme und Energie in dir, während du dich immer tiefer entspannst...

Breite dieses Gefühl in deinem ganzen Körper aus.

Nimm dir noch ein paar Minuten, bis du ruhig, entspannt und warm bist! Genieße es wie ein angenehmes Gefühl, das du verlängern möchtest.

Nun stelle dir vor, dass du aus deinem Herzen atmest. Lege deine Hände sanft auf dein Herz und nimm Kontakt mit deinem Herzklopfen auf.

Spüre den Rhythmus deines Herzens.

Beginne mit dem Ausatmen und zähle bis 6...

...und Einatmen 1,2,3,4,5,6.

Das ganze 10-mal.

Atme in diesem bewussten, rhythmischen Muster. Genieße das Gefühl, bis du wieder meine Stimme hörst.

Du fühlst dich wohl und geborgen.

Erhebe dich von deinem Sitz und stelle dich locker hin.

Du stehst nun gerade, und deine Arme hängen locker an der Seite herunter.

Schließe die Augen und konzentriere dich auf die Atmung.

Tief atmen, so lange wie du magst.

Verbinde dich mit deinem Baum. Sei der Baum!

Visualisiere in deiner Vorstellung auf dem Boden den gelb-goldenen Kreis um dich herum.

In diesem Kreis bist du der Mensch, der du sein willst.

Du hast deinen neuen Umhang an...

Stelle dir nun neben deinem eigenen Kreis den zweiten Kreis vor, der an diesen Kreis anliegt, so dass es wie eine liegende Acht aussieht.

Wovon möchtest du dich in deinem Leben verabschieden? Schau in dein Notizbuch. Visualisiere das entsprechende Symbol in den zweiten Kreis.

Beide Kreise in deiner Vorstellung sind auf dem Boden gut geerdet.

Stelle dir jetzt vor, dass eine Farbe deiner Wahl im Symbol-Kreis entlangfließt.

Sie fließt im Uhrzeigersinn und geht dann in deinen eigenen Kreis über.

Im eigenen Kreis läuft die Farbe gegen den Uhrzeigersinn.

Beobachte den Kreislauf...

Atme ein und bewege die Finger wie Blätter an einem Baum. Atme aus.

Atme ein, hebe die Arme sanft über den Kopf und probiere jede andere Position, die bequem ist.

Stelle dir deine Arme als Zweige vor, die sich im Wind bewegen. Lasse sie sich vor und zurück bewegen. Atme aus.

Lass deine Arme sich einige Atemzüge wie die Zweige und Blätter im Wind wiegen.

Beachte nun deine Beine und dann deine Füße. Sind sie fest auf dem Boden? Lasse Wurzeln aus deinen Füßen wachsen und sich in der Erdmitte verankern. Passe dich an, bis der Körper geerdet ist.

Atme und spüre, wie der Atem kommt, wie er die Oberseite deines Kopfes wiegt.

Jetzt atme und spüre, wie dein Atem durch den Körper nach unten durch die Füße in den Boden fließt.

Beachte, wie deine Wurzeln sich tief in der Erde verankern. Atme mehrmals tief ein und aus.

Genieße die Verbundenheit mit der Welt – wie ein Baum.

Bitte deine Intuition, mit dir zu kommunizieren und dir zu sagen, was dem Baum fehlt: Erdung, Wasser, Sonne, Luft, eine Aussicht? Was braucht der Baum für die Heilung? Klarere Luft, muss er beschnitten werden, braucht er mehr Wasser?

Wenn du die Antworten auf deine Fragen erhalten hast, meditiere für ein paar Minuten und komme dann sanft zum normalen Bewusstsein zurück. Notiere dir etwas oder mache ein Bild von dem, was du intuitiv wahrgenommen hast. Was ist die Botschaft für dich in deinem derzeitigen Zustand des Seins?

Bewege die Füße ein paar Schritte. Auch beim Laufen ist die Verbindung noch da.

Dabei tief einatmen uns ausatmen.

Lasse dir Zeit, während diese Erfahrung sich entfaltet.

Komme nun zurück ins Hier und Jetzt.

Bleibe noch eine Minute ruhig sitzen, bevor du zum Tagesgeschäft übergehst.

Tag 8 Übung

Denke daran: Dein Blick auf dich und die Welt ist immer eine Frage deiner selbstgewählten Einstellung.

Übung

Dusche dich vor der Übung. Ziehe dir bequeme Kleidung an. Lege die CD ein.

Entspanne dich. Es ist wichtig, so entspannt wie möglich zu sein, wenn du visualisierst.

Du kannst dich hinlegen oder dich in einem bequemen Stuhl setzen.

Sorge unbedingt dafür, dass du nicht gestört wirst.

Entspanne dich.

Wenn du dich wohlfühlst, fange an, dich auf deinen Atem zu konzentrieren.

Atme 21-mal tief ein und aus.

Nimm dir Zeit, während sich diese Erfahrung in dir entfaltet.

Schenke deine Aufmerksamkeit dem sanften Ansteigen und Einsinken deiner Brust.

Atme tief ein...

...und aus.

Atme langsam und tief ein...

...und langsam und tief aus.

Das langsame Atmen hilft deinem Körper, sich zu entspannen.

Nun geht deine Aufmerksamkeit auf deine Füße. Fühle die Wärme und die Energie, die dort ist.

Lasse jede Spannung los, die du dort spürst.

Richte deine Aufmerksamkeit jetzt auf deine Beine...

...deinen Bauch...

...und dann deinen Po.

Jetzt auf deinen Rücken...

...anschließend deine Brust.

Fühle die Wärme und Energie in dir, während du dich immer tiefer entspannst...

Breite dieses Gefühl in deinem ganzen Körper aus.

Nimm dir noch ein paar Minuten, bis du ruhig, entspannt und warm bist! Genieße es wie ein angenehmes Gefühl, das du verlängern möchtest.

Nun stelle dir vor, dass du aus deinem Herzen atmest. Lege deine Hände sanft auf dein Herz und nimm Kontakt mit deinem Herzklopfen auf.

Spüre den Rhythmus deines Herzens.

Beginne mit dem Ausatmen und zähle bis 6...

...und Einatmen 1,2,3,4,5,6.

Das ganze 10-mal.

Atme in diesem bewussten, rhythmischen Muster. Genieße das Gefühl, bis du wieder meine Stimme hörst.

Du fühlst dich wohl und geborgen.

Erhebe dich von deinem Sitz und stelle dich locker hin.

Du stehst nun gerade, und deine Arme hängen locker an der Seite herunter.

Schließe die Augen und konzentriere dich auf die Atmung.

Tief atmen, so lange wie du magst.

Verbinde dich mit deinem Baum. Sei der Baum!

Visualisiere in deiner Vorstellung auf dem Boden den gelb-goldenen Kreis um dich herum.

In diesem Kreis bist du der Mensch, der du sein willst.

Du hast deinen neuen Umhang an...

Stelle dir nun neben deinem eigenen Kreis den zweiten Kreis vor, der an diesen Kreis anliegt, so dass es wie eine liegende Acht aussieht.

Wovon möchtest du dich in deinem Leben verabschieden? Schau in dein Notizbuch. Visualisiere das entsprechende Symbol in den zweiten Kreis.

Beide Kreise in deiner Vorstellung sind auf dem Boden gut geerdet.

Stelle dir jetzt vor, dass eine Farbe deiner Wahl im Symbol-Kreis entlang fließt.

Sie fließt im Uhrzeigersinn und geht dann in deinen eigenen Kreis über.

Im eigenen Kreis läuft die Farbe gegen den Uhrzeigersinn.

Beobachte den Kreislauf...

Du fühlst dich wohl und geborgen...

Entspanne dich weiter und betrachte dich selbst.

Mehr ist nicht zu tun, nur beobachten und dich betrachten.

Nichts ist richtig, nichts ist falsch.

Es gibt nur Beobachtung.

Du betrachtest dich in jedem Moment neu und frisch.

Und du betrachtest deinen Atem.

Du nimmst dir die Zeit, um deinen Atem und seinen Rhythmus zu beobachten.

Das Einatmen und das Ausatmen... es gibt keinen Grund etwas zu ändern.

Das Einatmen, das Ausatmen, es passiert ganz von selbst.

Du beobachtest es nur.

Du bemerkst die Intensität des Atmens.

Ist dein Atem regelmäßig?

Ist er tief oder gehemmt?

Kannst du den Gedanken dahinter erkennen?

Ist dein Atem schnell oder langsam?

Wie fühlst du dich?

Es gibt kein Richtig, es gibt kein Falsch.

Es gibt nur das Beobachten.

Beobachte dich weiter.

Beobachte deinen Körper als Ganzes.

Ist Spannung da?

Verändere nichts, denn es gibt nichts, was man jetzt verändern müsste.

Du betrachtest nur deinen Körper.

Welche Gedanken kommen auf?

Wenn es irgendeine Stelle an deinem Körper gibt, die deine Aufmerksamkeit erfordert, erlaube deiner Aufmerksamkeit, dorthin zu gleiten.

Wie fühlt sich das an?

Du merkst, dass es ein Beobachten gibt und einen Beobachter, der das Beobachten beobachtet.

Bemerke diese beiden Instanzen.

Beobachte dich weiter, deinen Atem, und bemerke den Fluss deines Atems.

Weiterhin beobachtest du dich und beobachtest weiter.

Nun schaust du in deine Umgebung und beobachtest dich, wie du deine Umgebung betrachtest.

Betrachte weiter deine Umgebung und bemerke, welche Gedanken aufkommen.

Was fühlst du jetzt? Wie ist dabei dein Atem?

Bleibt er gleichmäßig oder verändert er sich?

Schaue dir die Objekte im Raum an...

Eines nach dem anderen...

Beobachte das.

Und weiter beobachtest du deine Umgebung und betrachtest dich während du deine Umgebung beobachtest.

Es gibt nichts zu tun, nur beobachten.

Du bist nur Beobachter.

Lenke die Aufmerksamkeit auf die Geräusche, die du hörst...

Was hörst du?

Beobachte das... Was denkst du darüber?

Höre es einfach...

Was riechst du? Gibt es einen bestimmten Duft in der Luft?

Rieche es... weiter nichts...

Beobachte nun deine Zunge im Mund...

...wie sie sich ständig bewegt.

Wonach schmeckt sie?

Nimm auch das wahr... und beobachte dich dabei...

Welche Gedanken hast du jetzt? Beobachte sie. Benenne sie.

Welche Gefühle folgen deinen Gedanken?

Was möchtest du jetzt am liebsten tun?

Beobachte, was hochkommt... mehr nicht...

Entspanne dich...

Lasse dir Zeit, während diese Erfahrung sich entfaltet.

Komme nun zurück ins Hier und Jetzt.

Atme dreimal tief durch und bleibe eine Weile sitzen, bevor du zum Tagesgeschäft übergehst.

Diese Übung kannst du tun, wann immer du Lust dazu hast, über den ganzen Tag verteilt: einfach dich im Alltag beobachten.

Tag 9 Übung

Die folgende Übung ist eine weitere Arbeit mit der Visualisierung. Sie eröffnet neue innere Räume und Wirklichkeiten. Sie zeigt dir, wie Selbstliebe in der Tat aussieht. Du kannst die aufkommenden Bilder ergänzen und ausdehnen. Es liegt ganz bei dir.

Übung

Dusche dich vor der Übung. Ziehe dir bequeme Kleidung an. Lege die CD ein.

Entspanne dich. Es ist wichtig, so entspannt wie möglich zu sein, wenn du visualisierst.

Du kannst dich hinlegen oder dich in einem bequemen Stuhl setzen.

Sorge unbedingt dafür, dass du nicht gestört wirst.

Entspanne dich.

Wenn du dich wohlfühlst, fange an, dich auf deinen Atem zu konzentrieren.

Atme 21-mal tief ein und aus.

Nimm dir Zeit, während sich diese Erfahrung in dir entfaltet.

Schenke deine Aufmerksamkeit dem sanften Ansteigen und Einsinken deiner Brust.

Atme tief ein...

...und aus.

Atme langsam und tief ein...

...und langsam und tief aus.

Das langsame Atmen hilft deinem Körper, sich zu entspannen.

Nun geht deine Aufmerksamkeit auf deine Füße. Fühle die Wärme und die Energie, die dort ist.

Lasse jede Spannung los, die du dort spürst.

Richte deine Aufmerksamkeit jetzt auf deine Beine...

...deinen Bauch...

...und dann deinen Po.

Jetzt auf deinen Rücken...

...anschließend deine Brust.

Fühle die Wärme und Energie in dir, während du dich immer tiefer entspannst...

Breite dieses Gefühl in deinem ganzen Körper aus.

Nimm dir noch ein paar Minuten, bis du ruhig, entspannt und warm bist! Genieße es wie ein angenehmes Gefühl, das du verlängern möchtest.

Nun stelle dir vor, dass du aus deinem Herzen atmest. Lege deine Hände sanft auf dein Herz und nimm Kontakt mit deinem Herzklopfen auf.

Spüre den Rhythmus deines Herzens.

Beginne mit dem Ausatmen und zähle bis 6...

...und Einatmen 1,2,3,4,5,6.

Das ganze 10-mal.

Atme in diesem bewussten, rhythmischen Muster. Genieße das Gefühl, bis du wieder meine Stimme hörst.

Du fühlst dich wohl und geborgen.

Erhebe dich von deinem Sitz und stelle dich locker hin.

Du stehst nun gerade, und deine Arme hängen locker an der Seite herunter.

Schließe die Augen und konzentriere dich auf die Atmung.

Tief atmen, so lange wie du magst.

Verbinde dich mit deinem Baum. Sei der Baum!

Visualisiere in deiner Vorstellung auf dem Boden den gelb-goldenen Kreis um dich herum.

In diesem Kreis bist du der Mensch, der du sein willst.

Du hast deinen neuen Umhang an...

Stelle dir nun neben deinem eigenen Kreis den zweiten Kreis vor, der an diesen Kreis anliegt, so dass es wie eine liegende Acht aussieht.

Wovon möchtest du dich in deinem Leben verabschieden? Schau in dein Notizbuch. Visualisiere das entsprechende Symbol in den zweiten Kreis.

Beide Kreise in deiner Vorstellung sind auf dem Boden gut geerdet.

Stelle dir jetzt vor, dass eine Farbe deiner Wahl im Symbol-Kreis entlang fließt.

Sie fließt im Uhrzeigersinn und geht dann in deinen eigenen Kreis über.

Im eigenen Kreis läuft die Farbe gegen den Uhrzeigersinn.

Beobachte den Kreislauf...

Du fühlst dich wohl und geborgen...

Schließe deine Augen.

Atme noch dreimal tief durch und entspanne deinen Körper.

Nun denke an jemanden, den du aus tiefstem Herzen liebst...

Oder denke an einen Moment, in dem du ein tiefes Gefühl von Geborgenheit und Angenommensein gespürt hast...

Stelle dir vor, wie dieses Gefühl wie ein warmer Luftstrom sich aus der Mitte deines Körpers ausbreitet.

Erlebe, wie dieser Strom pulsiert, ausstrahlt und jede Zelle deines Körpers erreicht.

Alle deine Zellen springen vor Freude.

Lade diese liebevolle Energie ein, auf anmutige Weise deinen Weg des Bewusstwerdens zu bereiten...

...während du deine von Natur gegebene Intuition zurückgewinnst und deine Verbindung mit deiner inneren Stimme stärkst.

Was kommt hoch?

Beobachte es, ohne zu bewerten.

Beobachte, wie dieser Strom sich in einen goldenen, lichtvollen Ball verwandelt. Lebendig und dynamisch.

Ein Licht voll geballter Intelligenz... Es ist ein Freund, der dich seit deiner Geburt begleitet.

Halte den Fokus auf dieses Licht. Es beginnt sich auszubreiten und erfüllt den ganzen Raum, das gesamte Haus und geht weiter...

Es erhöht die Schwingung im Raum und strahlt in alle Richtungen.

Spüre weiter diese unerschöpfliche Quelle, diesen Strom von Liebe und heilsamem Bewusstsein...

Spüre, wie es deine Schwingung erhöht und goldene Klarheit in dir ausbreitet...

Nimm dir Zeit, dies zu erfahren während es sich entfaltet.

Sieh dich nun als eine Person, die bedingungslose Selbstliebe lebt...

Jawohl! Ab diesem Moment.

Ignoriere jeden gegenteiligen Gedanken.

Ab diesem Moment liebst du dich selbst.

Du bist absolut authentisch und stehst für dich.

Beobachte, wie jetzt deine Beziehung zu dir und zu anderen ist?

Fühle die Qualität dieser Beziehung.

Sieh dich, wie du auf deinen Körper und Geist achtest, weil du dich liebst.

Du pflegst deinen Geist liebevoll mit positiven Gedanken und nährendem Wissen. Weil du dich liebst!

Sieh dich, wie du jenseits deiner Komfortzone neue Erfahrungen machst, wie sich dein Horizont erweitert und deine Persönlichkeit sich immer weiterentwickelt. Weil du dich liebst!

Sieh dich, wie du aus Neugier deine Fähigkeiten ausdehnst und zu dem Menschen wirst, der du sein willst. Weil du dich liebst!

Du pflegst deinen Körper liebevoll, versorgst ihn mit nährenden, wertvollen und gesunden Speisen. Weil du dich liebst!

Sieh dich, wie du für genug Licht und Bewegung sorgst. Weil du dich liebst!

Sieh, wie du die edlen und geschmackvollen Stoffe deiner Kleidung auf deinem Körper genießt. Weil du dich liebst!

Dein ganzes Wesen reagiert mit einer lichtvollen, anziehenden Ausstrahlung, enormer Kraft, Ausgeglichenheit, Gesundheit und innerer Freude.

Du liebst dich selbst, deshalb achtest du auf die Gesetze von Ursache und Wirkung.

Sieh dich, wie du gegenüber allen Lebewesen in einer wertschätzenden Weise fühlst, denkst und handelst. Weil du dich liebst!

Du hast begriffen, dass das, was du gibst und sendest, vervielfacht zu dir zurückkommt.

Du liebst dich. Deshalb sorgst du dafür, dass deine Umgebung dich inspiriert, freundlich und fürsorglich ist.

Sieh dich, wie du von liebevollen Menschen umgeben bist. Weil du dich liebst!

Du weißt jetzt, dass dein Umfeld ein Spiegel dessen ist, was du innerlich erlaubst.

Du liebst dich, deshalb kannst du allen und allem, was dich verletzt hat, verzeihen.

Sieh dich, wie du verstehst, dass vorbei ist, was auch immer dir geschehen ist, und dass deine Gegenwart und deine Zukunft von nun an in deinen Händen liegen. Weil du dich liebst!

Spüre, wie du in diesem Moment aus Liebe zu dir selber völlig loslassen kannst.

Du liebst dich jetzt und begreifst deshalb, dass alle Erfahrungen in deinem Leben wertvoll für dich sind.

Atme aus...

...und lade deinen Körper und deinen Geist jetzt wieder mit neuer frischer Energie auf.

Entspanne dich...

Sieh dich, wie du einen Beruf ausübst, der dir wirklich Freude macht und in welchem du dich weiterentwickelst, ein Beruf, der es dir erlaubt, all deine Fähigkeiten und Talente einzusetzen. Es ist dir wichtig, wie und wo du arbeitest. Weil du dich liebst!

Du achtest und liebst dich. Deshalb arbeitest du ausschließlich mit Menschen zusammen, die dich unterstützen, die dein Potential und dein Wesen schätzen und respektieren.

Sieh dich, wie du stets über ein gutes Einkommen verfügst, das es dir erlaubt, für dich, deine Familie und deine Freunde großzügig zu sein und Freude zu bereiten. Weil du dich liebst!

Du lebst in Fülle. Weil du dich liebst!

Jawohl, du liebst dich, und sorgst deshalb für ein schönes, gemütliches Zuhause für dich, deine Familie und deine Freunde.

Sieh, wie dein Zuhause alle deine Wünsche und Bedürfnisse nach Ruhe, Schutz und Geborgenheit erfüllt. Weil du dich liebst!

Erfülle jede Ecke und jeden Raum in deinem Heim mit Frieden und Liebe, damit alle, die hier mit dir leben, und jeder, der dich besucht, diese herrliche Oase der Ruhe spürt, sich entspannt und genährt, gehalten und beschützt wird. Weil du dich liebst!

Du liebst dich und deshalb lebst du ganz im Jetzt.

Du liebst dich und deshalb erinnerst du dich täglich, im Augenblick zu leben...

... wohl wissend und im Vertrauen darauf, dass deine Zukunft für dich nur Gutes bereithält, denn du bist nun ein von dir geliebtes Kind.

Komme nun zurück ins Hier und Jetzt.

Atme dreimal tief durch und bleibe eine Weile sitzen, bevor du zum Tagesgeschäft übergehst.

Tag 10 Übung

Stelle Kontakt zu deinem Körper her!

Du hast nur einen Körper , also gib ihm die Aufmerksamkeit, die er verdient.

Schau dich fünf Minuten unbekleidet im Spiegel an und beachte, welche Gefühle dabei auftauchen.

Nimm danach dein Notizbuch und schreibe zu folgenden Punkten deinen Standpunkt auf:

Was denkst du über deinen Körper?

Lass ihn wissen, wie du in ihm lebst.

Welches Selbstbild hast du von dir mit diesem Körper? Sei unbedingt ehrlich.

Welche Ängste, Befürchtungen und Hoffnungen hast du hinsichtlich deines Körpers?

Sag deinem Körper, was du dir von ihm wünschst.

Lass ihn wissen, wie du ihn von heute an erleben möchtest!

Wie sehr bist du bereit zu fühlen?

Was möchtest du fühlen?

Wie viel Energie willst du haben?

Wie viel Freude möchtest du durch deinen Körper erfahren?

Welche Art von Freude soll das sein?

Erzähle deinem Körper, welche Pläne, Träume und Ziele du hast.

Wie kann dich dein Körper dabei unterstützen?

Was bist du bereit, für deinen Körper zu tun?

Nun schreibe deine aufrichtige Wertschätzung und deinen Dank an deinen Körper für die gute Arbeit, die er täglich für dich vollbringt.

Entwickle eine Beziehung zwischen den Ideen, die du verwirklichen möchtest, und deinem Körper, der diese Ideen in konkretes Handeln umsetzen soll. Sieh es als eine »Win-Win-Beziehung«, die auf gegenseitigem Respekt und beiderseitiger Liebe beruht. Schaffe dir auf diese Weise dein wundervolles Zuhause für unterwegs.

Tag 11 Übung

Die folgende Übung ist ein äußerst wirksames Instrument, um eine Verbindung zwischen Herz und Verstand herzustellen. Durch die gezielte Anwendung der Übung haben die männlichen und weiblichen Energien die Gelegenheit, ihren Platz zu finden und sich neu auszurichten.

Ziel der Übung

Wir alle haben einen bevorzugten Ausdruck unseres Geschlechtes.

Als Mann mag man es bevorzugen, die weiblichen Qualitäten zu leben und auszudrücken oder die männlichen.

Das gleiche gilt für eine Frau. Sie kann sich bevorzugt männlich oder weiblich ausdrücken.

In der folgenden Übung geht es darum, deinen persönlichen geschlechtlichen Ausdruck zu finden und mit verlorengegangenen oder bislang abgelehnten Anteilen zu verbinden.

Ein Bespiel: Wenn du (ob Mann oder Frau) dich in deinem männlichen Ausdruck wohler fühlst, kann es sein, dass dein »innerer Mann« sich vor deiner »inneren Frau« fürchtet.

Vielleicht denkst du, dass Attribute wie Weichheit und Emotionalität deinen Führungsqualitäten im Wege stehen. Das kann dazu führen, dass du auf deine Umgebung streng und herrisch wirkst. Du hast den Anspruch, Dinge und Menschen zu besitzen und über sie zu bestimmen.

Qualitäten wie Bedürftigkeit, Tiefe, Offenheit und emotionale Beziehungen widern dich an, sie machen dir Angst, du verstehst sie nicht. Du fühlst dich schlicht zweigeteilt und gerätst deshalb oft in Konflikte.

Möchtest du das ändern?

Diese Übung wird dich in diesem Fall darin unterstützen, mehr weibliche Qualitäten wie Mitgefühl und Sanftmut in dein Leben und deinen Führungsstil zu integrieren.

Ein anderes Beispiel:

Fällt es dir schwer, Entscheidungen zu treffen, aktiv zu werden und die Dinge zum Abschluss zu bringen? Vielleicht denkst du, dass Qualitäten wie Härte und Zielstrebigkeit zu verachten sind, obwohl du diese Qualitäten bei deinen Mitmenschen heimlich bewunderst.

Dann fürchtest du dich vor deinen männlichen Qualitäten. Wenn du lernst, diese abgelehnten Qualitäten zu integrieren, fühlst du dich mit Sicherheit ganzheitlicher und lebendiger.

Wie du siehst, geht es nicht darum, den bevorzugten Ausdruck zu verändern oder aufzulösen. Es geht darum, beide Ausdrucksformen auszugleichen, aufzulockern, in einen natürlichen Fluss zu bringen und zu erweitern.

Das Ausgleichen deiner männlichen und weiblichen Kraft erlaubt dir, dich in deinem Körper und Geist harmonischer zu fühlen und somit harmonische Beziehungen zu führen.

Vorbereitung für diese Übung

Lege etwas zum Schreiben bereit.

Mache es dir so bequem wie möglich. Ich empfehle dir, dich hinzulegen. Wenn du dich lieber hinsetzt, unterstützte deinen Rücken mit Kissen, damit du dich gemütlich und entspannt zurücklehnen kannst.

Die Übung ist ein kraftvoller, intimer Prozess. Führe ihn deshalb an einem ruhigen Ort durch, wo du auf jeden Fall ungestört bleibst.

Übung

Dusche dich vor der Übung. Ziehe dir bequeme Kleidung an. Lege die CD ein.

Entspanne dich. Es ist wichtig, so entspannt wie möglich zu sein, wenn du visualisierst.

Du kannst dich hinlegen oder dich in einem bequemen Stuhl setzen.

Sorge unbedingt dafür, dass du nicht gestört wirst.

Entspanne dich.

Wenn du dich wohlfühlst, fange an, dich auf deinen Atem zu konzentrieren.

Atme 21-mal tief ein und aus.

Nimm dir Zeit, während sich diese Erfahrung in dir entfaltet.

Schenke deine Aufmerksamkeit dem sanften Ansteigen und Einsinken deiner Brust.

Atme tief ein...

...und aus.

Atme langsam und tief ein...

...und langsam und tief aus.

Das langsame Atmen hilft deinem Körper, sich zu entspannen.

Nun geht deine Aufmerksamkeit auf deine Füße. Fühle die Wärme und die Energie, die dort ist.

Lasse jede Spannung los, die du dort spürst.

Richte deine Aufmerksamkeit jetzt auf deine Beine...

...deinen Bauch...

...und dann deinen Po.

Jetzt auf deinen Rücken...

...anschließend deine Brust.

Fühle die Wärme und Energie in dir, während du dich immer tiefer entspannst...

Breite dieses Gefühl in deinem ganzen Körper aus.

Nimm dir noch ein paar Minuten, bis du ruhig, entspannt und warm bist! Genieße es wie ein köstliches Gefühl, das du verlängern möchtest.

Nun stelle dir vor, dass du aus deinem Herzen atmest. Lege deine Hände sanft auf dein Herz und nimm Kontakt mit deinem Herzklopfen auf.

Spüre den Rhythmus deines Herzens.

Beginne mit dem Ausatmen und zähle bis 6...

...und Einatmen 1,2,3,4,5,6.

Das ganze 10-mal.

Atme in diesem bewussten, rhythmischen Muster. Genieße das Gefühl, bis du wieder meine Stimme hörst.

Du fühlst dich wohl und geborgen.

Bleibe still und ruhig sitzen oder liegen.

Schließe die Augen und konzentriere dich auf die Atmung.

Tief atmen, so lange wie du magst.

Verbinde dich mit deinem Baum. Sei der Baum!

Visualisiere in deiner Vorstellung auf dem Boden den gelb-goldenen Kreis um dich herum.

In diesem Kreis bist du der Mensch, der du sein willst.

Du hast deinen neuen Umhang an...

Stelle dir nun neben deinem eigenen Kreis den zweiten Kreis vor, der an diesen Kreis anliegt, so dass es wie eine liegende Acht aussieht.

Wovon möchtest du dich in deinem Leben verabschieden? Schau in dein Notizbuch. Visualisiere das entsprechende Symbol in den zweiten Kreis.

Beide Kreise in deiner Vorstellung sind auf dem Boden gut geerdet.

Stelle dir jetzt vor, dass eine Farbe deiner Wahl im Symbol-Kreis entlang fließt.

Sie fließt im Uhrzeigersinn und geht dann in deinen eigenen Kreis über.

Im eigenen Kreis läuft die Farbe gegen den Uhrzeigersinn.

Beobachte den Kreislauf...

Du fühlst dich wohl und geborgen...

Wenn du sitzt, leg deine Hände in einer Gebetshaltung auf Brusthöhe, die Handflächen liegen aneinander.

Wenn du liegst, dann sind deine Hände übereinandergelegt in der Mitte deines Brustbereichs.

So hast du bereits eine hervorragende Basis geschaffen, um deine männlichen und weiblichen Energien (hier mittels deiner Hände) auszugleichen.

Schließe deine Augen.

Visualisiere in deinem Geist einen großen Spiegel.

Stelle dich vor diesem Spiegel.

Du bist ganz allein und siehst nur dich selbst.

Schau in den Spiegel und lasse dir ein Bild von dir selbst in deinem bevorzugten geschlechtlichen Ausdruck in Form von einem Mann oder einer Frau zeigen.

Wenn du eine Frau bist und eher den männlichen Ausdruck bevorzugst, dann sieh ein Bild von diesem Mann im Spiegel.

Bringe deine Aufmerksamkeit in die rechte Körperhälfte und linke Kopfseite....

... spanne deine rechte Hand ein wenig an. Das wird dir helfen, auf dieser Körperseite zu bleiben.

Wenn du dich als Frau eher weiblich ausdrückst, sieh ein Spiegelbild von dir selbst als Frau.

Bringe deine Aufmerksamkeit in die linke Körperhälfte und rechte Kopfseite...

...spanne deine linke Hand ein wenig an. Das wird dir helfen, auf dieser Körperseite zu bleiben.

Wenn du ein Mann bist und dich eher weiblich ausdrückst, lasse ein Bild von dir als eine Frau entstehen.

Konzentrieren dich dabei auf die linke Körperhälfte und die rechte Kopfseite...

...spanne deine linke Hand ein wenig an. Das wird dir helfen auf dieser Körperseite zu bleiben.

Wenn du in deinem männlichen Körper eher die männlichen Qualitäten lebst, dann sieh das Bild von dir selber als Mann.

Konzentriere dich dabei auf die rechte Körperhälfte und die linke Kopfseite...

...spanne deine rechte Hand ein wenig an. Das wird dir helfen, auf dieser Körperseite zu bleiben.

Nutze deine Fantasie und lasse dein Bild von dir so bunt und so reichhaltig wie möglich erscheinen.

Baue eine Kulisse mit Düften und Kleidung, Farben, Tönen, die dir helfen, die genauen Eigenschaften des Geschlechts zu verstehen, das du bevorzugst.

Das, was du jetzt im Spiegel siehst, ist das Geschlecht, das du am meisten wertschätzt, unabhängig davon, welchem Geschlecht du wirklich angehörst.

Nimm dir Zeit, während diese Erfahrung sich entfaltet.

Nun lasse im Spiegel neben dem ersten Bild ein zweites Bild von dir entstehen.

Es ist ein Bild vom gegenteiligen Geschlecht.

Das Geschlecht, mit dem du im Widerstand bist, dessen Qualitäten du nicht völlig integriert hast oder nicht überzeugt leben kannst.

Wenn das erste Bild ein Mann ist, dann ist die zweite Visualisierung die einer Frau.

Konzentriere dich dabei nun auf die linke Körperhälfte und die rechte Kopfseite.

Wenn das erste Bild eine Frau ist, dann ist die zweite Visualisierung die eines Mannes.

Konzentriere dich dann auf die rechte Körperhälfte und die linke Kopfseite.

Nutze deine Fantasie und lasse das Bild so bunt und so reichhaltig wie möglich erscheinen.

Ergänze deine zuvor visualisierte Kulisse...

...vielleicht entstehen neue Töne oder Düfte...

...oder der Raum verändert sich gänzlich.

Schau, was du siehst, das hilft dir, die genauen Eigenschaften dieses Geschlechts zu begreifen.

Nimm dir Zeit, während diese Erfahrung sich entfaltet.

Blicke in den Spiegel und bitte die beiden Bilder, zusammen nebeneinander zu stehen.

Bitte dein bevorzugtes Geschlecht die Hand des anderen Geschlechts, das nun deine Liebe und volle Aufmerksamkeit braucht, zu halten.

Schau weiter in den Spiegel.

Deine Aufmerksamkeit richtet sich jetzt auf deinen gesamten Körper...

...die linke und die rechte Seite.

Du bist ein Ganzes!

Beachte genau, welche Emotionen sich zeigen...

...fühle sie!

Nimm dir Zeit, während diese Erfahrung sich entfaltet.

Bitte nun die beiden, einander in die Augen zu schauen.

Frage sie, warum sie sich widersetzen.

Lass die Antworten in deinem Inneren geschehen.

Wenn es Unstimmigkeiten auf einer oder gar beiden Seiten gibt, dann bitte deinen inneren Mann und deine innere Frau, genau zu sagen, was sie sich voneinander wünschen.

Schreibe es auf.

Fang bei deiner inneren Frau an:

Was empfindet der innere Mann bei der Konzentration auf die innere Frau?

Spüre genau ob er in der Vergangenheit durch diesen Zwiespalt gelitten hat?

Lasse deinen Gefühlen freien Lauf!

Vielleicht möchte dein innerer Mann deiner inneren Frau etwas mitteilen. Etwas was ihn verletzt hat oder was er nicht mag, vielleicht ist er wütend, dass er sich nicht so zeigen darf, wie er ist...

...stolz, kraftvoll und kriegerisch.

Oder ist er beleidigt oder vielleicht traurig?

Es kann auch sein, dass er sich bei ihr für etwas bedanken möchte!

Schreibe deine Gefühle auf, dann hast du einen besseren Überblick über das Geschehen.

Mache das gleiche mit deinem inneren Mann.

Was empfindet deine innere Frau bei der Konzentration auf deinen inneren Mann?

Spüre genau, wie es ihr mit diesem Zwiespalt ergangen ist.

Lasse sie ihm das mitteilen. Was genau braucht sie?

Was möchte sie gerne leben? Ist es Verletzlichkeit oder Bedürftigkeit?

Worauf freut sie sich?

Wenn deine inneren männlichen und weiblichen Seiten miteinander streiten, höre ihnen zu.

Lasse dir Zeit, während diese Erfahrung sich entfaltet.

Komme zu einer Vereinbarung, die beide Prinzipien ehrt.

Scheibe auf, worauf du im Hinblick auf jeder Seite von nun an achten willst.

Lasse beide Teile wissen, dass sie nun gesehen werden und in Sicherheit sind.

Jedes Urteil, jeder Hass, jede Wut, Trauer und Angst, jeder Widerstand und jede andere negative Emotion, die noch zwischen beiden Aspekten steht, kann jetzt losgelassen und aufgelöst werden.

Atme tief aus, und bringe mit dem Einatmen neuen Schwung in dich.

Bitte jedes der beiden Geschlechter, die Vergangenheit hinter sich zu lassen und mit dem Kampf aufzuhören.

Spüre, wie beide Anteile die Gefühle, die sich gezeigt haben, annehmen.

Anerkennung, Trost und Hilfestellung wird von nun an diese Beziehung prägen.

Wenn beide die Vergangenheit hinter sich gelassen haben, bitte sie, von diesem Augenblick an zusammenzuarbeiten.

Jetzt lasse deinen inneren Mann und deine innere Frau sich inniglich umarmen.

Bitte die beiden Energien in Liebe ineinander zu strömen und lasse sie dies auch tun.

Spüre, wie sich die Grenze zwischen männlicher und weiblicher Energie allmählich in dir auflöst.

Die Energien vermischen sich.

Fühle, wie diese Energie der Vereinigung sich tief in deinem Inneren verankert.

Nimm dir Zeit, während diese Erfahrung sich in dir entfaltet.

Endlich bist du ein ganzes und vollständiges Wesen, das sich selbst umarmt.

Erkenne, dass du, wenn beide Geschlechter in dir ausgeglichen sind, dir erlauben kannst, *alles* zu sein, was du in diesem Leben bist.

Beachte, dass deine innere Frau von deinem inneren Mann beschützt und geehrt werden möchte, damit sie dich weiterhin zur Erfüllung deiner Herzenswünsche führen kann.

Dein innerer Mann will gefördert und unterstützt werden, damit er die richtigen Maßnahmen zur Erreichung deiner Wünsche ergreifen kann.

Entspanne dich.

Lasse dir Zeit, während diese Erfahrung sich entfaltet.

Komme nun zurück ins Hier und Jetzt.

Atme dreimal tief durch und bleibe eine Weile sitzen, bevor du zum Tagesgeschäft übergehst.

Gut gemacht! Das schafft innere Harmonie!

Tag 12 Übung

Die folgende Übung zeigt dir, dass deine inneren ungeliebten Kinder lediglich gesehen und anerkannt werden möchten. Mehr nicht! Wollen Kinder beachtet werden, nerven sie so lange, bis man es tut. Also, schau sie dir an.

Teil I

Gestalte dir einen gemütlichen Platz mit einer Lieblingsdecke, einem Kissen, etwas Leckerem zu trinken, schaffe für dich eine schöne entspannte Atmosphäre, und wenn du Kuscheltiere magst, hole sie ruhig dazu! Die Hauptsache ist, dass du es dir so bequem, kuschelig und nett wie möglich machst.

Übung

Dusche dich vor der Übung. Ziehe dir bequeme Kleidung an. Lege die CD ein.

Entspanne dich. Es ist wichtig, so entspannt wie möglich zu sein, wenn du visualisierst.

Du kannst dich hinlegen oder dich in einem bequemen Stuhl setzen.

Sorge unbedingt dafür, dass du nicht gestört wirst.

Entspanne dich.

Wenn du dich wohlfühlst, fange an, dich auf deinen Atem zu konzentrieren.

Atme 21-mal tief ein und aus.

Nimm dir Zeit, während sich diese Erfahrung in dir entfaltet.

Schenke deine Aufmerksamkeit dem sanften Ansteigen und Einsinken deiner Brust.

Atme tief ein...

...und aus.

Atme langsam und tief ein...

...und langsam und tief aus.

Das langsame Atmen hilft deinem Körper, sich zu entspannen.

Nun geht deine Aufmerksamkeit auf deine Füße. Fühle die Wärme und die Energie, die dort ist.

Lasse jede Spannung los, die du dort spürst.

Richte deine Aufmerksamkeit jetzt auf deine Beine...

...deinen Bauch...

...und dann deinen Po.

Jetzt auf deinen Rücken...

...anschließend deine Brust.

Fühle die Wärme und Energie in dir, während du dich immer tiefer entspannst...

Breite dieses Gefühl in deinem ganzen Körper aus.

Nimm dir noch ein paar Minuten, bis du ruhig, entspannt und warm bist! Genieße es wie ein köstliches Gefühl, das du verlängern möchtest.

Nun stelle dir vor, dass du aus deinem Herzen atmest. Lege deine Hände sanft auf dein Herz und nimm Kontakt mit deinem Herzklopfen auf.

Spüre den Rhythmus deines Herzens.

Beginne mit dem Ausatmen und zähle bis 6...

...und Einatmen 1,2,3,4,5,6.

Das ganze 10-mal.

Atme in diesem bewussten, rhythmischen Muster. Genieße das Gefühl, bis du wieder meine Stimme hörst.

Du fühlst dich wohl und geborgen.

Bleibe still und ruhig sitzen oder liegen.

Schließe die Augen und konzentriere dich auf die Atmung.

Tief atmen, so lange wie du magst.

Verbinde dich mit deinem Baum. Sei der Baum!

Visualisiere in deiner Vorstellung auf dem Boden den gelb-goldenen Kreis um dich herum.

In diesem Kreis bist du der Mensch, der du sein willst.

Du hast deinen neuen Umhang an...

Stelle dir nun neben deinem eigenen Kreis den zweiten Kreis vor, der an diesen Kreis anliegt, so dass es wie eine liegende Acht aussieht.

Wovon möchtest du dich in deinem Leben verabschieden? Schau in dein Notizbuch. Visualisiere das entsprechende Symbol in den zweiten Kreis.

Beide Kreise in deiner Vorstellung sind auf dem Boden gut geerdet.

Stelle dir jetzt vor, dass eine Farbe deiner Wahl im Symbol-Kreis entlang fließt.

Sie fließt im Uhrzeigersinn und geht dann in deinen eigenen Kreis über.

Im eigenen Kreis läuft die Farbe gegen den Uhrzeigersinn.

Beobachte den Kreislauf...

Schließe die Augen und sieh dich selbst als Kind.

Du bist zwischen drei und acht Jahre alt.

Welche Worte beschreiben dich am besten?

Lies nun die kleine Liste weiter unten, die dich unterstützt, deinen genauen Ausdruck zu finden und deine verlorenen Anteile zu entdecken.

Entspanne dich.

Lasse dir bei jedem Wort ein paar Sekunden Zeit, während Gedanken und Gefühle sich in dir entfalten.

Fühle jedes Wort.

Was ist es, was in dir gesehen beziehungsweise gelebt werden möchte?

Unterstreiche die Worte, die dich besonders berühren oder besondere Reaktionen hervorrufen:

Aggressiv, ängstlich, neugierig, besiegt, getäuscht, anspruchsvoll, abhängig, niedergeschlagen, verzweifelt, mittellos, zerstörerisch, fanatisch, fähig, fit, aufgetankt, ausgelaugt, ausgestellt, bedroht, im Mittelpunkt, altruistisch, umarmt, in Panik, jähzornig, kalt, bedrückt, belästigt, beschnitten, bloßgestellt, scharf, Bäume ausreißen können, schön, durstig, eingeengt, eingeschüchtert, einsam, ekelig, erleichtert, bestätigt, bestraft, sanft, stur, überlegend, wütend, schüchtern, tolerant, unbekümmert, verständnisvoll, unversöhnlich, betäubt, betrogen, betrunken, angeschwärzt, angespannt, bevormundet, bitter, erleuchtet, erniedrigt, erregt, feige, arrogant, Furcht, fickrig, abgebaut, abgebrüht ,frei, flüchtig, geborgen, geduldig, ärgerlich, beschwingt, besiegt, gefoltert, gefühllos, beliebt, ätzend, aufgemuntert, gelangweilt, genötigt, gefangen, geprügelt, arrogant, geschlagen, gefügig, geschmeichelt, gierig, analytisch, heiß, hilflos, offen, paranoid, leidenschaftlich, passiv, friedlich, Perfektionist, erbärmlich, erfreut, arm, besitzergreifend, kraftvoll, praktisch, beschäftigt, hoffnungslos, hungrig, im Gleichgewicht, in kosmischer Übereinstimmung, krank, berauscht, gespannt, gesund, Kummer, leer, schuldbewusst, schuldig, leicht, lustlos, untröstlich, verachtet, verbittert, unwichtig, lustvoll, unsicher, unter Druck, zuversichtlich, minderwertig, mitschuldig, müde, nervös, angegriffen, nicht beachtet, Nichts, selbstsicher, spritzig, stark, Stein auf der Brust, Alles, Stich ins Herz, stolz, verlassen, verletzt, sexy, traurig, trunken, brennend, dankbar, anpassungsfähig, ohnmächtig, provoziert, ausgewogen, pudelwohl, ratlos, alarmiert, reuevoll, energiebeladen, entschlossen, ruiniert, sauer, akzeptiert, alleingelassen, schwach, schwebend, schwer, schwindlig, übel, überheblich, übermüdet, überrascht, umworben, ungeliebt, unglücklich, anpassungsfähig, unterfordert, unternehmungslustig, unterschätzt, unterstützt, verfolgt, Vertrauen, verliebt, absorbiert, verraten, gespannt, verstanden, verstummt, ekstatisch, egozentrisch, egoistisch, verurteilt, verzweifelt, warm, angenehm, wohlwollend, aufgenommen, zornig, beleidigend, entgegenkommend, erreicht, wohlhabend, verärgert, genehmigt, beschämt, authentisch, schön, kriegerisch, beraubt, bitter, gelangweilt, trotzend, gemobbt, beruhigt, chaotisch, fröhlich, kalt, mitfühlend, wettbewerbsfähig, eingebildet, zuversichtlich, konfliktfähig, verwirrt, konservativ, wissend, ignorant, dick, dumm, gesprächig, gesteuert, regelnd, mutig, feige, kreativ, kritisch, grausam, freistehend, würdevoll, getrennt, entmutigt, angewidert, dominiert, dominierend, exzentrisch, einfühlsam, ermächtigt, neidisch, aufgeregt, geil, ausdrucksvoll, extrovertiert, heilig, treu, erschrocken, frustriert, froh, gut, dankbar, gierig, schuldig, harmonisch, hasserfühlt, hilfreich, hilflos, zögerlich, hoffnungslos, idealistisch, unwissend, ungeduldig, wichtig, verarmt, besessen, impulsiv, gleichgültig, individualistisch, beschissen, unsicher, unempfindlich, inspiriert, im Dienst, interessiert, introspektiv, selbstsabotierend, unverwundbar, involviert, unverantwortlich, irritiert, isoliert , eifersüchtig, freudig, beurteilt, wertend, faul, sympathisch, intolerant, lebhaft, verloren, geliebt, liebevoll, verrückt, manipulierend, wahnsinnig, vermittelnd, gesund, elend, Misstrauen, launisch, Moralapostel, negativ, edel, besessen, belesen, abwartend, bestraft, bestrafend, zielgerichtet, reaktionär, zurückgezogen, abgelehnt, Jubel, verdrängt, resigniert, resistent, verantwortlich, lächerlich, rechtschaffen, rücksichtslos, sadistisch, geheimnisvoll, egoistisch, Selbstannahme, Selbstverurteilung, unsinnig, selbstzerstörerisch, empfindlich, heiter, beschämt, schüchtern, stabil, stimuliert, geschlagen, unglücklich, unempfänglich, nicht vertrauend, vergeblich, bösartig, Opfer, gewalttätig, Visionär, weise, zurückgezogen, würdig, reich.

Nach dem Lesen dieser Liste hast du sicher erkannt, dass alle diese Gefühle gleichzeitig in dir lebendig sind. Die Buddhisten sprechen von 84.000 Emotionen, die jedem Menschen innewohnen. Das ist natürlich nur eine Metapher, die aufzeigen soll, wie reichhaltig unser Inneres ist.

Atme dreimal tief durch und bleibe eine Weile sitzen, bevor du zum Tagesgeschäft übergehst!

Extra-Übung, um deine Emotionen tiefer zu untersuchen. Nicht auf der CD!

Welche Gefühle sind dir besonders nahegegangen?

Schau auf deine Liste und benenne eines dieser Gefühle.

Spüre das Gefühl in diesem Moment.

Wo genau in deinem Körper sitzt es?

Vielleicht im Brustkorb?

Oder unterhalb der Kehle?

Vielleicht in der Herzgegend oder im Bauch?

Lenke deine gesamte Aufmerksamkeit genau auf dieses Gefühl und auf die räumliche Mitte des Gefühls.

Jetzt durchlebe dieses Gefühl. Bleibe ganz im Fühlen.

Und nun untersuche, was in der räumlichen Mitte dieses Gefühls wirklich vorhanden ist.

Was genau findest du dort?

Und wenn du dort etwas findest, was ist dann in der Mitte dessen?

Gehe immer weiter in die Mitte und immer weiter und weiter….

…sieh, was du dort findest…

…untersuche weiter diese Emotion…

…bis sie sich in dir auflöst.

Im Moment deiner Erkenntnis wird sich das Gefühl auflösen. Wenn die Emotion wiederkommt, untersuche sie erneut auf diese Weise. Mit der Zeit wird sie immer seltener auftauchen und irgendwann ganz verschwunden sein oder vielmehr: Sie wird sich integrieren, verwandeln und Platz auf der Sonnenseite des Palasts finden. Das Geheimnis ist lediglich das Betrachten und die Aufmerksamkeit, die sie verlangt, wie sie eben alle Kinder verlangen...

Diese Übung kannst du so oft machen, wie du willst. Mache sie vor allem, wenn du dich innerlich zerrissen fühlst.

Tag 13 Übung

Als ich die Übung mit meinen Chakren das erste Mal machte, kam ich im Bereich des Herzchakras mit einem Gefühl der Leere in Verbindung. Mir wurde klar, dass ich mehr um andere als um mich selbst bemüht war, also nicht gut auf mich selber achtete. An meinem Halschakra, dem Zentrum der Kommunikation, fühlte es sich fest und verengt an. Das zeigte mir, dass es mir schwerfiel, eigene Wünsche zu äußern.

Du hast nun auch die Möglichkeit, genau nachzuspüren, was bei dir los ist und welche Lebensthemen eventuell einer gründlicheren Untersuchung bedürfen.

Übung

Dusche dich vor der Übung. Ziehe dir bequeme Kleidung an. Lege die CD eine.

Entspanne dich. Es ist wichtig, so entspannt wie möglich zu sein, wenn du visualisierst.

Du kannst dich hinlegen oder dich in einem bequemen Stuhl setzen.

Sorge unbedingt dafür, dass du nicht gestört wirst.

Entspanne dich.

Wenn du dich wohlfühlst, fange an, dich auf deinen Atem zu konzentrieren.

Atme 21-mal tief ein und aus.

Nimm dir Zeit, während sich diese Erfahrung in dir entfaltet.

Schenke deine Aufmerksamkeit dem sanften Ansteigen und Einsinken deiner Brust.

Atme tief ein...

...und aus.

Atme langsam und tief ein...

...und langsam und tief aus.

Das langsame Atmen hilft deinem Körper, sich zu entspannen.

Nun geht deine Aufmerksamkeit auf deine Füße. Fühle die Wärme und die Energie, die dort ist.

Lasse jede Spannung los, die du dort spürst.

Richte deine Aufmerksamkeit jetzt auf deine Beine...

...deinen Bauch...

...und dann deinen Po.

Jetzt auf deinen Rücken...

...anschließend deine Brust.

Fühle die Wärme und Energie in dir, während du dich immer tiefer entspannst...

Breite dieses Gefühl in deinem ganzen Körper aus.

Nimm dir noch ein paar Minuten, bis du ruhig, entspannt und warm bist! Genieße es wie ein köstliches Gefühl, das du verlängern möchtest.

Nun stelle dir vor, dass du aus deinem Herzen atmest. Lege deine Hände sanft auf dein Herz und nimm Kontakt mit deinem Herzklopfen auf.

Spüre den Rhythmus deines Herzens.

Beginne mit dem Ausatmen und zähle bis 6...

...und Einatmen 1,2,3,4,5,6.

Das ganze 10-mal.

Atme in diesem bewussten, rhythmischen Muster. Genieße das Gefühl, bis du wieder meine Stimme hörst.

Du fühlst dich wohl und geborgen.

Erhebe dich von deinem Sitz und stelle dich locker hin.

Du stehst nun gerade und deine Arme hängen locker an der Seite herunter.

Schließe die Augen und konzentriere dich auf die Atmung.

Tief atmen, so lange wie du magst.

Verbinde dich mit deinem Baum. Sei der Baum!

Visualisiere in deiner Vorstellung auf dem Boden den gelb-goldenen Kreis um dich herum.

In diesem Kreis bist du der Mensch, der du sein willst.

Du hast deinen neuen Umhang an...

Stelle dir nun neben deinem eigenen Kreis den zweiten Kreis vor, der an diesen Kreis anliegt, so dass es wie eine liegende Acht aussieht.

Wovon möchtest du dich in deinem Leben verabschieden? Schau in dein Notizbuch. Visualisiere das entsprechende Symbol in den zweiten Kreis.

Beide Kreise in deiner Vorstellung sind auf dem Boden gut geerdet.

Stelle dir jetzt vor, dass eine Farbe deiner Wahl im Symbol-Kreis entlang fließt.

Sie fließt im Uhrzeigersinn und geht dann in deinen eigenen Kreis über.

Im eigenen Kreis läuft die Farbe gegen den Uhrzeigersinn.

Beobachte den Kreislauf...

Du fühlst dich wohl und geborgen...

Öffne dein Wurzelchakra. Das ist die Region am Damm zwischen After und äußeren Geschlechtsorganen.

Visualisiere es als ein rotes, sich drehendes Lichtrad in diesem Bereich. Bringe die Energie nach außen, etwa einen Meter außerhalb deines Körpers.

Wie fühlt sich dieses Chakra an?

Welche Empfindungen im Körper oder welche Emotionen erhältst du aus diesem Chakra, wenn du an das Thema Überleben denkst?

Wie sicher fühlst du dich hier auf der Erde?

Bist du geerdet, oder fällt es dir schwer, dich mit der Erde zu verbinden?

Hast du manchmal das Gefühl, bedroht zu sein?

Oder ist die Welt ein sicherer Platz für dich?

Öffne jetzt dein Sexual- beziehungsweise Sakralchakra. Das ist die Region etwa eine Handbreit unter dem Bauchnabel.

Visualisiere es als ein orangenes sich drehendes Lichtrad in diesem Bereich. Bringe die Energie nach außen, etwa einen Meter außerhalb deines Körpers.

Wie fühlt sich dieses Chakra an?

Welche Empfindungen im Körper oder welche Emotionen erhältst du aus diesem Chakra, wenn du an das Thema Lust denkst?

Kannst du dich lustvoll hingeben? Kannst du die Genüsse, die das Leben bereithält, annehmen?

Oder bist du häufig eher mit Scham in Verbindung?

Öffne jetzt dein Kraft- oder Nabelchakra. Das ist die Region in der Höhe des Magens.

Visualisiere es als ein gelbes sich drehendes Lichtrad in diesem Bereich. Bringen die Energie nach außen, etwa einen Meter außerhalb deines Körpers.

Wie fühlt sich dieses Chakra an?

Welche Empfindungen im Körper oder welche Emotionen erhältst du aus diesem Chakra, wenn du an das Thema Macht und Willenskraft denkst?

Kannst du dich gut durchsetzen, oder empfindest du dich eher als Opfer der Umstände?

Hast du ein selbstbewusstes Auftreten, oder wirst du schnell übersehen?

Öffne nun dein Herzchakra. Das ist die Region mitten auf deiner Brust.

Visualisiere es vorne und hinten als ein grünes sich drehendes Lichtrad in diesem Bereich. Bringe die Energie nach außen, etwa einen Meter außerhalb deines Körpers.

Wie fühlt sich dieses Chakra an?

Welche Empfindungen im Körper oder welche Emotionen erhältst du aus diesem Chakra, wenn du an das Thema Beziehung und Liebe denkst?

Lebst du liebevolle Beziehungen? Kannst du dich von anderen berühren lassen?

Oder erlebst du in deinen Beziehungen eher Missbrauch und Kälte?

Fällt es dir leicht, Verantwortung für dich und andere zu übernehmen?

Oder fühlst du dich einsam und ausgeschlossen?

Öffne jetzt dein Halschakra. Das ist die Region mitten am Hals.

Visualisiere es als ein himmelblaues sich drehendes Lichtrad in diesem Bereich. Bringe die Energie nach außen, etwa einen Meter außerhalb deines Körpers.

Wie fühlt sich dieses Chakra an?

Welche Empfindungen im Körper oder welche Emotionen erhältst du aus diesem Chakra, wenn du an das Thema Kommunikation und Ausdruck denkst?

Weißt du, was du willst? Kannst du es ausdrücken und es in Empfang nehmen?

Fällt es dir leicht, vor anderen Menschen zu sprechen?

Oder bist du oft schüchtern und gehemmt?

Bist du kreativ?

Oder fällt es dir schwer, deine Wünsche auszusprechen und kompromisslos dafür einzustehen?

Öffne nun dein Stirnchakra. Das ist die Region zwischen deinen Augenbrauen.

Visualisiere es als ein indigofarbenes sich drehendes Lichtrad in diesem Bereich. Bringe die Energie nach außen, etwa einen Meter außerhalb deines Körpers.

Wie fühlt sich dieses Chakra an?

Welche Empfindungen im Körper oder welche Emotionen erhältst du aus diesem Chakra, wenn du an das Thema Spiritualität und Intuition denkst?

Fällt es dir leicht, etwas zu visualisieren, was scheinbar außerhalb des Irdischen oder des Möglichen liegt?

Oder machen solche Gedanken dich eher misstrauisch, überfordern dich gar?

Öffne schließlich dein Kronenchakra. Das ist die Region oberhalb des Scheitels.

Visualisiere es als ein violettfarbenes sich drehendes Lichtrad in diesem Bereich. Bringe die Energie nach außen oben, etwa einen Meter außerhalb deines Körpers.

Wie fühlt sich dieses Chakra an?

Welche Empfindungen im Körper oder welche Emotionen erhältst du aus diesem Chakra, wenn du an das Thema Verbundenheit mit allem und Erleuchtung denkst?

Fühlst du dich eins mit der Welt?

Oder erlebst du dich als isolierte Einheit?

Hat das Leben für dich einen höheren Sinn?

Oder ist das Leben für dich eher etwas Unangenehmes, was man hinter sich bringen sollte?

Schreibe nach der Übung deine Erfahrungen in dein Notizbuch.

Komme langsam zurück ins Hier und Jetzt. Atme drei mal tief durch und bleibe eine Weile sitzen, bevor du ins Tagesgeschäft übergehst.

Tag 14 Übung

Die folgende Übung lädt dich dazu ein, dein intuitives Selbst kennenzulernen und zu erforschen. Lasse durch die bewusste Anerkennung die daraus entstehende Freundschaft gedeihen.

Das Wichtigste bei dieser Meditation ist, einen offenen Geist beizubehalten. Lasse deine vorgefassten Meinungen oder Vorstellungen für einen Moment außer acht! Wie üblich, lege dir dein Notizbuch zurecht, damit du deine Erfahrungen, sobald du fertig bist, aufschreiben kannst.

Da es sich um eine besonders tiefgreifende Meditation handelt, möchtest du heute vielleicht dein Meditationszimmer auf besondere Weise vorbereiten. Zünde zum Beispiel eine Kerze an. Ich persönlich liebe es, für solche Rituale Blumen vor mich zu stellen, mir einen Tee zu kochen, eine warme Decke zu holen und eine Duftlampe anzuzünden.

Nimm dir während der folgenden Meditation Zeit. Versuche, dir so viele Einzelheiten wie möglich vorzustellen. Und vergiss nicht: Es ist wichtig, nicht mit einer vorgefassten Meinung bezüglich deines intuitiven Selbst in diese Meditation zu gehen.

Übung

Dusche dich vor der Übung. Ziehe dir bequeme Kleidung an. Lege die CD ein.

Entspanne dich. Es ist wichtig, so entspannt wie möglich zu sein, wenn du visualisierst.

Du kannst dich hinlegen oder dich in einem bequemen Stuhl setzen.

Sorge unbedingt dafür, dass du nicht gestört wirst.

Entspanne dich.

Wenn du dich wohlfühlst, fange an, dich auf deinen Atem zu konzentrieren.

Atme 21-mal tief ein und aus.

Nimm dir Zeit, während sich diese Erfahrung in dir entfaltet.

Schenke deine Aufmerksamkeit dem sanften Ansteigen und Einsinken deiner Brust.

Atme tief ein...

...und aus.

Atme langsam und tief ein...

...und langsam und tief aus.

Das langsame Atmen hilft deinem Körper, sich zu entspannen.

Nun geht deine Aufmerksamkeit auf deine Füße. Fühle die Wärme und die Energie, die dort ist.

Lasse jede Spannung los, die du dort spürst.

Richte deine Aufmerksamkeit jetzt auf deine Beine...

...deinen Bauch...

...und dann deinen Po.

Jetzt auf deinen Rücken...

...anschließend deine Brust.

Fühle die Wärme und Energie in dir, während du dich immer tiefer entspannst...

Breite dieses Gefühl in deinem ganzen Körper aus.

Nimm dir noch ein paar Minuten, bis du ruhig, entspannt und warm bist! Genieße es wie ein köstliches Gefühl, das du verlängern möchtest.

Nun stelle dir vor, dass du aus deinem Herzen atmest. Lege deine Hände sanft auf dein Herz und nimm Kontakt mit deinem Herzklopfen auf.

Spüre den Rhythmus deines Herzens.

Beginne mit dem Ausatmen und zähle bis 6...

...und Einatmen 1,2,3,4,5,6.

Das ganze 10-mal.

Atme in diesem bewussten, rhythmischen Muster. Genieße das Gefühl, bis du wieder meine Stimme hörst.

Du fühlst dich wohl und geborgen.

Bleibe still und ruhig sitzen oder liegen.

Schließe die Augen und konzentriere dich auf die Atmung.

Tief atmen, so lange wie du magst.

Verbinde dich mit deinem Baum. Sei der Baum!

Visualisiere in deiner Vorstellung auf dem Boden den gelb-goldenen Kreis um dich herum.

In diesem Kreis bist du der Mensch, der du sein willst.

Du hast deinen neuen Umhang an...

Stelle dir nun neben deinem eigenen Kreis den zweiten Kreis vor, der an diesen Kreis anliegt, so dass es wie eine liegende Acht aussieht.

Wovon möchtest du dich in deinem Leben verabschieden? Schau in dein Notizbuch. Visualisiere das entsprechende Symbol in den zweiten Kreis.

Beide Kreise in deiner Vorstellung sind auf dem Boden gut geerdet.

Stelle dir jetzt vor, dass eine Farbe deiner Wahl im Symbol-Kreis entlang fließt.

Sie fließt im Uhrzeigersinn und geht dann in deinen eigenen Kreis über.

Im eigenen Kreis läuft die Farbe gegen den Uhrzeigersinn.

Beobachte den Kreislauf...

Du fühlst dich wohl und geborgen...

Stelle dir vor, dass weißes Licht, aus dem Weltall kommend, in deine Lungen fließt und sich in deinem Solarplexus sammelt.

Beim Ausatmen fühlst du, wie die Ereignisse des Tages aus deinem Körper fliessen.

Das weiße Licht bewegt sich mit jedem Atemzug in deinem Solarplexus, auf und ab.

Spüre die Wärme der Energie, während das helle weiße Licht jetzt durch deine Muskeln und Organe fließt.

Bemerke das Kribbeln, wenn das Licht sich nach unten zu deinen Zehen und dann aufwärts zu deinem Kopf bewegt.

Dein ganzer Körper ist jetzt von diesem weißen Licht durchflutet, von innen nach außen.

Halte deine Augen geschlossen, schaue von innen auf deine Stirn, blicke zwischen die Augenbrauen, um die Zirbeldrüse zu aktivieren.

Halte deine Augen auf diesen Punkt konzentriert.

Die Muskeln um die Augen können etwas schmerzen, wenn du sie nach oben streckst.

Lasse die Augen sich deshalb zwischendurch entspannen.

Während du dich auf dein Drittes Auge konzentrierst, stelle dir vor, du stehst vor einem riesigen dunklen Tunnel, der vor dir in die Tiefe führt.

Stell dir vor, wie du beginnst, langsam durch den schwach beleuchteten Tunnel zu gehen.

Du siehst die Lichter an den Wänden und spürst die Oberfläche des Bodens.

Du bewegst dich weiter nach innen und siehst die Öffnung am Ende des Tunnels, die du in diesem Moment erreichst.

Vorne angekommen, fühlst du dich leicht und schwerelos.

Du fliegst.

Sieh dich um...

...sieh die Wälder unter dir, die Berge, die Wüsten, die Seen und Flüsse.

Du fliegst jetzt über einen Ozean...

...und erkennst in der Ferne eine kleine Insel.

Auf der Insel angekommen, begibst du dich an den Fuß eines Vulkans.

Hier ist ein Süßwassersee.

Du trinkst von dem köstlichen Wasser des Sees und schaust dich erneut um...

Spüre den weichen Teppich aus Moos unter deinen Füßen.

Höre das beruhigende Rauschen des Wasserfalls.

Atme tief durch und rieche den frischen Duft der Blumen, die dich umgeben.

Dies ist die Insel der Intuition.

Die Umgebung hat einen starken, berauschenden Eindruck auf dein Bewusstsein.

Nimm dir Zeit, während diese Erfahrung sich entfaltet.

Du bemerkst hinter dir einen Wald mit unbekannten, großblättrigen alten Bäumen.

Blumen und wilde Kräuter erstrahlen in allen erdenklichen Farben.

Du bemerkst das Rauschen des Wasserfalls.

Und hörst das Meer, wie es sich zurückzieht und wiederkommt.

Du atmest tief durch und fühlst dich wie zu Hause.

Du bewegst dich in den Wald. Die Geräusche des Meeres nehmen ein wenig ab.

Der Gesang der Vögel, das Zirpen der Grillen und die Laute anderer wunderbarer Geschöpfe werden dir bewusst.

Kräuter und Gräser berühren dich und kitzeln deine Füße. Sie verführen dich mit ihren aromatischen Düften.

Du siehst auf den Boden und bemerkst, dass du auf einer Spur läufst.

Du kennst den Weg.

Du folgst nun aufgeregt dem Weg...

...immer tiefer in den Wald hinein.

Nimm deine Umgebung wahr...

...die Gerüche, Geräusche und Farben.

Jetzt stehst du vor dem gigantischen, strahlenden alten Baum...

...der weitaus größer ist, als jeder andere in diesem Wald.

Massive Wurzeln bahnen sich ihren Weg über den Waldboden und tauchen wieder in den Boden hinein.

Das ist die Mutter aller Bäume.

Beim genauen Hinsehen entdeckst du eine Gestalt.

Die Gestalt hat in dieser Umgebung eine fast perfekte Tarnung.

Die Gestalt sitzt auf einem riesigen Zweig dieses gewaltigen Baumes...

...und singt mit einer unglaublich schönen Stimme, die dem zarten Klang einer Violine gleicht.

Bei näherer Betrachtung stellst du fest, dass das Wesen grüne Augen hat, die gütig und alt sind, schelmisch und frech.

Es betrachtet dich mit einem ungewöhnlichen Ausdruck...

...wartend.

Ein Geistesblitz geht durch deinen Kopf, und du erkennst, dass vor dir die Herrin der Vielen sitzt.

Die ist es, die du fragen wirst.

Für einen Moment hältst du inne...

...und denkst darüber nach, warum du deinem intuitiven Selbst überhaupt begegnen willst...

...und wie genau fragt man so etwas? ...

Sie, die Herrin der Vielen sitzt da und beobachtet dich.

Ihre Augen funkeln.

Schließlich bittest du sie mit deinen eigenen Worten, dir zu erlauben, deinem intuitiven Selbst zu begegnen...

Die Herrin der Vielen hört dir zu...

...und scheint tief in deine Seele zu blicken.

Du lässt es zu.

Nach einer kleinen Ewigkeit nimmt sie ein Blatt vom Baum und dreht es zu einem Horn, in das sie siebenmal bläst.

Die Vögel fliegen von den Bäumen...

...tiefe Resonanz...

...klare Klänge rund um den Wald schwingen mit.

Die Klänge scheinen in der Luft zu flimmern, und genau vor dir kommt dein...

...intuitives Selbst, dein innerer Lehrer, dein Führer und Freund.

Respekt und tiefe Ehrfurcht macht sich für einen Augenblick in dir breit.

Du stellst dich vor.

Du schaust auf den Baum und bedankst dich mit einer Geste bei der Herrin der Vielen, die euch gerade beobachtet...

Je näher dein intuitives Selbst auf dich zukommt, desto klarer kannst du seine Form erkennen.

Du kannst sehen, welche Art von Kleidung, welchen Schmuck es trägt, und wie sich seine Präsenz genau anfühlt. Du spürst eine leichte Brise auf deinem Gesicht.

Du kannst sein Gesicht ganz deutlich sehen und weißt, dass diese Erscheinung dein intuitives Selbst ist. Du spürst seine Energie um dich herum, sowohl geistig als auch körperlich.

Präge dir dieses Gefühl ein, damit du es erkennst, wenn du zurückkehrst, und dein intuitives Selbst im Alltag spürst.

Und nun ist es Zeit zurückzugehen...

...dein intuitives Selbst steht neben dir...

...du hast dich noch nie so gefühlt wie in diesem Moment...

...irgendwie komplett.

Bald gelangst du zu einer Gabelung und gehst weiter zum Wasserfall zurück.

Dein intuitives Selbst führt dich auf deine Spur...

...du kannst es kaum fassen und beobachtest und bewunderst, wie es sich bewegt...

...diese Kraft und Anmut...

...auch schaut es gelegentlich zu dir.

Manchmal berührt es dich und zeigt, dass es mit dir sein möchte.

Du spürst, wie die Bindung zwischen euch in dieser kurzen Zeit wächst

Ja...

...du bist mit deinem alten Freund zusammen, nach einer wirklich langen Zeit der Abwesenheit...

...ihr teilt die Stille.

Die Klänge des Meeres kehren zurück, und bald erreichst du den Wasserfall...

... du spürst das erfrischende, kühle Nass auf der Haut.

Der Regenbogen im Wasser tanzt für euch. Ihr geht gemeinsam zum Wasserfall hin und in die Höhle unter dem Wasserfall.

Das Feuer ist für dich angezündet, seine Flammen wärmen dich und lassen dich tief seufzen.

Du lässt dich in der Nähe des wärmenden Feuers nieder.

Du betrachtest dein intuitives Selbst...

...begrüßt es in deinem Leben.

Du fühlst dich ihm sehr nah.

Erlaube ihm, seine Weisheit und Stärke mit dir zu teilen...

... gib ihm die Erlaubnis, mit dir dein Leben und die Reise, die du eingeschlagen hast, zu gehen...

Verschmelze mit ihm!!!

...und zeige deine Achtung in der Art und Weise, die dir recht erscheint. Singe, tanze oder bring Geschenke.

Dein intuitives Selbst ist so lange, wie du es brauchst, bei dir.

So lange, wie du es wünschst, wird es hier sein...

...und selbst, wenn du es vergessen solltest.

Es geht immer noch in deinem Schatten; fühle dich in Sicherheit.

Es führt und beschützt dich.

Achte auf die Lektionen, die es dir beibringen kann.

Lerne von ihm und genieße diese Verbindung.

Du kannst nach seinem Namen fragen, frage es, welche Lehren du von ihm zu lernen hast.

Frage, welche Stärken es dir bringt.

Finde heraus, wie es dir helfen kann, deine Schwächen zu bekämpfen.

Wie kannst du es rufen, wenn du in stressigen Situationen bist oder wann immer du ein wenig mehr Energie brauchst?

Danke ihm zutiefst für seine Geschenke und den Schutz, den es dir gibt. Danke ihm für sein Erscheinen während dieser Meditation.

Verabschiede dich auf deine Weise von ihm.

Dann stelle dir vor, wie es sich in Regenbogenlicht auflöst und mit dir verschmilzt.

Ihr seid eins.

Bleibe ein wenig in diesem Zustand.

Vergiss nicht, dass du sein Schöpfer bist. In diesem Wesen bist du einem Teil deines Wesens begegnet. Es wohnt in dir.

Dein Körper wird immer leichter...

...du schwebst.

Fliege nun zurück über den Ozean, über die Wüsten und Wälder und Flüsse. Zurück zum Rand des Tunnels.

Stelle dir vor, wie du zurück in den Tunnel, den Weg zurück in deinen meditativen Raum findest. Zurück in dein Zimmer und deinen Körper.

Alle Visionen, Empfindungen und Antworten, die du erhalten hast, verschmelzen in deinem Gehirn und werden automatisch ein Teil deines Bewusstseins.

Atme tief ein und beginne, deinen Körper mehr und mehr zu spüren.

Du bemerkst, dass sich etwas verändert hat.

Früher warst du in der Welt, und jetzt begreifst du, dass die Welt in dir ist.

Strecke deinen Körper und öffne dann deine Augen.

Abschluss

Denke bitte daran: Bevor du deinen Meditationsplatz verlässt, nimm diese Ereignisse entweder auf Band auf oder notiere sie in deinem Notizbuch. Es ist wichtig, das sofort zu tun, solange die Bilder, Gefühle und Klänge noch ganz präsent in dir wirken.

Je öfter du dich mit deinem intuitiven Selbst triffst, desto mehr wirst du seine Präsenz in deinem Leben und in deinem Bewusstsein fühlen. Du wirst es an deiner Seite fühlen. Es schützt dich und gibt dir wertvolle Hinweise, wenn du nicht mehr weiterweißt. Dein intuitives Selbst ist hier, um dir tagtäglich zur Seite zu stehen. Bitte es um Hilfe. Sprich mit ihm im Alltag, in deinen Träumen und in all deinen Meditationen. Es hat viel Geduld, es wird nicht wütend und wird dich nie beurteilen. Sprich mit dem personifizierten Bild deiner Intuition. Sprich so lange du willst über dein Problem oder Dilemma. Siehst du Bilder zu deinem Thema, ob es eine Person, ein Ort oder eine Sache betrifft? Bitte dein intuitives Selbst, dir ein Bild als Antwort auf deine Anfrage zu zeigen. Warte einen Augenblick, und du wirst ein Bild in deinem Kopf sehen. Ohne über das Bild zu urteilen, schreibe alle Einzelheiten in dein Notizbuch. Bedanke dich bei deiner Intuition.

Nach ein paar Minuten lies dir die Beschreibung des Bildes durch und interpretiere es, als wäre es ein Traum. Das heißt, sieh es als eine Metapher. Dadurch bekommst du wertvolle Informationen. Schätze das Bild, das du erhalten hast. Lasse dir die Informationen nützlich sein. Nutze es, und du wirst staunen, wie viele Informationen du bekommst!

Wenn du den Wert und die Schönheit dieses wunderbaren menschlichen Lebens und sein Potential erkennst, machst du schnelle Fortschritte und wirst befähigt sein, deine innere Seele mit göttlichen Eigenschaften zu verbinden. Immer mehr wirst du erkennen, dass du das ganze Universum in dir trägst. Und auf dieser Grundlage wirst du ständig Fortschritte machen.

Tag 15 Übung

Nimm dir während der folgenden Meditation Zeit. Versuche, dir so viele Einzelheiten wie möglich vorzustellen.

Habe einen offenen Geist und ein offenes Herz.

Übung

Dusche dich vor der Übung. Ziehe dir bequeme Kleidung an. Lege die CD ein.

Entspanne dich. Es ist wichtig, so entspannt wie möglich zu sein, wenn du visualisierst.

Du kannst dich hinlegen oder dich in einem bequemen Stuhl setzen.

Sorge unbedingt dafür, dass du nicht gestört wirst.

Entspanne dich.

Wenn du dich wohlfühlst, fange an, dich auf deinen Atem zu konzentrieren.

Atme 21-mal tief ein und aus.

Nimm dir Zeit, während sich diese Erfahrung in dir entfaltet.

Schenke deine Aufmerksamkeit dem sanften Ansteigen und Einsinken deiner Brust.

Atme tief ein...

...und aus.

Atme langsam und tief ein...

...und langsam und tief aus.

Das langsame Atmen hilft deinem Körper, sich zu entspannen.

Nun geht deine Aufmerksamkeit auf deine Füße. Fühle die Wärme und die Energie, die dort ist.

Lasse jede Spannung los, die du dort spürst.

Richte deine Aufmerksamkeit jetzt auf deine Beine...

...deinen Bauch...

...und dann deinen Po.

Jetzt auf deinen Rücken...

...anschließend deine Brust.

Fühle die Wärme und Energie in dir, während du dich immer tiefer entspannst...

Breite dieses Gefühl in deinem ganzen Körper aus.

Nimm dir noch ein paar Minuten, bis du ruhig, entspannt und warm bist! Genieße es wie ein köstliches Gefühl, das du verlängern möchtest.

Nun stelle dir vor, dass du aus deinem Herzen atmest. Lege deine Hände sanft auf dein Herz und nimm Kontakt mit deinem Herzklopfen auf.

Spüre den Rhythmus deines Herzens.

Beginne mit dem Ausatmen und zähle bis 6...

...und Einatmen 1,2,3,4,5,6.

Das ganze 10-mal.

Atme in diesem bewussten, rhythmischen Muster. Genieße das Gefühl, bis du wieder meine Stimme hörst.

Du fühlst dich wohl und geborgen.

Bleibe still und ruhig sitzen oder liegen.

Schließe die Augen und konzentriere dich auf die Atmung.

Tief atmen, so lange wie du magst.

Verbinde dich mit deinem Baum. Sei der Baum!

Visualisiere in deiner Vorstellung auf dem Boden den gelb-goldenen Kreis um dich herum.

In diesem Kreis bist du der Mensch, der du sein willst.

Du hast deinen neuen Umhang an...

Stelle dir nun neben deinem eigenen Kreis den zweiten Kreis vor, der an diesen Kreis anliegt, so dass es wie eine liegende Acht aussieht.

Wovon möchtest du dich in deinem Leben verabschieden? Schau in dein Notizbuch. Visualisiere das entsprechende Symbol in den zweiten Kreis.

Beide Kreise in deiner Vorstellung sind auf dem Boden gut geerdet.

Stelle dir jetzt vor, dass eine Farbe deiner Wahl im Symbol-Kreis entlang fließt.

Sie fließt im Uhrzeigersinn und geht dann in deinen eigenen Kreis über.

Im eigenen Kreis läuft die Farbe gegen den Uhrzeigersinn.

Beobachte den Kreislauf...

Du fühlst dich wohl und geborgen...

Stelle dir vor, dass weißes Licht, aus dem Weltall kommend, in deine Lungen fließt und sich in deinem Solarplexus sammelt.

Beim Ausatmen fühlst du, wie die Ereignisse des Tages aus deinem Körper fliessen.

Das weiße Licht bewegt sich mit jedem Atemzug in deinem Solarplexus auf und ab.

Spüre die Wärme der Energie, während das helle weiße Licht jetzt durch deine Muskeln und Organe fließt.

Bemerke das Kribbeln, wenn das Licht sich nach unten zu deinen Zehen und dann aufwärts zu deinem Kopf bewegt.

Dein ganzer Körper ist jetzt von diesem weißen Licht durchflutet, von innen nach außen.

Halte deine Augen geschlossen, schaue von innen auf deine Stirn, blicke zwischen die Augenbrauen, um die Zirbeldrüse zu aktivieren.

Halte deine Augen auf diesen Punkt konzentriert.

Die Muskeln um die Augen können etwas schmerzen, wenn du sie nach oben streckst.

Lasse die Augen deshalb zwischendurch entspannen.

Während du dich auf dein Drittes Auge konzentrierst, stelle dir vor, du stehst vor einem riesigen dunklen Tunnel, der vor dir in die Tiefe führt.

Stell dir vor, wie du beginnst, langsam durch den schwach beleuchteten Tunnel zu gehen.

Du siehst die Lichter an den Wänden und spürst die Oberfläche des Bodens.

Du bewegst dich weiter nach innen und siehst die Öffnung am Ende des Tunnels, die du in diesem Augenblick erreichst.

Vorne angekommen, fühlst du dich leicht und schwerelos.

Du fliegst...

Sieh dich um...

...sieh die Wälder unter dir, die Berge, die Wüsten, die Seen und Flüsse.

Du fliegst jetzt über einen Ozean...

...und erkennst in der Ferne deine kleine Insel.

Auf deiner Insel angekommen, begibst du dich an den Fuß eines Vulkans.

Hier ist ein Süßwassersee.

Du trinkst von dem köstlichen Wasser des Sees und schaust dich erneut um...

Spüre den weichen Teppich aus Moos unter deinen Füßen.

Höre das beruhigende Rauschen des Wasserfalls.

Atme tief durch und rieche den frischen Duft der Blumen, die dich umgeben.

Die Umgebung hat einen starken, berauschenden Eindruck auf dein Bewusstsein.

Nimm dir Zeit, während diese Erfahrung sich entfaltet.

Du begibst dich nun in die Richtung des Waldes.

Blumen und wilde Kräuter erstrahlen in allen erdenklichen Farben.

Du bemerkst das Rauschen des Wasserfalls.

Und hörst das Meer, wie es sich zurückzieht und wiederkommt.

Du atmest tief durch und fühlst dich wie zu Hause.

Du bewegst dich in den Wald. Die Geräusche des Meeres nehmen ein wenig ab.

Der Gesang der Vögel, das Zirpen der Grillen und die Laute anderer wunderbarer Geschöpfe werden dir bewusst.

Kräuter und Gräser berühren dich und kitzeln deine Füße. Sie verführen dich mit ihren aromatischen Düften.

Du siehst auf den Boden und bemerkst, dass du auf einer Spur läufst.

Du kennst den Weg.

Du folgst nun aufgeregt dem Weg...

...immer tiefer in den Wald hinein. Nimm deine Umgebung wahr...

...die Gerüche, Geräusche und Farben.

Jetzt stehst du vor dem gigantischen, strahlenden alten Baum...

...der weitaus größer ist, als jeder andere in diesem Wald.

Massive Wurzeln bahnen sich ihren Weg über den Waldboden und tauchen wieder in den Boden hinein.

Das ist die Mutter aller Bäume.

Du entdeckst diese gütigen und alten, diese schelmisch frechen Augen...

...die auf dich warten.

Es ist die Herrin der Vielen...

...du begrüßt sie mit einer Geste, und sie grüßt zurück.

Sie weiß, warum du hier bist, und ohne zu zögern kommst sie auf dich zu, ihr Horn aus Blättern in der Hand, sie kennt dein Anliegen.

Für einen Moment hältst du inne...

...und denkst darüber nach, warum du deinem wahren Selbst überhaupt begegnen willst.

Sie, die Herrin der Vielen, steht vor dir und betrachtet dich von Kopf bis Fuß.

Ihre Augen funkeln.

Schließlich bittest du sie mit deinen eigenen Worten, dir zu erlauben, deinem wahren Selbst zu begegnen.

Die Herrin der Vielen hört dir zu...

...und schaut tief in deine Seele.

Du lässt es zu.

Sie hat ihr Horn in der Hand und bläst siebenmal hinein.

Die Vögel fliegen von den Bäumen...

...tiefe Resonanz...

...klare Klänge rund um den Wald schwingen mit.

Die Klänge scheinen genau über dir in der Luft zu flimmern, und plötzlich hast du tiefe Einblicke und spürst, dass gleich ein lebensverändernder Durchbruch passieren wird.

Vor dir, scheinbar aus dem Nichts, erscheinst *du*.

Du kannst es kaum glauben, zum ersten Mal siehst du *dich*.

Du schaust auf den Baum und bedankst dich mit einer Geste bei der Herrin der Vielen, die *euch* gerade beobachtet.

Je näher du auf *dich* zukommst, desto klarer kannst du deine Form erkennen.

Du kannst sehen, welche Art von Kleidung, welchen Schmuck du trägst und wie sich deine Präsenz genau anfühlt. Du spürst eine leichte Brise auf deinem Gesicht.

Du kommst auf dich zu und bist in deinem vollsten Potential. Was siehst du? Was hast du an? Wie riechst du? Was hörst du? Welche Emotionen fühlst du? Mache diese Erfahrung so konkret und real wie möglich.

Wie bist du? Welche Eigenschaften hast du? Sage dir leise, welche Qualitäten dir auffallen: Kraft, Macht, Zorn, Güte, Intelligenz.

Du kannst dein Gesicht ganz deutlich sehen und weißt, dass diese Erscheinung dein wahres Selbst ist. Du spürst die Energie um dich herum, sowohl geistig als auch körperlich. Präge dir dieses Gefühl ein, damit du es erkennst, wenn du zurückkehrst und dein volles Potential im Alltag spürst.

Und nun ist es Zeit, zurückzugehen. Dein wahres Selbst steht neben dir.

Du hast dich noch nie so gefühlt wie in diesem Moment...

...irgendwie ganz und vollständig.

Bald gelangst du zu einer Gabelung und gehst weiter zum Wasserfall zurück.

Du führst dich auf deine Spur...

...du kannst es kaum fassen, merkst wie seltsam es ist, dich selbst zu sehen, wie du dich bewegst...

...dein Aussehen und diese Selbstverständlichkeit im Sein.

Manchmal berührst du dich und merkst immer deutlicher, aus welchem Holz du geschnitzt bist.

Ja...

...du bist bei dir angekommen.

Endlich.

Die Klänge des Meeres kehren zurück, und bald erreichst du den Wasserfall...

...du spürst das erfrischend kühle Nass auf der Haut.

Der Regenbogen im Wasser tanzt für euch. Ihr geht gemeinsam zum Wasserfall hin und in die Höhle unter dem Wasserfall.

Das Feuer ist für dich angezündet, seine Flammen wärmen dich und lassen dich tief seufzen.

Du lässt dich in der Nähe des wärmenden Feuers nieder.

Du betrachtest dein wahres Selbst...

... begrüßt es ihn in deinem Leben.

Du fühlst dich ihm sehr nah.

Erlaube ihm, seine Weisheit und Stärke mit dir zu teilen...

...gib ihm die Erlaubnis, mit dir dein Leben zu teilen und den Weg, den du eingeschlagen hast, zu gehen...

Verschmilz mit ihm!!!

...und zeige deine Achtung in der Art und Weise, die dir recht erscheint. Singe, tanze oder bringe Geschenke.

Dein wahres Selbst ist so lange, wie du es brauchst, bei dir.

So lange, wie du es wünschst, wird es hier sein...

...und selbst, wenn du es vergessen solltest.

Es geht immer noch in deinem Schatten, fühle dich in Sicherheit.

Es führt und beschützt dich.

Achte auf die Lektionen, die es dir beibringen kann.

Lerne von ihm und genieße diese Verbindung.

Du kannst nach seinem Namen fragen, frage es, welche Lehren du von ihm zu lernen hast.

Frage, welche Stärken es dir bringt.

Finde heraus, wie es dir helfen kann, deine Schwächen zu bekämpfen.

Wie kannst du es rufen, wenn du in stressigen Situationen bist oder wann immer du ein wenig mehr Energie brauchst?

Danke ihm zutiefst für seine Geschenke und den Schutz, den es dir gibt. Danke ihm für sein Erscheinen während dieser Meditation.

Verabschiede dich auf deine Weise von ihm.

Dann stelle dir vor, wie es sich in Regenbogenlicht auflöst und mit dir verschmilzt.

Ihr seid eins.

Bleibe ein wenig in diesem Zustand.

Vergiss nicht, dass du sein Schöpfer bist. In diesem Wesen bist du einem Teil deines Wesens begegnet. Es wohnt in dir.

Dein Körper wird immer leichter...

...du schwebst.

Fliege nun zurück über den Ozean, über die Wüsten und Wälder und Flüsse. Zurück zum Rand des Tunnels.

Stelle dir vor, wie du zurück in den Tunnel, den Weg zurück in deinen meditativen Raum findest. Zurück in dein Zimmer und deinen Körper.

Alle Visionen, Empfindungen und Antworten, die du erhalten hast, verschmelzen in deinem Gehirn und werden automatisch ein Teil deines Bewusstseins.

Atme tief ein und beginne mehr und mehr deinen Körper zu spüren.

Du bemerkst, dass sich etwas verändert hat.

Früher warst du in der Welt, und jetzt begreifst du, dass die Welt in dir ist.

Strecke deinen Körper und öffnen dann deine Augen.

Kannst du mit deinem vollen Potential sprechen? Erhältst du irgendwelche Nachrichten? Hat dein volles Potential eine besondere Botschaft für dich? Wie geht es dir in deinem Leben?

Du behältst ein inneres Wissen von dem, wer du bist, wie du dein tägliches Leben leben wirst. Zähle von zehn bis eins. Du bist jetzt hellwach, körperlich und geistig, ausgeruht, entspannt und aufmerksam.

Denke noch einige Zeit nach und schreibe dann auf, wie ein durchschnittlicher Tag für dich in Zukunft aussehen könnte, wenn für den Rest deines Lebens alles deinen Wünschen entsprechen würde.

Tag 16 Übung

Diese Übung ist eine gute Möglichkeit, zu erkennen, dass du dich körperlich, emotional, mental und spirituell an vertraute Dinge klammerst, und ein Weg, sich dem Leben hinzugeben, das Loslassen zu üben und Platz zu machen, damit die Dinge geschehen dürfen.

Gib dir selbst viel Zeit, die Wirkung dieser Übung zu erfahren.

Das ist deine wertvolle Zeit. Denk daran, diese Übung mit einer sanften, liebevollen Haltung zu tun, mit Offenheit, ohne Erwartung und Ungeduld. Es ist ein Geschenk, das du dir selbst geben darfst.

Übung

Dusche dich, ziehe dich bequem an und lege die CD ein.

Lege dich auf eine feste und ebene Oberfläche, entweder auf eine Matte oder eine Decke am Boden oder ein in gutes festes Bett. Du liegst während der gesamten Meditation auf dem Rücken, die Handflächen liegen seitlich und zeigen nach oben, die Füße sind hüftbreit auseinander. Decke dich zu, damit dein Körper warm bleibt.

Wenn du dich wohlfühlst, fange an, dich auf deinen Atem zu konzentrieren.

Atme 21-mal tief ein und aus.

Nimm dir Zeit, während sich diese Erfahrung in dir entfaltet.

Schenke deine Aufmerksamkeit dem sanften Ansteigen und Einsinken deiner Brust.

Atme tief ein...

...und aus.

Atme langsam und tief ein...

...und langsam und tief aus.

Das langsame Atmen hilft deinem Körper, sich zu entspannen.

Nun geht deine Aufmerksamkeit auf deine Füße. Fühle die Wärme und die Energie, die dort ist.

Lasse jede Spannung los, die du dort spürst.

Richte deine Aufmerksamkeit jetzt auf deine Beine...

...deinen Bauch...

...und dann deinen Po.

Jetzt auf deinen Rücken...

...anschließend deine Brust.

Fühle die Wärme und Energie in dir, während du dich immer tiefer entspannst...

Breite dieses Gefühl in deinem ganzen Körper aus.

Nimm dir noch ein paar Minuten, bis du ruhig, entspannt und warm bist! Genieße es wie ein köstliches Gefühl, das du verlängern möchtest.

Nun stelle dir vor, dass du aus deinem Herzen atmest. Lege deine Hände sanft auf dein Herz und nimm Kontakt mit deinem Herzklopfen auf.

Spüre den Rhythmus deines Herzens.

Beginne mit dem Ausatmen und zähle bis 6...

...und Einatmen 1,2,3,4,5,6.

Das ganze 10-mal.

Atme in diesem bewussten, rhythmischen Muster. Genieße das Gefühl, bis du wieder meine Stimme hörst.

Du fühlst dich wohl und geborgen.

Bleibe still und ruhig liegen.

Schließe die Augen und konzentriere dich auf die Atmung.

Tief atmen, so lange wie du magst.

Verbinde dich mit deinem Baum. Sei der Baum!

Visualisiere in deiner Vorstellung auf dem Boden den gelb-goldenen Kreis um dich herum.

In diesem Kreis bist du der Mensch, der du sein willst.

Du hast deinen neuen Umhang an...

Stelle dir nun neben deinem eigenen Kreis den zweiten Kreis vor, der an diesen Kreis anliegt, so dass es wie eine liegende Acht aussieht.

Wovon möchtest du dich in deinem Leben verabschieden? Schau in dein Notizbuch. Visualisiere das entsprechende Symbol in den zweiten Kreis.

Beide Kreise in deiner Vorstellung sind auf dem Boden gut geerdet.

Stelle dir jetzt vor, dass eine Farbe deiner Wahl im Symbol-Kreis entlang fließt.

Sie fließt im Uhrzeigersinn und geht dann in deinen eigenen Kreis über.

Im eigenen Kreis läuft die Farbe gegen den Uhrzeigersinn.

Beobachte den Kreislauf...

Du fühlst dich wohl und geborgen...

Dein Kopf, dein Nacken und deine Wirbelsäule sind in einer geraden Linie, vielleicht ist es bequemer mit einem dünnen Kissen unter dem Kopf.

Schließe die Augen und spüre, wie dein Körper in die Unterlage sinkt.

Stelle dir vor, du bist an einem wunderschönen, abgelegenen, sicheren Ort.

Es darf genau so sein, wie du es am liebsten hast.

Setze dir keinerlei Grenzen.

Dieser Ort ist einzigartig und ganz besonders auf deine Bedürfnisse zugeschnitten.

Nur für dich.

Vielleicht ist es ein Ort aus deiner Kindheit, den du mit Liebe und Geborgenheit verbindest...

...oder ein Ort in der Natur, inmitten einer wunderschönen Landschaft...

...es kann auch einfach ein Ort voller Gerüche oder Geräusche sein, oder ein imaginärer Ort irgendwo im Universum.

Du kannst dir auch einfach einen Raum voller Licht vorstellen, wie eine glänzende Blase, die dich trägt und beschützt.

Dein Ort kann auch auf einem anderen Planeten sein.

Mit Dingen, die wir uns hier nicht vorstellen können.

Hauptsache es ist ruhig und ganz besonders für dich.

Atme langsam und tief durch, atme frische Luft ein, und beim Ausatmen lässt du alles Belastende und Schwere von dir abfallen. Alles, was du in diesem Moment nicht brauchen kannst.

Lass jetzt los.

Seufze bei jedem Ausatmen. Das hilft dir, dich tiefer zu entspannen.

Jetzt gehst du mit deiner Aufmerksamkeit in die Bewegungen und Regungen deines Körpers.

In deine Augen...

...die Zunge...

...den Nacken...

...deinen Rücken...

...den Bauch...

...dein Geschlecht...

...die Beine und Füße.

Deine Aufmerksamkeit ist ganz in deinem Körper.

Nimm dir hierfür Zeit.

Die kleinen Berührungspunkte zwischen deinem Körper und dem, worauf du liegst, werden dir jetzt bewusst, und du spürst auch die winzigen Zwischenräume zwischen dir und der Unterlage.

Du spürst die Rückseite des Kopfes, deine Schultern, deinen Rücken, die Flächen der Arme und Beine, die die Unterlage berühren.

Deine ganze Aufmerksamkeit ist dort, wo der Kontakt mit der Unterlage stattfindet.

Jetzt erkundest du die Verbindung deines Körpers mit der Erde.

Werde dir der Tiefe der Erde unter dir bewusst, gehe mit deiner Aufmerksamkeit weit nach unten bis zum Kern der Erde.

Vielleicht stellst du fest, dass deine Muskeln sich anspannen, um diesem Kontakt mit der Erde zu widerstehen.

Entspanne dort die Muskeln und lasse deinen Körper noch tiefer in der Erde versinken.

Lasse wirklich jeden Widerstand los und deinen Körper schwer werden.

Habe Vertrauen, deine Liegefläche wird dich voll und ganz tragen und unterstützen.

Vertraue und gib all deine Verspannung in die Erde unter dir. Wirklich alle!

Dein Kopf, dein Nacken, deine Schultern, der Raum zwischen den Schulterblättern, die Rückseite deiner Arme und Hände, alles verschmilzt bei jedem Ausatmen mit der Liegefläche und der Erde.

Dein Körper wird warm und schwer.

Deine Rippen und der untere Rücken, dein Po und die Hüften versinken in der Erde.

Gib jeden Widerstand zwischen dem Körper und der Liegefläche auf. Deine Beine und Füße werden immer schwerer und schwerer.

Dein ganzer Körper gibt sich nun hin und lässt los.

Spüre diese Verbindung mit der Erde, spüre deine Offenheit, Verletzlichkeit und Hingabe in diesem Moment.

In dieser Offenheit lässt du alle Geräusche und Töne durch dich hindurchgehen. Das Schnattern der Lippen, das Seufzen, das Stöhnen. Erlaube dir alles, ohne es zu analysieren oder festzuhalten, lasse die Geräusche durch dich fließen und in der Erde versinken.

Der Atem kommt und geht.

Du vertraust diesem natürlichen Rhythmus.

Dein Geist ist weit und offen.

Lasse die Gedanken, Visionen oder Bilder kommen und gehen, ohne sie zu analysieren oder festzuhalten. Beobachte die inneren Bilder und Gedanken und lasse sie immer wieder durch dich fließen...

...und in die Erde hinein.

Der Atem kommt und geht.

Verschiedene Körperempfindungen werden sich bemerkbar machen.

Diese Empfindungen kommen und gehen wieder.

Spüre das Drücken, Jucken und alles weitere, was im Körper passieren mag.

Und auch das gibst du der Erde, während dein Körper entspannter und schwerer wird.

In diesem Raum der Hingabe können verschiedene Emotionen aufsteigen. Lasse sie zu, während du in deiner Offenheit mit immer tieferen Schichten deines Selbst in Kontakt kommst und dich immer mehr mit der Erde verbindest.

Lasse die Emotionen im Rhythmus deines Atems kommen und gehen.

Bemerke die Emotionen, ohne dich mit ihnen zu identifizieren, lasse sie durch dich hindurchfließen.

Du wirst nun immer offener und durchlässiger, während alles ohne Widerstand fließen kann.

Nur loslassen und in die Erde fließen lassen.

Dein ganzes Wesen ist durchlässig. Die Luft um dich herum fließt durch deinen ganzen Körper.

Vertraue diesem Fluss des Universums, wie er sich durch dich bewegt, stelle dir vor, wie dieser Fluss in deine Haut eindringt, durch dich hindurch und in die Erde hinabläuft und nun jeden Rest von Anspannung, Beklemmung, Widerstand oder Kontrolle mit sich nimmt.

Ein gleichmäßiger Fluss von Lebensenergie fließt durch dich. Von oben nach unten in die tiefe Erde.

Spüre die wahre Natur dieser Energie, es ist Liebe in ihrer reinsten Form.

Du bist frei von Grenzen und dem Bedürfnis zu kontrollieren.

Dein Körper, dein Geist, deine Emotionen und deine Seele sind nun in einem Zustand der reinen Liebe.

Du spürst die Geborgenheit und das Vertrauen in das große Ganze.

Etwas in dir ist sicher, dass alles gut ist, so wie es ist.

Du bist zutiefst geliebt.

Und du bist Liebe.

Du bist in Sicherheit.

Du kannst überflüssiges Gepäck loslassen und so werden, wie du in Wirklichkeit bist.

Alles, was in dir existiert, ist Schönheit.

Alles, was durch dich fließt, ist Schönheit.

Lasse zu, dass alle Liebe und Schönheit durch dich hindurchfließt, und tue dies so lange, wie es sich für dich richtig anfühlt.

Nimm dir Zeit für diese Erfahrung.

Wann immer du dich eng oder angespannt fühlst, immer wenn das Gefühl, alles kontrollieren zu müssen, aufkommt, wirst du dich an diesen inneren Raum des Vertrauens und der Hingabe erinnern.

Ein Raum in dir, der reine Liebe ist, im Fluss und mit allem verbunden ist.

Nun ist es Zeit wieder zurückzukommen.

Wenn du bereit bist, komme langsam wieder in Bewegung.

Bewege deine Finger und Zehen und ganz langsam alle anderen Körperteile. Gib dir eine sanfte liebevolle Umarmung, bevor du die Augen öffnest und langsam in eine Sitzhaltung kommst.

Atme dreimal tief ein und aus und verweile ein wenig, bevor du zum Tagesgeschäft übergehst.

Tag 17 Übung

Übung Teil I: Was wäre wenn

Jede Entscheidung, die du im Leben triffst, beruht auf deinem persönlichen Glaubenssystem.

Um deinen Geist für die folgende Übung zu öffnen, fange damit an, drei deiner grundlegenden Überzeugungen aufzuschreiben.

Dann gehst du jede Überzeugung einzeln durch und schreibst auf, warum du das glaubst.

Danach schreibst du auf, was das Gegenteil deiner Überzeugung ist.

Nun nimm die gegenteilige Position ein, als wäre es deine eigene Überzeugung.

Denke an drei wesentliche Gründe, warum deine jetzige Sicht (also die gegenteilige Position) gültig ist.

Zum Schluss überlegst du, ob du dir vorstellen kannst, du selbst zu sein, wenn du tatsächlich an die gegenteilige Überzeugung glauben würdest.

Schreibe deine Gedanken dazu in dein Notizbuch.

Übung Teil II: Beendigung der Unwissenheit

Ziel der Übung ist es, unsere Ignoranz, die wir im Herzen haben, durch die lichtvolle Weisheit eben jenes Menschen, mit dem wir Schwierigkeiten haben, in Offenheit und Weite zu verwandeln.

Diese Meditation, bei der wir die Weisheit anderer annehmen und ihnen unsere Ignoranz eingestehen, will uns Demut lehren. Wir werden durch diese

Übung jedoch nicht aufgefordert, alles zu akzeptieren. Tatsächlich erlebt jeder in dieser Übung die Auswirkungen seiner Überheblichkeit: die Trennung vom großen Ganzen und ein Leben im Widerstand. Durch das Annehmen der Weisheit wird die eigene Voreingenommenheit und Unwissenheit wirkungsvoll zerstört, und es entsteht die geistige Kraft, anderen gegenüber offen zu bleiben, wo immer sich die Gelegenheit dazu bietet.

Besitzen wir den Mut, diese Meditation durchzuführen, kann sie dazu dienen, den eigenen Geist zu öffnen, indem wir der Weisheit der anderen gedenken. Es mag oberflächliche Unterschiede zwischen uns Menschen geben. Darüber hinaus jedoch gleichen wir uns alle darin, dass wir mit unserer Wahrheit gehört werden wollen. Und in noch einem Punkt sind wir gleich: Alle haben wir gleichermaßen das Recht, unsere Meinung zu äußern, und die Möglichkeit, die Verwirrung zu beenden. Mit diesen Gedanken entwickeln wir den intensiven Wunsch, dass alle Menschen Weisheit verwirklichen mögen. Mit dieser Überlegung kehren wir unsere gewohnte Haltung um, ständig Recht haben zu wollen. Wir denken auch an die Bedürfnisse der anderen und versetzen uns in ihre Lage. Das ist die eigentliche Bedeutung von zwischenmenschlichem Austausch.

Übung

Dusche dich vor der Übung. Ziehe dir bequeme Kleidung an. Lege die CD ein.

Entspanne dich. Es ist wichtig, so entspannt wie möglich zu sein, wenn du visualisierst.

Du kannst dich hinlegen oder dich in einem bequemen Stuhl setzen.

Sorge unbedingt dafür, dass du nicht gestört wirst.

Entspanne dich.

Wenn du dich wohlfühlst, fange an, dich auf deinen Atem zu konzentrieren.

Atme 21-mal tief ein und aus.

Nimm dir Zeit, während sich diese Erfahrung in dir entfaltet.

Schenke deine Aufmerksamkeit dem sanften Ansteigen und Einsinken deiner Brust.

Atme tief ein...

...und aus.

Atme langsam und tief ein...

...und langsam und tief aus.

Das langsame Atmen hilft deinem Körper, sich zu entspannen.

Nun geht deine Aufmerksamkeit auf deine Füße. Fühle die Wärme und die Energie, die dort ist.

Lasse jede Spannung los, die du dort spürst.

Richte deine Aufmerksamkeit jetzt auf deine Beine...

...deinen Bauch...

...und dann deinen Po.

Jetzt auf deinen Rücken...

...anschließend deine Brust.

Fühle die Wärme und Energie in dir, während du dich immer tiefer entspannst...

Breite dieses Gefühl in deinem ganzen Körper aus.

Nimm dir noch ein paar Minuten, bis du ruhig, entspannt und warm bist! Genieße es wie ein köstliches Gefühl, das du verlängern möchtest.

Nun stelle dir vor, dass du aus deinem Herzen atmest. Lege deine Hände sanft auf dein Herz und nimm Kontakt mit deinem Herzklopfen auf.

Spüre den Rhythmus deines Herzens.

Beginne mit dem Ausatmen und zähle bis 6...

...und Einatmen 1,2,3,4,5,6.

Das ganze 10-mal.

Atme in diesem bewussten, rhythmischen Muster. Genieße das Gefühl, bis du wieder meine Stimme hörst.

Du fühlst dich wohl und geborgen.

Bleibe still und bequem sitzen.

Schließe die Augen und konzentriere dich auf die Atmung.

Tief atmen, so lange wie du magst.

Verbinde dich mit deinem Baum. Sei der Baum!

Visualisiere in deiner Vorstellung auf dem Boden den gelb-goldenen Kreis um dich herum.

In diesem Kreis bist du der Mensch, der du sein willst.

Du hast deinen neuen Umhang an...

Stelle dir nun neben deinem eigenen Kreis den zweiten Kreis vor, der an diesen Kreis anliegt, so dass es wie eine liegende Acht aussieht.

Wovon möchtest du dich in deinem Leben verabschieden? Schau in dein Notizbuch. Visualisiere das entsprechende Symbol in den zweiten Kreis.

Beide Kreise in deiner Vorstellung sind auf dem Boden gut geerdet.

Stelle dir jetzt vor, dass eine Farbe deiner Wahl im Symbol-Kreis entlang fließt.

Sie fließt im Uhrzeigersinn und geht dann in deinen eigenen Kreis über.

Im eigenen Kreis läuft die Farbe gegen den Uhrzeigersinn.

Beobachte den Kreislauf...

Du fühlst dich wohl und geborgen...

Öffne deine Augen. Sie sind auf keinen bestimmten Gegenstand fixiert, sondern schauen frei im Raum vor dir umher.

Blicke auf nichts Bestimmtes.

Bewahre aber ein klares Bewusstsein und Offenheit für deine Umgebung.

Halte den Kopf still und entspannt und bleibe dabei präsent und lebendig.

Betrachte, was in deinem Bewusstsein auftaucht. Betrachte das Denken selbst. Entwickle einen Zustand der Offenheit, indem du dir vorstellst, dein Geist sei so weit wie der Himmel.

Wenn du Geräusche, Bilder oder andere Empfindungen wahrnimmst, lasse sie sein, ohne einzugreifen oder sie abzulehnen.

Nun erzeuge in dir den Gedanken, dass in deinem Geist viele Widerstände sind, die deine Entwicklung behindern.

Visualisieren dabei, dass du deine Ignoranz und Unwissenheit in Form von schwarzem Rauch mit jedem Ausatmen in die dunkle Erde abgibst.

Der Rauch verwandelt sich dort zu Weisheit in Form von blauem Licht...

...dieses Licht atmest du ein.

Ausatmen... du gibst den schwarzen Rauch in die Erde.

Einatmen.. du atmest das blaue Licht ein.

Ausatmen und Einatmen.

Das blaue Licht dringt durch deine Nase und trifft in deinem Herzen auf einen dunklen quadratischen Gegenstand.

Das ist ein Symbol für die Begrenzung in dir.

Wenn das blaue Licht diesen dunklen Gegenstand berührt, zerstört es ihn und löst ihn auf.

Durch dieses Bild wird Unwissenheit und Ignoranz in dir zerstört.

Mache das, bis du wieder meine Stimme hörst.

Nun denke an jemanden, der dir nahesteht, dessen Meinung du aber nicht teilst.

Nimm nun die Weisheit des anderen in Form von blauem Licht mit dem Einatmen in dir auf...

...das Licht trifft wieder in deinem Herzen auf den dunklen Gegenstand, der die Begrenzung symbolisiert.

Er wird zerstört und löst sich in dunklen Rauch auf.

Mit dem Ausatmen visualisierst du den dunklen Rauch, den der andere in sich aufnimmt und für dich in Licht verwandelt. Du atmest das Licht ein.

Mache das so lange, bis du wieder meine Stimme hörst.

Atme dreimal tief durch und verweile ein wenig, bevor du zum Tagesgeschäft übergehst.

Abschließende Gedanken

Bei dieser Meditation können wir der Einfachheit halber zuerst an eigene Freunde und die Familie denken.

Später dehnst du die Übung aus und machst sie mit allen Menschen, mit denen du in irgendeinem Konflikt stehst. Höre nie auf, etwas dazuzulernen.

Tag 18 Übung

Wie macht man eine Lach-Meditation?

In der Lach-Meditation lachst du, unabhängig davon, ob dir in dem Augenblick danach zumute ist oder nicht. Ob das Lachen echt ist, ist nicht entscheidend für den Erfolg dieser Meditation. Manchmal kann sich während dieser Meditation das Lachen auch in ein vorübergehendes Weinen verwandeln, wobei tiefe Emotionen gelöst werden. Wenn du während der Lach-Meditation zu weinen beginnst, weine einfach weiter. Fahre mit der Meditation fort, bis du wieder zu lachen beginnst. Das Lachen wird dort Freude schaffen, wo es vorher keine gab.

Du wirst während der Lach-Meditation feststellen, dass Freude immer da ist. Immer. Der Fluss des Lebens hängt von deinen Entscheidungen ab. Du kannst in der Meditation beginnen, dein Leben zu verbessern, ganz gleich, wo du bist und in welcher Situation du steckst. Es beginnt mit der Entscheidung zu lachen.

Aufbau der Lach-Meditation

Es gibt drei Stufen der Lach-Meditation.

1. Die erste Stufe beinhaltet das Strecken des Körpers. Strecke dich wie eine Katze und atme tief durch. Das Strecken sollte in den Händen und Füßen beginnen, bevor du durch den Rest des Körpers gehst. Strecke die Muskeln in deinem Gesicht durch Gähnen und Grimassenschneiden.

2. Die zweite Stufe der Meditation ist das reine Lachen. Wenn das Kichern sich steigert, lasse es zu. Lasse dein Lachen über deinen Bauch bis hinunter in die Fußsohlen fließen. Lasse das Lachen deinen gesamten Körper und deine Bewegungen durchschütteln. Rolle dich auf dem Boden, wenn du das möchtest.

3. Die letzte Stufe der Meditation ist eine stille Phase. Setz dich mit geschlossenen Augen hin und konzentriere dich auf deinen Atem.

Schon morgens angewandt, kann die Lach-Meditation deinem Tag eine fröhliche Qualität geben. Am Abend praktiziert, ist die Lach-Meditation ein potentes Beruhigungsmittel, das dafür bekannt ist, angenehme Träume zu bescheren.

Denke bitte daran, deine Erfahrungen nach der Meditation aufzuschreiben.

Übung

Dusche dich vor der Übung. Ziehe dir bequeme Kleidung an. Lege die CD ein.

Sore dafür, dass du ungestört bleibst. Entspanne dich.

Wenn du dich wohlfühlst, fange an, dich auf deinen Atem zu konzentrieren.

Atme 21-mal tief ein und aus.

Nimm dir Zeit, während sich diese Erfahrung in dir entfaltet.

Schenke deine Aufmerksamkeit dem sanften Ansteigen und Einsinken deiner Brust.

Atme tief ein...

...und aus.

Atme langsam und tief ein...

...und langsam und tief aus.

Das langsame Atmen hilft deinem Körper, sich zu entspannen.

Nun geht deine Aufmerksamkeit auf deine Füße. Fühle die Wärme und die Energie, die dort ist.

Lasse jede Spannung los, die du dort spürst.

Richte deine Aufmerksamkeit jetzt auf deine Beine...

...deinen Bauch...

...und dann deinen Po.

Jetzt auf deinen Rücken...

...anschließend deine Brust.

Fühle die Wärme und Energie in dir, während du dich immer tiefer entspannst...

Breite dieses Gefühl in deinem ganzen Körper aus.

Nimm dir noch ein paar Minuten, bis du ruhig, entspannt und warm bist! Genieße es wie ein köstliches Gefühl, das du verlängern möchtest.

Nun stelle dir vor, dass du aus deinem Herzen atmest. Lege deine Hände sanft auf dein Herz und nimm Kontakt mit deinem Herzklopfen auf.

Spüre den Rhythmus deines Herzens.

Beginne mit dem Ausatmen und zähle bis 6...

...und Einatmen 1, 2, 3, 4, 5, 6.

Das ganze 10-mal.

Atme in diesem bewussten, rhythmischen Muster. Genieße das Gefühl, bis du wieder meine Stimme hörst.

Du fühlst dich wohl und geborgen.

Bleibe still und bequem sitzen.

Schließe die Augen und konzentriere dich auf die Atmung.

Tief atmen, so lange wie du magst.

Verbinde dich mit deinem Baum. Sei der Baum!

Visualisiere in deiner Vorstellung auf dem Boden den gelb-goldenen Kreis um dich herum.

In diesem Kreis bist du der Mensch, der du sein willst.

Du hast deinen neuen Umhang an…

Stelle dir nun neben deinem eigenen Kreis den zweiten Kreis vor, der an diesen Kreis anliegt, so dass es wie eine liegende Acht aussieht.

Wovon möchtest du dich in deinem Leben verabschieden? Schau in dein Notizbuch. Visualisiere das entsprechende Symbol in den zweiten Kreis.

Beide Kreise in deiner Vorstellung sind auf dem Boden gut geerdet.

Stelle dir jetzt vor, dass eine Farbe deiner Wahl im Symbol-Kreis entlang fließt.

Sie fließt im Uhrzeigersinn und geht dann in deinen eigenen Kreis über.

Im eigenen Kreis läuft die Farbe gegen den Uhrzeigersinn.

Beobachte den Kreislauf…

Du fühlst dich wohl und geborgen…

Atme tief durch und strecke deine Hände. Forme jede Hand für einige Sekunden zu einer Faust, dann mache die Hände langsam wieder auf.

Nun gehe mit der Aufmerksamkeit in deine Füße. Spreize die Zehen und dehne die Füße, indem du sie erst nach außen drehst und dann nach innen.

Wiederhole das, bis du wieder meine Stimme hörst.

Jetzt strecke deine Beine, wie du es vor einer Turnübung machst.

Dann nimm deine Arme nach oben, lege die Hände zusammen und beuge dich seitlich um die Seitenmuskulatur zu dehnen.

Dehne die Muskulatur am Hals, indem du den Kopf sanft nach links und rechts und mit einer drehenden Bewegung auf beide Seiten bringst. Atme dabei tief durch.

Nun höre dir das folgende Gelächter an und stimme mit ein.

Es ist nicht wichtig, ob dir nach lachen zumute ist oder nicht. Stimme dich einfach auf die Energie des Lachens ein, bis du wieder meine Stimme hörst.

Atme schließlich tief durch und lege deine Aufmerksamkeit auf den Fluss deines Atems.

Schließe die Augen und bleib beim Atmen so lange du möchtest.

Dann komme langsam zurück.

Atme dreimal tief durch und verweile ein wenig bevor du zum Tagesgeschäft übergehst.

Tag 19 Übung

Ein paar Worte vorweg

Das Kultivieren von Großzügigkeit ist der Anfang des Weges. Der Weg beginnt dort wegen der Freude, die aus einem großzügigen Herzen entsteht. Purer Genuss fließt ungehindert und frei, wenn wir Großzügigkeit üben. Wir erleben Freude bei der Absicht zu geben, in dem Akt des Gebens und in Erinnerung daran, dass wir gegeben haben. Freigiebigkeit fördert das Selbstwertgefühl, die Selbstachtung. Es steigert dein Wohlbefinden, weil du deine Grenzen fortwährend auflöst und deinen Geist vertiefst und erweiterst. Dieses Glück, diese Selbstachtung und der weite offene Raum, der daraus entsteht, ist die geeignete Grundlage, der ideale Nährboden für die Intuition.

Großzügigkeit erweitert also den Geist und schafft auf der Herzebene gute Verbindungen mit den Menschen und der Welt um dich herum. Sie löst die Trennlinien auf, die sonst verhindern würden, dass das Glück sich weiter ausbreitet.

Beschreibe deine inneren Bilder in deinem Notizbuch.

Übung

Dusche dich vor der Übung. Ziehe dir bequeme Kleidung an. Lege die CD ein.

Sorge dafür, dass du ungestört bleibst. Du kannst dich auf den Boden legen oder in einen bequemen Stuhl setzen. Der Rücken ist entspannt.

Entspanne dich.

Wenn du dich wohlfühlst, fange an, dich auf deinen Atem zu konzentrieren.

Atme 21-mal tief ein und aus.

Nimm dir Zeit, während sich diese Erfahrung in dir entfaltet.

Schenke deine Aufmerksamkeit dem sanften Ansteigen und Einsinken deiner Brust.

Atme tief ein...

...und aus.

Atme langsam und tief ein...

...und langsam und tief aus.

Das langsame Atmen hilft deinem Körper, sich zu entspannen.

Nun geht deine Aufmerksamkeit auf deine Füße. Fühle die Wärme und die Energie, die dort ist.

Lasse jede Spannung los, die du dort spürst.

Richte deine Aufmerksamkeit jetzt auf deine Beine...

...deinen Bauch...

...und dann deinen Po.

Jetzt auf deinen Rücken...

...anschließend deine Brust.

Fühle die Wärme und Energie in dir, während du dich immer tiefer entspannst...

Breite dieses Gefühl in deinem ganzen Körper aus.

Nimm dir noch ein paar Minuten, bis du ruhig, entspannt und warm bist! Genieße es wie ein köstliches Gefühl, das du verlängern möchtest.

Nun stelle dir vor, dass du aus deinem Herzen atmest. Lege deine Hände sanft auf dein Herz und nimm Kontakt mit deinem Herzklopfen auf.

Spüre den Rhythmus deines Herzens.

Beginne mit dem Ausatmen und zähle bis 6...

...und Einatmen 1,2,3,4,5,6.

Das ganze 10-mal.

Atme in diesem bewussten, rhythmischen Muster. Genieße das Gefühl, bis du wieder meine Stimme hörst.

Du fühlst dich wohl und geborgen.

Bleibe still und bequem sitzen.

Schließe die Augen und konzentriere dich auf die Atmung.

Tief atmen, so lange wie du magst.

Verbinde dich mit deinem Baum. Sei der Baum!

Visualisiere in deiner Vorstellung auf dem Boden den gelb-goldenen Kreis um dich herum.

In diesem Kreis bist du der Mensch, der du sein willst.

Du hast deinen neuen Umhang an...

Stelle dir nun neben deinem eigenen Kreis den zweiten Kreis vor, der an diesen Kreis anliegt, so dass es wie eine liegende Acht aussieht.

Wovon möchtest du dich in deinem Leben verabschieden? Schau in dein Notizbuch. Visualisiere das entsprechende Symbol in den zweiten Kreis.

Beide Kreise in deiner Vorstellung sind auf dem Boden gut geerdet.

Stelle dir jetzt vor, dass eine Farbe deiner Wahl im Symbol-Kreis entlang fließt.

Sie fließt im Uhrzeigersinn und geht dann in deinen eigenen Kreis über.

Im eigenen Kreis läuft die Farbe gegen den Uhrzeigersinn.

Beobachte den Kreislauf...

Du fühlst dich wohl und geborgen...

Erinnere dich an eine Situation, in der du etwas gegeben hast, ohne eine Gegenleistung zu erwarten.

Denke klar an die Situation und versuche, dich an das Gefühl zu erinnern.

Wie war das, wie hast du dich gefühlt?

Lasse jetzt dieses Gefühl entstehen und deinen Körper ausfüllen.

Versuche jetzt dir vorzustellen, was deine Großzügigkeit für den anderen bedeutet hat.

Nun nimm dir Zeit und denke an diesen Moment.

Welche bedingungslosen Geschenke erhältst du gerade?

Was sind die unerwarteten Zeichen der Großzügigkeit, die du im Augenblick erkennst?

Spüre deine Dankbarkeit für diesen Moment der Großzügigkeit.

Erlaube dir nun, dich ganz in deinen Körper hineinfallen zu lassen.

Spüre deinen Körper von deinen Füßen bis zu den Haarspitzen.

Dann gehe mit deiner Aufmerksamkeit in die Hände. Lege die linke Hand auf deinen Schoß, mit der Handfläche nach oben.

Der rechte Arm liegt ausgestreckt auf dem Schoß, die Handfläche zeigt nach vorne, die Finger zeigen in gerader Linie nach unten.

Dies ist deine Geste der Wunschgewährung. Das Symbol der Freigiebigkeit.

Was kannst du ab heute deinem Körper geben? Wie kannst du dich ihm gegenüber großzügig zeigen.

Nimm dir Zeit, während alle inneren Bilder auftauchen.

Was kannst du deinem Geist geben. Was genau braucht er von dir?

Wie möchtest du dich ab heute ihm gegenüber großzügig zeigen?

Was ist mit deinen Kindern, deinem Partner, deiner Familie und deinen Freunden?

Wie möchtest du dich ab heute ihnen gegenüber verhalten?

Was genau möchtest du ihnen geben?

Sieh dich, wie du gibst, und spüre die Kraft in deinen Händen.

Genieße dieses Gefühl, bis du wieder meine Stimme hörst.

Beschreibe deine inneren Bilder in deinem Notizbuch.

Atme dreimal tief durch und verweile ein wenig bevor du zum Tagesgeschäft übergehst.

Tag 20 Übung

Einleitung

Dankbarkeit und Wertschätzung sind der Anfang und das Ende, weil sie die beste und bescheidenste Weise sind, etwas zu beginnen und zu beenden. Das Ergebnis all dieser Dankbarkeit wird ein erhöhtes Bewusstsein der eigenen intuitiven Kraft sein, und das ist nicht alles.

Für die heutige Übung musst du bitte einige Besorgungen machen. Wenn du Dinge von der Liste bereits zu Hause hast, dann verwende natürlich diese.

Nach der Meditation gönne dir heute etwas. Lade Freunde zum Essen ein, feiere oder verwöhne dich einfach selbst.

Notiere deine Erfahrung in deinem Notizbuch.

Hier nun die Liste:

ein festliches Tuch

Kerzen und Kerzenhalter

ein persönliches heiliges Symbol

frisches Brot

frische Blumen

eine Schale mit Obst deiner Wahl

Gemüse deiner Wahl

eine Flasche Wein oder ein anderes Lieblingsgetränk

Musik (wahlweise von einer CD)

Breite die Sachen vor deinem Übungsplatz auf dem Tisch oder auf dem Boden aus und dekoriere alles so, dass es dir gut gefällt.

Übung

Dusche dich vor der Übung. Ziehe dir bequeme Kleidung an. Lege die CD ein.

Sorge dafür, dass du ungestört bleibst. Du kannst dich auf dem Boden legen oder in einen bequemen Stuhl setzen. Der Rücken ist entspannt.

Entspanne dich.

Wenn du dich wohlfühlst, fange an, dich auf deinen Atem zu konzentrieren.

Atme 21-mal tief ein und aus.

Nimm dir Zeit, während sich diese Erfahrung in dir entfaltet.

Schenke deine Aufmerksamkeit dem sanften Ansteigen und Einsinken deiner Brust.

Atme tief ein...

...und aus.

Atme langsam und tief ein...

...und langsam und tief aus.

Das langsame Atmen hilft deinem Körper, sich zu entspannen.

Nun geht deine Aufmerksamkeit auf deine Füße. Fühle die Wärme und die Energie, die dort ist.

Lasse jede Spannung los, die du dort spürst.

Richte deine Aufmerksamkeit jetzt auf deine Beine...

...deinen Bauch...

...und dann deinen Po.

Jetzt auf deinen Rücken...

...anschließend deine Brust.

Fühle die Wärme und Energie in dir, während du dich immer tiefer entspannst...

Breite dieses Gefühl in deinem ganzen Körper aus.

Nimm dir noch ein paar Minuten, bis du ruhig, entspannt und warm bist! Genieße es wie ein köstliches Gefühl, das du verlängern möchtest.

Nun stelle dir vor, dass du aus deinem Herzen atmest. Lege deine Hände sanft auf dein Herz und nimm Kontakt mit deinem Herzklopfen auf.

Spüre den Rhythmus deines Herzens.

Beginne mit dem Ausatmen und zähle bis 6...

...und Einatmen 1, 2, 3, 4, 5, 6.

Das ganze 10-mal.

Atme in diesem bewussten, rhythmischen Muster. Genieße das Gefühl, bis du wieder meine Stimme hörst.

Du fühlst dich wohl und geborgen.

Bleibe still und bequem sitzen.

Schließe die Augen und konzentriere dich auf die Atmung.

Tief atmen, so lange wie du magst.

Verbinde dich mit deinem Baum. Sei der Baum!

Visualisiere in deiner Vorstellung auf dem Boden den gelb-goldenen Kreis um dich herum.

In diesem Kreis bist du der Mensch, der du sein willst.

Du hast deinen neuen Umhang an...

Stelle dir nun neben deinem eigenen Kreis den zweiten Kreis vor, der an diesen Kreis anliegt, so dass es wie eine liegende Acht aussieht.

Wovon möchtest du dich in deinem Leben verabschieden? Schau in dein Notizbuch. Visualisiere das entsprechende Symbol in den zweiten Kreis.

Beide Kreise in deiner Vorstellung sind auf dem Boden gut geerdet.

Stelle dir jetzt vor, dass eine Farbe deiner Wahl im Symbol-Kreis entlang fließt.

Sie fließt im Uhrzeigersinn und geht dann in deinen eigenen Kreis über.

Im eigenen Kreis läuft die Farbe gegen den Uhrzeigersinn.

Beobachte den Kreislauf...

Du fühlst dich wohl und geborgen...

Was gibt dir das Leben?

Denke an all die nicht-materiellen Blumen, die du von deinen Kindern, Eltern, Freunden oder Kollegen bekommst. Fange mit dem Lächeln eines Freundes an, sieh die Unterstützung und die bloße Aufmerksamkeit, die du von ihm bekommst, wenn du sprichst, beachte die guten Wünsche, die Liebe und den Respekt.

Lösche deinen Durst an diesem Strom der Güte.

Öffne dich und lasse dich beschenken.

Wie gütig ist die Natur.

Schau dir die Früchte der Natur an, denke an das Genie und die Ausdauer, die sie über die Millionen Jahren hatte, um diese süßen, sauren, herben und wilden Wunder hervorzubringen.

Denke an den Regen, das Rauschen des Windes, die Sterne, die dich stets begleiten, an die Berge und Ozeane, die dein Herz öffnen und dich in ihren Bann ziehen.

Probiere, ob du diese Großzügigkeit in ihrer Süße schmecken kannst.

Versuche es in deinem Körper und mit deinen Emotionen zu erleben.

All diese Dinge werden nicht verdient. Diese Dinge werden dir geschenkt.

Das Beste, was du tun kannst, ist diese Geschenke mit offenen Armen anzunehmen. Das hilft dir, deinen Geschenkespeicher und den der anderen zu füllen.

Blicke jetzt durch den Raum. Wandere mit deinem Blick über all die Dinge, die in deinem Raum sind.

Erinnere dich an das Geschenk all jener, die hart arbeiten, damit du jeden Morgen eine Tasse Kaffee oder Tee trinken kannst.

Oder die Zeit und Arbeit derer, die Computer erfunden haben, Autos, Spülmaschinen, Toiletten.

Denke an die Menschen, die Theaterstücke für dich schreiben, Bilder für dich malen und Musik für dich komponieren.

Denk an all die Mathematiker, Wissenschaftler, Lehrer und Therapeuten. An die Menschen, die dich bei deiner Genesung und bei deinem inneren Wachstum unterstützen.

Einige kennst du. Weitere Millionen wirst du nie sehen. Jeden Tag tragen sie dazu bei, dass du Nahrung und Kleidung hast, dass du Bildung, Unterhaltung und Heilung erfährst.

Erkenne die Zusammenhänge.

Das hält den Kreislauf des Gebens am Laufen und zieht dich tief in die Verbindung mit dem Leben selbst.

Nun konzentriere dich auf alle Dinge im Raum, die du als Geschenk erhalten hast.

Jedes Objekt hat seine eigene Geschichte.

Kannst du deinen Geist zurückbringen zu dem Augenblick, in dem du beschenkt wurdest, siehst du den Ausdruck der Person, die es dir gegeben hat? Erinnerst du dich, warum sie es dir gegeben hat?

Was hat das Geschenk in dir ausgelöst?

Blicke weiter auf alle Dinge im Raum, die du für dich selbst gekauft hast.

Woher kommen sie?

Woraus sind sie gemacht?

Wer könnte sie entworfen, geschnitzt, gewebt, gedruckt oder gebaut haben?

Wie kamen die Objekte zu dir? Wie viele Menschen waren an der Herstellung, der Verpackung, dem Transport beteiligt?

Dehne deinen Geist so weit und breit wie möglich aus, um alle Ereignisse und Menschen, die diese Objekte in deinen Besitz zu bringen halfen, zu umfassen.

Besitzt du etwas, was du nicht durch die Großzügigkeit einer anderen Person erhalten hast?

Untersuche den Raum und versuche, eine einzige Sache zu finden, die nicht ohne die Beteiligung der Natur oder jemand anderen existiert.

Dehne dich weiter aus.

Denke an eine Überraschungstüte nur für dich.

Höre, schmecke, rieche, berühre und erkenne die Flut an Großzügigkeit auf deinem Weg.

Es gibt so viel.

Spüre die Behaglichkeit deines Zimmers und denke angesichts dieses Komforts darüber nach, wie du dich von heute an gegenüber anderen Wesen verhalten möchtest.

Gibt es etwas, was du tun kannst, um deine Dankbarkeit zum Ausdruck zu bringen?

Mache deine Augen auf und betrachte erneut die Gegenstände, die du heute vor dich gestellt hast...

...mehr ist jetzt nicht zu tun.

Betrachte alle Gegenstände einzeln und zusammen und höre auf die Musik.

Beobachte die Fülle vor dir und spüre nach, was in dir aufkommt.

Atme dreimal tief durch und verweile ein wenig bevor du zum Tagesgeschäft übergehst.

Nach Beendigung der Sitzung sage laut: Danke!

Tag 21 Übung

Zum Schluss

Dusche dich, ziehe dich bequem an und lege die CD ein.

Entspanne dich. Es ist wichtig, so entspannt wie möglich zu sein, wenn du visualisierst.

Du kannst dich hinlegen oder dich in einem bequemen Stuhl setzen.

Sorge unbedingt dafür, dass du nicht gestört wirst.

Entspanne dich.

Wenn du dich wohlfühlst, fange an, dich auf deinen Atem zu konzentrieren.

Atme 21-mal tief ein und aus.

Nimm dir Zeit, während sich diese Erfahrung in dir entfaltet.

Schenke deine Aufmerksamkeit dem sanften Ansteigen und Einsinken deiner Brust.

Atme tief ein...

...und aus.

Atme langsam und tief ein...

...und langsam und tief aus.

Das langsame Atmen hilft deinem Körper, sich zu entspannen.

Nun geht deine Aufmerksamkeit auf deine Füße. Fühle die Wärme und die Energie, die dort ist.

Lasse jede Spannung los, die du dort spürst.

Richte deine Aufmerksamkeit jetzt auf deine Beine...

...deinen Bauch...

...und dann deinen Po.

Jetzt auf deinen Rücken...

...anschließend deine Brust.

Fühle die Wärme und Energie in dir, während du dich immer tiefer entspannst...

Breite dieses Gefühl in deinem ganzen Körper aus.

Nimm dir noch ein paar Minuten, bis du ruhig, entspannt und warm bist! Genieße es wie ein köstliches Gefühl, das du verlängern möchtest.

Nun stelle dir vor, dass du aus deinem Herzen atmest. Lege deine Hände sanft auf dein Herz und nimm Kontakt mit deinem Herzklopfen auf.

Spüre den Rhythmus deines Herzens.

Beginne mit dem Ausatmen und zähle bis 6...

...und Einatmen 1,2,3,4,5,6.

Das ganze 10-mal.

Atme in diesem bewussten, rhythmischen Muster. Genieße das Gefühl, bis du wieder meine Stimme hörst.

Du fühlst dich wohl und geborgen.

Erhebe dich von deinem Sitz und stelle dich locker hin.

Du stehst nun gerade und deine Arme hängen locker an der Seite herunter.

Schließe die Augen und konzentriere dich auf die Atmung.

Tief atmen, so lange wie du magst.

Verbinde dich mit deinem Baum. Sei der Baum!

Visualisiere in deiner Vorstellung auf dem Boden den gelb-goldenen Kreis um dich herum.

In diesem Kreis bist du der Mensch, der du sein willst.

Du hast deinen neuen Umhang an...

Stelle dir nun neben deinem eigenen Kreis den zweiten Kreis vor, der an diesen Kreis anliegt, so dass es wie eine liegende Acht aussieht.

Wovon möchtest du dich in deinem Leben verabschieden? Schau in dein Notizbuch. Visualisiere das entsprechende Symbol in den zweiten Kreis.

Beide Kreise in deiner Vorstellung sind auf dem Boden gut geerdet.

Stelle dir jetzt vor, dass eine Farbe deiner Wahl im Symbol-Kreis entlang fließt.

Sie fließt im Uhrzeigersinn und geht dann in deinen eigenen Kreis über.

Im eigenen Kreis läuft die Farbe gegen den Uhrzeigersinn.

Beobachte den Kreislauf...

Du fühlst dich wohl und geborgen...

Gehe mit deiner Aufmerksamkeit zur liegenden Acht und zu deinem Symbol.

Erlaube dir, zu atmen. Habe Mut, deine Gefühle dieses Augenblicks zu fühlen. Halte dich selbst umarmt.

Fühle dich, wie du dich fühlst. Erlaube dir, dich so zu fühlen, und atme tief und weit.

Erlaube dir, im Hier und Jetzt zu sein und überlasse die Anhaftungen der Vergangenheit.

Überlasse die Sorgen deiner Zukunft.

Komme mit deiner Aufmerksamkeit ins Jetzt.

Verweile in der Stille. Schaue, höre und atme.

Die Stille möchte dein Herz mit Erkenntnis füllen.

Damit die Erkenntnis sich in dir ausbreiten kann, bittet sie dich, loszulassen. Lasse die Dinge los, an die du dich so gebunden hast.

Du bist mutig genug, diese Veränderung zu vollziehen.

Kannst du das Licht am Ende des Tunnels sehen?

Nun bitte dein authentisches Selbst und deine Intuition, dir die Bindungen an das Symbol im Kreis neben dir zu zeigen.

Sieh ein genaues Bild von diesen Bindungen. Sind es Seile, Ketten oder Lichtstrahlen, die dich an das Symbol binden? Lasse deiner Fantasie freien Lauf und untersuche die Qualität der Bindung.

Von wo aus deinem Körper kommt die Bindung zu dem Symbol? Aus deinem Herzen, aus deinem Kopf oder aus deinem Bauch?

Wie fest ist die Bindung? Kann man das Material gut durchtrennen, oder ist es fest und stark?

Bitte dein authentisches Selbst und deine Intuition, diese Verbindung zu durchtrennen.

Wie lässt sie sich durchtrennen?

Lässt sie sich mit der Hand trennen? Oder müssen andere Werkzeuge ran. Beobachte diese Operation, bis du dir sicher bist, dass die Trennung geglückt ist.

Nun lege deine Hand an die Stelle, von der die Bindung an deinem Körper ausging. Lasse deine ganze Kraft in diese Stelle hineinfließen.

Stelle dir einen Ballon vor, der dein Symbol nun umhüllt. Lasse ihn mitsamt dem Kreis, in dem er sitzt, ins Weltall davonschweben und dort die endgültige Verwandlung erleben. Vielleicht zerplatzt er in Millionen Teile oder er verbrennt oder er verschwindet einfach in andere Dimensionen. Hauptsache, das Symbol ist endgültig von dir getrennt.

Atme tief durch und nimm Abschied.

Du kannst die Meditation beenden, indem du dich wäschst und frische neue Kleidung anziehst. Stelle dir dabei vor, wie du damit ein neues Leben anziehst.

Denke daran: Wenn du die Art, wie du die Dinge betrachtest, änderst, werden die Dinge, die du betrachtest, sich verwandeln.

Über die Autorin

 **Diana Kavian** ist gebürtige Kenianerin und kam mit neun Jahren nach Deutschland. Auf der Suche nach Freiheit hat sie sich schon früh vom konventionellen Weg abgewendet, brach die Schule ab und wurde Model. Nach einer unerwarteten »übersinnlichen« Erfahrung trat sie mit 18 Jahren als Laie in ein buddhistisches Kloster in Frankreich ein, wo sie fünf Jahre lebte.

Ihre Ausbildungen zur psychologischen Beraterin und Atemtherapeutin lässt Sie heute ebenso in ihre Coaching-Tätigkeit einfließen wie die vielen Erfahrungen, die sie auf Reisen und beim Studium der spirituellen Lehren dieser Welt gesammelt hat.

www.dianakavian.de

Inhalt der CD

Bücher von NEUE ERDE im Buchhandel

Im deutschen Buchhandel gibt es mancherorts Lieferschwierigkeiten bei den Büchern von NEUE ERDE. Dann wird Ihnen gesagt, dieses oder jenes Buch sei vergriffen. Oft ist das gar nicht der Fall, sondern in der Buchhandlung wird nur im Katalog des Großhändlers nachgeschaut. Der führt aber allenfalls 50% aller lieferbaren Bücher. Deshalb: Lassen Sie immer im VLB (Verzeichnis lieferbarer Bücher) nachsehen, im Internet unter **www.buchhandel.de**

Alle lieferbaren Titel des Verlags sind für den Buchhandel verfügbar.

Sie finden unsere Bücher in Ihrer Buchhandlung oder im Internet unter **www.neue-erde.de**

Bücher suchen unter: **www.buchhandel.de**. (Hier finden Sie alle lieferbaren Bücher und eine Bestellmöglichkeit über eine Buchhandlung Ihrer Wahl.)

Bitte fordern Sie unser Gesamtverzeichnis an unter

NEUE ERDE GmbH
Cecilienstr. 29 · 66111 Saarbrücken
Fax 0681 390 41 02 · info@neue-erde.de